L'ANGLAIS
DU TOURISME
DE L'HÔTELLERIE
ET DE LA RESTAURATION

ANGLAIS Langue de spécialité

❏ **Langues des affaires**
   - S'initier à l'anglais commercial en 40 leçons ●●
   - L'anglais économique et commercial ●●
   - Vendre en anglais • Négocier en anglais • Exporter en anglais
   - Dictionnaire de l'anglais économique, commercial et financier
   - Téléphoner en anglais (CD)
   - Correspondance commerciale en anglais (GB/US) ●●
   - Vocabulaire de l'anglais commercial
   - L'anglais du tourisme, de l'hôtellerie et de la restauration
   - Dictionnaire de l'anglais des métiers du tourisme
   - L'anglais de l'assurance
   - L'anglais du marketing et de la publicité.

❏ **Série lexiques bilingues**
   - Anglais juridique • Bureautique
   - Commerce international
   - Comptabilité et finance
   - Technique de commercialisation

❏ **Sciences et techniques, médias**
   - Dictionnaire bilingue de l'Internet et du multimédia
   - Dictionnaire de l'anglais des médias et du multimédia
   - Comprendre l'anglais de la radio et de la télévision (US/GB) ●●
   - Guide bilingue de la communication électronique

❏ **Série « Tout de suite ! » de spécialité**
   - L'anglais en réunion tout de suite ! (CD)
   - L'anglais au téléphone tout de suite ! (CD)
   - L'anglais de l'entretien tout de suite ! (CD)
   - Le CV en anglais tout de suite ! (CD)

●● (CD) = Existence d'un coffret : Livre + K7 et/ou
Attention ! Les cassettes ne peuvent être vendues séparément du livre.

L'ANGLAIS
DU TOURISME
DE L'HÔTELLERIE
ET DE LA RESTAURATION

par

Françoise Larroche
Agrégée de l'Université
Coordinatrice des langues
INFOCOM
Université Lille 3

Préface
de
Pierre Vedel
Cuisinier
Compagnon du Tour de France

Nouvelle édition

CONTENTS

TABLE DES MATIÈRES

Françoise Larroche est professeur agrégé d'anglais. Elle a enseigné dans divers lycées en province et à Paris (lycée Michelet) ainsi qu'à l'École hôtelière de Paris (Lycée hôtelier Jean Drouant).

Elle a également été chargée de cours à l'université de Paris III Sorbonne-Nouvelle.

L'auteur tient à remercier, pour leur collaboration, ses collègues de l'École hôtelière de Paris, ainsi que Lyn Barsby, Broxtowe College, Nottingham University (GB), et Martha Golden, New York University (USA) qui ont bien voulu assurer la relecture du manuscrit pour la partie anglaise.

PRÉFACE

L'Anglais du tourisme, de l'hôtellerie et de la restauration s'adresse à tous ceux qui, de près ou de loin, sont engagés dans cet ensemble d'activités, étroitement liées et constituant une des principales industries de notre pays.

Pour ce qui est de mon métier, la cuisine, je dirai qu'elle est l'expression, par les préparations alimentaires, de l'identité et des racines d'un peuple. Il y a, dit-on, la cuisine ancienne et la cuisine nouvelle. Je dirai moi, qu'il y a la bonne et la mauvaise et que seule la bonne est la vraie. Bien sûr, elle évolue, comme la civilisation. Pour cela il faut porter la simplicité à ses dernières limites tout en augmentant les valeurs gustatives et nutritives des mets.

Grâce au livre de Françoise Larroche, les professionnels de la restauration — débutants ou chevronnés, jeunes ou moins jeunes — pourront mieux faire partager à leurs clients anglophones la découverte de notre gastronomie. Au plaisir de bien nourrir ils pourront ajouter celui de faire comprendre avec nuance ce qui est savouré.

Quant à tous ceux qui sont engagés dans ces grandes professions liées à l'accueil et à l'organisation que sont le tourisme et l'hôtellerie, ils trouveront, avec cet ouvrage, un outil de travail précieux, pour mieux communiquer avec nos visiteurs anglo-saxons ou anglophones.

Pierre Vedel

PRÉSENTATION

Cet ouvrage traite en 20 dossiers des différents aspects de la vie des entreprises dans les secteurs du tourisme, de l'hôtellerie et de la restauration. Conçu de façon à rendre possible l'apprentissage autonome, il peut également être utilisé dans le cadre d'un enseignement de groupe (enseignement secondaire et enseignement post-baccalauréat, formation continue).

Il répond également aux besoins concrets et ponctuels des professionnels, que leur but soit de communiquer ou d'approfondir un sujet déterminé.

De façon générale, cet ouvrage permet de perfectionner les connaissances linguistiques (vocabulaire, grammaire, prononciation).

Selon les cas, la préférence est donnée à l'anglais britannique (GB) ou américain (US) et lorsqu'il existe des différences entre les deux (vocabulaire, prononciation, orthographe), celles-ci sont signalées.

• **Chacun des 20 dossiers** comprend :

A - un *dialogue* (**dialogue**) ;

B - des *documents* (**records**), ainsi qu'une série de *phrases types* (**key sentences**) et une liste récapitulative du *vocabulaire* (**vocabulary**) du dossier ;

C - des *exercices* (**exercises**) et leur corrigé ;

D - une page (**final tips**) comprenant des documents variés et concrets, voire distrayants (recettes, proverbes, extraits de romans, explication de faits historiques ou culturels).

Les documents et textes en anglais font systématiquement l'objet d'une traduction.

• **Listes complémentaires**

Chaque fois que c'est utile, une liste complémentaire de *vocabulaire* est annexée au dossier (E).

• **Annexes**

Dans cette dernière partie, se trouvent des *informations pratiques* : mesures, poids, températures, listes de pays, conseils pour la rédaction de lettres commerciales, etc.

CONSEILS D'UTILISATION

1. **Lire attentivement le dialogue**, en s'aidant de la traduction et des remarques.

2. **Le relire ensuite** en s'assurant que l'on en a une compréhension parfaite (ce qui veut dire que l'on n'a plus besoin de la traduction ni des notes).

3. **Étudier la section B**.

4. Essayer de traduire les **phrases types** en partant du français. Les phrases peuvent être considérées comme acquises lorsqu'en en prenant une au hasard, on trouve immédiatement son équivalent en anglais.

5. Faire le point de l'**acquisition lexicale** en étudiant le vocabulaire récapitulatif.

6. Vérifier la **connaissance du vocabulaire et des structures grammaticales** à l'aide des exercices.

7. Acquérir quelques **notions de civilisation anglo-saxonne** à l'aide des *final tips*.

Signes et principales abréviations

adj.	adjectif	*p.m.*	*post meridiem*, après midi
adv.	adverbe		
a.m.	*ante meridiem*, avant midi	*qqch.*	quelque chose
		qqn	quelqu'un
cf.	voir à	*sg.*	singulier
F.	français	*s.one*	someone
GB	anglais britannique	*s.thing*	something
inf.	infinitif	*US*	anglais américain
n.	numéro	=	équivaut à
p.	page	≠	différent de, contraire de
par ex.	par exemple		
pl.	pluriel		

Prononciation

Sons voyelles

[ɪ] **pit**, un peu comme le *i* de *site*

[æ] **flat**, un peu comme le *a* de *patte*

[ɒ] ou [ɔ] **not**, un peu comme le *o* de *botte*

[ʊ] ou [u] **put**, un peu comme le *ou* de *coup*

[e] **lend**, un peu comme le *è* de *très*

[ʌ] **but**, entre le *a* de *patte* et le *eu* de *neuf*

[ə] jamais accentué, un peu comme le *e* de *le*

Voyelles longues

[iː] **meet** [miːt] cf. *i* de *mie*

[ɑː] **farm** [fɑːm] cf. *a* de *larme*

[ɔː] **board** [bɔːd] cf. *o* de *gorge*

[uː] **cool** [kuːl] cf. *ou* de *mou*

[ɜː] ou [əː] **firm** [fəːm] cf. *e* de *peur*

Semi-voyelle :

[j] **due** [djuː], un peu comme *diou...*

Diphtongues (voyelles doubles)

[aɪ] **my** [maɪ], cf. *aïe* !

[ɔɪ] **boy**, cf. *oyez* !

[eɪ] **blame** [bleɪm] cf. *eille* dans *bouteille*

[aʊ] **now** [naʊ] cf. *aou* dans *caoutchouc*

[əʊ] ou [əu] **no** [nəʊ], cf. *e* + *ou*

[ɪə] **here** [hɪə] cf. *i* + *e*

[eə] **dare** [deə] cf. *é* + *e*

[ʊə] ou [uə] **tour** [tʊə] cf. *ou* + *e*

Consonnes

[θ] **thin** [θɪn], cf. *s* sifflé (langue entre les dents)

[ð] **that** [ðæt], cf. *z* zézayé (langue entre les dents)

[ʃ] **she** [ʃiː], cf. *ch* de *chute*

[ŋ] **bring** [brɪŋ], cf. *ng* dans *ping-pong*

[ʒ] **measure** ['meʒə], cf. le *j* de *jeu*

[h] le *h* se prononce ; il est nettement <u>expiré</u>

* indique que le *r*, normalement muet, est prononcé en liaison ou en américain

10

DOSSIER 1

TOURISM
LE TOURISME

A • **DIALOGUE** / *DIALOGUE*

B • **RECORDS** / *DOCUMENTS* :

C • **EXERCISES** / *EXERCICES ET CORRIGÉ*

D • **FINAL TIPS** [1]

---

1. **tip** peut ici avoir deux sens : le *pourboire*, qui vient à la fin du repas comme une récompense, et le « *truc* », conseil ou idée qui vous permet de mieux vous débrouiller. Vous traduirez donc ce titre à votre gré.

1 Tourism

A. DIALOGUE

T. = Travel agent   **C.** = Customer

Choosing the best formula (GB)

T. — Good morning, Madam, can I help you ?

C. — Well, yes ; we intend to visit the United States, but we'd like to take our four children with us. Is this possible ?

T. — Of course, it is ! But your trip will require careful planning beforehand, that's all ! Also it depends on how much you are prepared to spend.

C. — I see, well, I don't think we can afford[1] expensive hotels but we would also like to travel and see different places. I'd love to visit the South !

T. — Yes, but you must bear in mind that the summer is very hot and humid in the South ; I wouldn't advise it with children.

C. — We could go for the Easter holidays, then.

T. — Yes, well, let me see... We have an interesting package : you fly to Atlanta, Georgia, then you take local flights to Charleston and Savannah. You stay in medium-priced[2] hotels and the package includes one night on a typical Southern plantation.

C. — I think we'd rather[3] travel by car ; with children, it gives one greater flexibility.

T. — Then you could hire a car and stay at motels ; Hertz offers bargain rates for seven days with unlimited mileage, or, cheaper still, you could hire a motor home ; they provide sleeping arrangements plus cooking and toilet facilities, it would save you the cost of hotel rooms.

C. — That's a good idea ! Could you let me have a brochure with details for hiring motor homes and a list of motels in the South ?

T. — Yes, here you are.

C. — Thank you for your help ; I'll come back when we have made up our minds.

---

1. **I can't afford** + nom *ou* gérondif : *je ne peux me permettre (de)* (raisons souvent financières).
2. **medium-priced :** adjectif composé dont le 2ᵉ élément est un nom suivi de **-ed** (ex. : **green-eyed** ; **cold-blooded**).
3. **I had (would) rather :** *je préférerais.*

A. = Agent de voyages   **C.** = Cliente

Comment choisir la bonne formule

A. — Bonjour, madame, que puis-je faire pour vous ?

C. — Eh bien, nous avons l'intention de visiter les États-Unis, mais nous aimerions emmener nos quatre enfants ; est-ce possible ?

A. — Bien sûr ! Mais il faudra soigneusement organiser votre voyage auparavant, c'est tout ! Cela dépend aussi de la somme que vous êtes prêts à dépenser.

C. — Je vois, bien, je ne crois pas que nous puissions nous permettre des hôtels chers mais nous aimerions aussi voyager et voir différents endroits ; j'adorerais visiter le Sud !

A. — Oui, mais, vous devez penser au fait [1] que l'été est très chaud et humide dans le Sud, je ne le conseillerais pas avec des enfants.

C. — Nous pourrions y aller pour les vacances de Pâques, alors.

A. — Eh bien, attendez, nous avons un forfait intéressant : vous prenez l'avion jusqu'à Atlanta en Géorgie, puis vous prenez des vols intérieurs pour aller à Charleston et Savannah ; vous séjournez dans des hôtels à prix moyens et le forfait comprend aussi une nuit dans une plantation du Sud typique.

C. — Je crois que nous préférerions voyager en voiture ; avec des enfants, cela permet plus de souplesse.

A. — Alors vous pourriez louer une voiture et séjourner dans des motels ; Hertz offre des tarifs intéressants pour sept jours avec kilométrage illimité ou, moins cher encore, vous pourriez louer un camping-car ; ils offrent des possibilités de couchage, un coin cuisine et un coin toilette ; cela vous économiserait des nuits d'hôtel.

C. — C'est une bonne idée ! Pourriez-vous me donner un dépliant sur les locations de camping-cars et une liste des motels dans le Sud ?

A. — Oui, voilà !

C. — Merci de votre aide ; je reviendrai quand nous nous serons décidés [2].

---

1. Mot à mot : *garder à l'esprit le fait que* ...
2. Dans les subordonnées de temps, il n'y a jamais de futur en anglais. On utilise soit le présent (quand le français utilise le futur), soit le present perfect (quand le français utilise le futur antérieur).

B1. Definitions

• **Package deal :** a pre-paid holiday with fixed dates of departure and return organised by a tour operator ; it may include transport, accommodation, meals, sightseeing tours and even entertainment. For the customer it means holiday-making with no worries and at discount prices. For the tour operator, it means buying tickets and hotel beds in advance at bulk prices and securing business.

• **Self-catering :** an increasing number of people are taking their holidays in caravan parks, holiday villages and other self-catering outlets rather than in hotels. In Britain, caravaning accounts for more nights spent away from home than any other sector of the industry. To meet this demand, several hotels are now offering a choice of cottages and flats as well as fully-serviced hotel rooms.

• **B&Bs and guest houses :** in Britain, this type of accommodation is very popular ; it is less costly than hotels, and you also have the opportunity to meet the locals.

• **Time-sharing :** the concept, very popular in the US, originated in Europe and means that investors can buy one week of the year in perpetuity or for a given period of time : it often includes reciprocal exchange programs which give holiday-makers more flexibility.

B2. Disney : the hottest entertainment maker in the world

Disney's theme parks still constitute the bulk of the company's business. Attendance is booming and new attractions have been contrived to lure repeat customers : Disneyworld, Florida, features a 50 acre water park where visitors can slide down a 95 ft mountain, surf on 6 ft waves and snorkel in pools filled with tropical fish.

B1. Définitions

• **Forfait :** séjour payé à l'avance avec des dates de départ et de retour fixes, mis au point par un organisateur de voyages. Il peut comprendre le transport, le logement, les repas, des visites guidées, et même des attractions. Pour le client, cela signifie des vacances sans soucis et à prix réduit. Pour l'organisateur de voyages cela signifie acheter à l'avance des billets et des nuits d'hôtel à prix de gros et s'assurer une clientèle.

• **Séjour indépendant :** un nombre grandissant de gens prennent leurs vacances dans des campings, villages de vacances et autres lieux de séjour indépendant plutôt que dans des hôtels. En Grande-Bretagne, le caravaning représente plus de nuits passées hors de chez soi que n'importe quel autre secteur de l'industrie hôtelière. Afin de faire face à la demande, plusieurs hôtels offrent maintenant un choix de petites maisons et appartements, en plus des chambres avec les services habituels.

• **Chambres chez l'habitant et pensions :** en Grande-Bretagne ce type d'hébergement est très répandu ; moins onéreux que les hôtels, il donne aussi l'occasion de rencontrer les gens du pays.

• **La multipropriété :** l'idée, très appréciée aux États-Unis, est née en Europe et signifie que les investisseurs peuvent acheter une semaine dans l'année à perpétuité ou pour une période donnée. Cela implique souvent des programmes d'échange réciproque qui apportent aux vacanciers davantage de souplesse.

B2. Disney : le fabricant de distractions le plus doué du monde

Les parcs à thème de Disney représentent encore l'essentiel des activités de la société. La fréquentation est en forte hausse et de nouvelles attractions ont été inventées pour attirer les habitués. Disneyworld, en Floride, comprend un parc aquatique de 25 hectares où les visiteurs peuvent glisser le long d'une montagne de 30 mètres, faire du surf sur des vagues de 2 mètres et nager avec un tuba dans des piscines remplies de poissons tropicaux.

Tourism

B3. PHRASES TYPES

1. *Vous vous en tirerez mieux si vous voyagez en train plutôt qu'en car.*
2. *Il est hors de question de trouver un parking gratuit en centre ville.*
3. *Je suggère que vous preniez un vol aller-retour.*
4. *Cela vous coûtera moins que d'acheter deux billets aller.*
5. *Pourquoi ne passeriez vous pas trois jours à New York avant de repartir à Londres en avion ?*
6. *À moins de rendre la voiture où vous l'avez prise, vous ne bénéficierez pas de ces tarifs.*
7. *Nous proposons un vaste éventail de services allant des hôtels et restaurants aux locations de voitures, séjours rapides, séjours à forfait et billets d'avion.*
8. *Et si vous preniez une croisière à thème ? Il y a des voyages pour les amateurs de chocolat, pour les dégustateurs de vins et pour les passionnés de* country music.
9. *Si vous voulez passer quelque temps dans un parc national, vous trouverez plein de campings disponibles.*
10. *L'accueil vous fournira tous les renseignements voulus sur les sentiers de randonnée et sur les activités proposées.*
11. *Le droit d'entrée n'est pas aussi élevé pour les enfants que pour les adultes.*
12. *Il vous faudra faire la queue pendant une heure au moins avant de pouvoir entrer dans le parc.*
13. *Ne prévoyez pas un voyage en Floride en septembre, c'est la saison des ouragans.*
14. *À chaque fois que je suis allé en vacances dans le Lake District pour marcher, il est tombé des cordes !*
15. *Certains de nos séjours les plus actifs plairont aussi bien aux adultes qu'aux adolescents.*
16. *Une semaine d'observation des oiseaux vous offre la compagnie de passionnés et de guides expérimentés.*
17. *Les marches guidées vous proposent soit un rythme calme soit un rythme rapide.*
18. *Dans les auberges de jeunesse, on met l'accent sur la simplicité et sur l'esprit communautaire.*
19. *Les modes d'hébergement sur l'île sont variés, ils vont de la petite auberge pas chère à l'hôtel de chaîne.*
20. *Quand Canary Wharf sera terminé, Londres possédera le plus grand centre commercial d'Europe.*

1. You'll be better off if you travel by train than by coach.
2. Finding a free parking lot downtown is out of the question (US).
3. I suggest you take a round trip flight (US).
4. It will cost you less than buying two one-way tickets (US).
5. Why not spend three days in New York city before flying back to London ?
6. Unless you return the car where you picked it up, you won't be able to benefit from those rates.
7. We offer a wide range of services from hotels and restaurants to car rentals, short breaks, package holidays and air tickets.
8. How about taking a theme cruise ? There are trips for chocolate lovers, wine tasters and country music fans (US).
9. If you want to spend some time in a national park, you'll find plenty of parking sites available.
10. The Visitor's Center will provide all the information on hiking trails and the activities on offer (US).
11. The admission fee is not as high for children as for adults.
12. You'll have to queue up for one hour at least before you can get into the park !
13. Don't plan a trip in Florida in September, it is the hurricane season !
14. Whenever I went to the Lake District for a walking holiday, it poured down with rain !
15. Some of our more active holidays will appeal to both adults and teenagers alike.
16. A bird watching week offers you the company of other enthusiasts and experienced leaders.
17. The guided walks vary from gentle to brisk paced.
18. At youth hostels, the stress is on informality and communal spirit.
19. The variety of accommodations on the island extends from small inexpensive inns to chain hotels.
20. When Canary Wharf is completed, London will house the largest commercial development in Europe.

accommodation	*hébergement*
admission fee	*droit d'entrée*
to advise	*conseiller*
to appeal to	*plaire à*
attendance	*fréquentation*
available	*disponible*
bargain	*bonne affaire*
bird-watching	*observation des oiseaux*
brochure ['brəʊʃʊə]	*dépliant* (touristique, publicitaire, etc.)
bulk prices	*prix de gros*
camping site	*camping*
caravan park	*camping pour caravanes*
car rental	*location de voitures* (US)
coach	*car*
cruise [kru:z]	*croisière*
cruise liner	*paquebot de croisière*
customer	*client*
development	*domaine, lotissement*
discount	*réduction*
downtown	*centre ville* (US)
entertainment	*distraction*
to feature	*proposer* (une activité, un spectacle)
flat	*appartement*
flight	*vol, voyage en avion*
to fly	*voler, prendre l'avion*
to hike	*faire de la randonnée*
hiking trail	*sentier de randonnée* (US)
to hire a car	*louer une voiture* (GB)
holiday	*vacances* (GB)
holiday-makers	*vacanciers* (GB)
inn	*auberge*
journey	*voyage* (pour indiquer le déroulement du voyage)
leader	*guide*
to lure ['ljʊə]	*attirer, séduire*
to make up one's mind	*se décider*
meal	*repas*
medium-priced	*à prix moyen*
mile [maɪl]	*mile* (= 1 600 mètres environ)
mileage	*kilométrage*
motor home	*camping car*
one-way ticket	*aller simple* (US)
package deal	*forfait*
package holiday	*séjour à forfait*

parking lot	*parking* (US)
to pick up	*prendre* (livraison de)
to plan	*organiser*
pool	*piscine*
to queue up	*faire la queue* (GB)
range	*éventail, choix* (prix, services, etc.)
to rent a car	*louer une voiture* (US)
repeat customers	*habitués* (clients qui reviennent)
to return	*rendre* (ce qui a été prêté ou loué)
round trip	*voyage aller et retour* (US)
self-catering outlet	*lieu de séjour indépendant*
sightseeing tour	*visite guidée*
short break	*séjour court*
to slide	*glisser* (sur un tobogan)
to snorkel	*nager* (avec un masque et un tuba)
to stay	*séjourner*
storey *(GB)*, story *(US)*	*étage*
theme [θiːm] park	*parc d'attractions à thème*
theme cruise	*croisière à thème*
time-sharing	*multipropriété*
tour [tʊə]	*voyage organisé*
tour operator	*organisateur de voyages*
travels	*les voyages* (s'utilise peu au singulier)
to travel	*voyager*
travel agency	*agence de voyages*
travel agent	*agent de voyages*
trip	*voyage*
walking path	*sentier de randonnée* (GB)
wave	*vague*
youth hostel	*auberge de jeunesse*

	US	GB
location de voitures	car rental	car hire
parking	parking lot	car park
aller simple	one way ticket	single
aller retour	round trip	return
faire la queue	to stand in line	to queue
vacances	vacation	holiday
vacancier	vacationer	holiday-maker
centre ville	downtown	city center

I - Compléter avec un mot ou groupe de mots pris dans la liste suivante : *travel agent, tour operator, travel, journey, package deal, discount, bargain* :

1. .... has become less expensive, these days !
2. A ...... can advise you on which ...... to choose.
3. Mass tourism has enabled people to benefit from ..... and .... prices.
4. Did you have a good .... ?
5. The best .... of the season is a trip to Mexico.

II - Former un adjectif composé pour chaque phrase (voir note 2 du dialogue) :

1. A model *at a low price*.
2. A travel agent *with blue eyes*.
3. People who never travel remain *with a narrow mind*.
4. Why on earth are you always *with a bad temper* on Monday mornings ?
5. We rented a house *which had two storeys* for the summer.

III - Traduire (revoir dialogues et phrases types) :

1. *Il n'y a aucune voiture à prix moyen disponible.*
2. *Un voyage organisé nécessite une gestion du temps précise.*
3. *Nous ne pourrons pas nous offrir des hôtels aussi chers !*
4. *En ce qui concerne le voyage, je ne vous conseillerais pas le car.*
5. *Nous préférerions réserver nos billets à l'avance plutôt que d'avoir à faire la queue.*

I - Compléter avec un mot ou groupe de mots :

1. *Travel* has become less expensive these days !
2. A *travel agent* can advise you on which *tour operator* to choose.
3. Mass tourism has enabled people to benefit from *package deals* and *discount* prices.
4. Did you have a good *journey* ?
5. The best *bargain* of the season is a trip to Mexico.

II - Former des adjectifs composés :

1. A *low-priced* model.
2. A *blue-eyed* travel agent.
3. People who never travel remain *narrow-minded*.
4. Why on earth are you always *bad-tempered* on Monday mornings ?
5. We rented a *two-storeyed* house for the summer.

III - Traduire :

1. There is no medium-priced car available.
2. A tour requires careful timing.
3. We won't be able [1] to afford such expensive hotels !
4. As far as the journey is concerned, I wouldn't advise the coach.
5. We would rather [2] book our tickets in advance than have to queue up.

---

1. **we won't be able to :** pour rendre l'idée de possibilité matérielle, **can** n'existe qu'au présent et au passé (**could**). Pour les autres temps, comme ici le futur, on utilise une expression dont le sens est équivalent : **to be able to** qui peut, elle, s'employer à n'importe quel temps.
2. Notez à nouveau que l'expression **I would rather** est suivie de l'infinitif sans **to**.

A « Murder and mystery weekend » (an advertisement)

Spend a weekend of mystery and suspense, as bodies drop like flies and you, the detective, try to solve the plot and unmask the murderer. Will you guess the murderer's identity before he (or she) murders you ? Can you keep a cool head and make sense of the clues ? As you question the suspects and the story unfolds you will find yourself completely engrossed in this compelling subject. A Saturday stage show, talks on historical real-life murders and explanation of the methods that have lead to their detection will add to the atmosphere of suspicion and intrigue. These very sociable gatherings provide a fascinating combination of thrilling suspense fun, friendship and laughter.

These holidays start with dinner on the first day and finish with breakfast on the last day.

Un « Week-end de mystère et de suspense » (publicité)

Passez un week-end de mystère et de suspense, les cadavres tombent comme des mouches et vous, le détective, vous essayez de résoudre l'énigme et de démasquer l'assassin. Devinerez-vous l'identité de l'assassin avant qu'il (ou elle) ne vous assassine ? Pouvez-vous garder la tête froide et comprendre les indices ? Au fur et à mesure que vous interrogerez les suspects et que l'histoire progressera, vous vous sentirez fasciné par ce sujet passionnant. Un spectacle le samedi, des conférences sur des meurtres réels et l'explication des méthodes qui ont permis de découvrir les assassins renforceront l'atmosphère d'intrigue et de suspicion. Ces rencontres agréables offrent un mélange fascinant de suspense excitant, d'amusement, d'amitié et de rires.

Ces séjours débutent par le dîner le premier jour et se terminent par le petit déjeuner le dernier jour.

« Travel broadens the mind » [2]
« Les voyages forment la jeunesse »

---

1. Voir définition page 11.
2. Mot à mot : *« les voyages élargissent l'esprit ».*

DOSSIER 2

THE HOTEL INDUSTRY
L'INDUSTRIE HÔTELIÈRE

The hotel industry

A. DIALOGUE

T. = Tourist office   **C.** = Customer

Selecting the right hotel (GB)

T. — Hello, Tourist Office, good afternoon !

C. — Good afternoon, I'd like some information about hotels in London. We want to book a room for the weed-end, on Friday and Saturday night.

T. — Yes, what sort of hotel would you like ?

C. — We'd like a reasonably comfortable one, with character and in the city center. It's going to be our wedding anniversary, you see.

T. — Well, I can suggest the Snowdon, a two-star hotel [1] ; it is fairly central and a room for two costs £60 a night. But if you are really after character, the London Park View would be the thing for you ; it is a bit more expensive, I'm afraid [2] ; it is a three-star hotel and the minimum price is £98 a night, but it is really worth it.

C. — Gosh ! That's far more than I expected ; we'll have to take the Snowdon, then.

T. — That's up to you ; do you want me to make [3] the reservation for you ?

C. — Yes, please, a twin-bedded room, if possible, for April 2 and 3.

T. — I'll check with the hotel ; what name is it, please ?

C. — Smith.

T. — Thank you, Mr Smith, just wait a moment while I confirm your booking on another line... Mr Smith, it is all settled. However, the Snowdon requires a letter of confirmation and a deposit of £50, please make sure you send it as soon as possible, otherwise they will not hold your reservation.

C. — I'll do that right away, thank you !

---

1. **a two-star hotel :** adjectif composé, **star** est donc invariable, comme tous les éléments d'un adjectif.

2. Formule souvent employée par les Anglo-saxons, non pour indiquer la peur mais pour tempérer la force de la phrase qui suit ou précède.

3. Proposition infinitive : se construisent de la même façon les verbes exprimant l'ordre, l'interdiction, le désir, la préférence, tels que **to wish**, **to intend**, **to forbid**. Notez que lorsque le sujet de la proposition infinitive est un pronom personnel, il est à la forme complément.

L'industrie hôtelière

A. DIALOGUE

O. = Office du tourisme   **C.** = Client

Le choix du bon hôtel

O. — Allo, office du tourisme, bonjour !

C. — Bonjour, je voudrais des renseignements sur les hôtels de Londres. Nous voudrions réserver une chambre pour un week-end, vendredi et samedi soir.

O. — Oui, quel genre d'hôtel aimeriez-vous ?

C. — Nous aimerions un hôtel assez confortable qui ait du caractère et qui soit au centre ville ; c'est [1] notre anniversaire de mariage, vous comprenez.

O. — Eh bien, je vous propose le Snowdon, un hôtel deux étoiles, il est assez central et une chambre pour deux coûte 60 livres par nuit. Mais si vous cherchez vraiment un hôtel de caractère, le London Park View serait idéal pour vous. Seulement, il est un peu plus cher ; c'est un hôtel trois étoiles et le prix minimum est de 98 livres la nuit ; mais cela vaut vraiment la peine.

C. — Mon Dieu ! c'est bien plus que ce que je pensais ! Il va falloir que nous prenions le Snowdon.

O. — C'est à vous de voir ; voulez-vous que je fasse la réservation pour vous ?

C. — Oui, s'il vous plaît ; une chambre avec deux lits jumeaux pour le 2 et le 3 avril.

O. — Je vais voir avec l'hôtel : c'est à quel nom, s'il vous plaît ?

C. — Smith.

O. — Merci, monsieur Smith, attendez un petit instant que je confirme la réservation auprès de l'hôtel sur une autre ligne... Monsieur Smith, tout est arrangé. Néanmoins, le Snowdon demande une lettre de confirmation et 50 livres d'arrhes. N'oubliez pas [2] de les envoyer dès que possible, s'il vous plaît, sinon ils ne maintiendront pas votre réservation.

C. — Je vais le faire tout de suite, merci !

---

1. Mot à mot : *cela va être*.
2. Mot à mot : *assurez-vous que*.

B1. Definitions

• **Hotel categories :** Hotels are rated according to the quality of service they offer.

In Britain, hotels are given a crown rating by an official body, the English Tourist Board (ETB), and a star rating by the Automobile Association (AA) and the Royal Automobile Club (RAC).

In the USA, there is no official classification, but the Mobil Travel Guide proposes a star rating.

• **Hotel chains**

— **Consortia :** They are formed by independently operated hotels for mutual benefit. The hotelier pays a fee to join the association and then has access to such benefits as a computerized reservation system, a central purchasing division, the use of the group's logo, etc.

— **Corporate operated groups :** The hotel is a *subsidiary* if the corporation brings in the money to build and operate it.

If a *management contract* is established between the chain and the owners, the chain operates the hotel in return for a fee or a percentage of the profits.

In a *joint venture*, both the chain and the investors bring in the necessary capital.

In a *franchise agreement*, the franchisor (the chain) provides to the franchisee (the hotel operator) the right to use its name, its advertising technique, its know-how in exchange for a fee and a percentage of the turnover.

B2. Lord Forte, a « rags to riches hero »

Born [1] to a working class family in Italy, he moved to Scotland at the age of five, worked in his family's ice cream parlor as a teenager and, at 26, started a milk bar in London's West End [2]. By the beginning of World War II he owned nine restaurants in London and after the war, he bought several properties near Picadilly Circus...

In 1970, his merger with Trust House Ltd brought him 200 hotels. After he retired, his hotels were taken over in 1996 by the Granada Media Group.

1. Cf. **I was born :** *je suis né.*
2. Quartier chic de Londres, situé à l'ouest.

B1. Definitions

• **Catégories d'hôtels :** Les hôtels sont classés selon la qualité du service qu'ils offrent.
En Grande-Bretagne, les hôtels se voient attribuer des couronnes par un organisme officiel, l'ETB, et des étoiles par l'AA et par le RAC.
Aux États-Unis, il n'y a pas de classement officiel, mais le Mobil Travel Guide propose un classement par étoiles.

• **Chaînes hôtelières**
– **Chaînes volontaires :** Elles sont formées par des hôtels à gestion indépendante dans un intérêt commun. L'hôtelier paie un droit d'entrée pour appartenir à l'association et a ensuite accès à des avantages tels que un système de réservation informatisé, une centrale d'achat, l'utilisation du logo du groupe, etc.
– **Chaînes intégrées :** L'hôtel est une *filiale* si la société apporte l'argent nécessaire à la construction et à la gestion de celui-ci.
Si un *contrat de gestion* est passé entre la chaîne et les propriétaires, la chaîne gère l'hôtel en échange du règlement d'un droit ou d'un pourcentage des bénéfices.
Dans un *contrat d'association*, la chaîne et les investisseurs apportent tous deux les capitaux nécessaires.
Dans un *accord de franchise*, le franchiseur (la chaîne) fournit au franchisé (le gérant de l'hôtel) le droit d'utiliser son nom, sa technique publicitaire, son savoir-faire, en échange du règlement d'un droit et d'un pourcentage du chiffre d'affaires.

B2. Lord Forte, de la misère à la richesse

Né en Italie dans une famille ouvrière, il déménagea en Écosse à cinq ans, travailla adolescent chez ses parents glaciers, et, à 26 ans, il ouvrit un bar dans l'ouest de Londres. Au début de la Seconde Guerre mondiale, il possédait déjà neuf restaurants à Londres, et, après la guerre, il acheta plusieurs propriétés près de Picadilly Circus.
En 1970, sa fusion avec Trust House Ltd lui apporta 200 hôtels. Après sa retraite ses hôtels furent rachetés en 1996 par le groupe de médias Granada.

1. *Auriez-vous par hasard une chambre pour trois ?*
2. *Veuillez épeler votre nom, s'il vous plaît.*
3. *Cela vous dérangerait-il de répéter votre nom de famille ?*
4. *Nous attendons (avec impatience) votre arrivée.*
5. *Je vous mets sur la liste d'attente.*
6. *Je vous rappelle s'il y a une annulation.*
7. *Avez-vous reçu confirmation de notre part, Mr Dean ?*
8. *Il a dû y avoir un malentendu.*
9. *Ne vous inquiétez pas, nous trouverons une chambre pour vous dans un hôtel voisin.*
10. *Notre hôtel se trouve situé dans un quartier qui vous permet d'aller au centre ville à pied.*
11. *La situation de notre hôtel vous permet de vous rendre à pied dans les magasins, les théâtres et les night-clubs ; elle est idéale à la fois pour les hommes d'affaires et les touristes.*
12. *Les trois suites luxueuses situées au dernier étage offrent une vue exceptionnelle sur Hyde Park et Kensington.*
13. *Quand vous arrivez par la M1, il faut que vous quittiez l'autoroute par la sortie 26 en direction du sud et que vous suiviez les panneaux qui indiquent le centre ville de Nottingham.*
14. *Vous recevrez un accueil chaleureux dès que vous entrerez dans notre hall d'acceuil, que vous soyez venu pour prendre un verre, faire un repas ou assister à une réception.*
15. *Notre centre de réservations par téléphone vous permet d'effectuer des réservations immédiates dans les 800 hôtels de la société dans le monde.*
16. *Des solutions adéquates vous seront suggérées si tel ou tel hôtel est complet.*
17. *Un des changements les plus spectaculaires dans le domaine de l'hôtellerie ces dix dernières années est la création et la croissance du secteur des châteaux-hôtels.*
18. *L'hôtel est très tributaire de la clientèle nationale.*
19. *C'est le premier hôtel fonctionnel à ouvrir dans la région.*
20. *Quatre femmes ont ouvert ce qu'on estime être le premier hôtel de Grande-Bretagne exclusivement destiné aux femmes cadres d'entreprises.*

B3. KEY SENTENCES

1. Do you, by any chance, have a room available for three ?
2. Would you spell your name, please ?
3. Would you mind repeating your surname (US : last name) ?
4. We look forward to your visit.
5. I'll put you on the waiting list.
6. I'll ring you if there is a cancellation.
7. Did you receive confirmation from us, Mr Dean ?
8. There must have been a misunderstanding !
9. Don't worry, we'll find accommodation for you in a nearby hotel.
10. Our hotel is situated within walking distance of the city centre.
11. The close proximity to the shops, theatres and night clubs offers the ideal location for both businessmen and visitors.
12. The three de-luxe suites on the top floor offer breathtaking views over Hyde Park and Kensington.
13. When travelling on the M1, you should leave at exit 26 southbound and then follow the signs to Nottingham city centre.
14. You will receive a warm welcome as soon as you come into our reception area whether you have come for a drink, a meal or are attending a private function.
15. Our telephone reservations centre allows you to make immediate bookings at the company's 800 hotels around the world.
16. Suitable alternatives will be suggested if a particular hotel is fully booked.
17. One of the most dramatic developments on the hotel scene over the past decade has been the creation and growth of the country-house sector.
18. The hotel relies heavily on domestic business.
19. It is the first custom-built hotel to open in the area.
20. Four women have opened what is believed to be the first hotel in Britain exclusively aimed at female business executives.

advertising	*publicité*
air conditioned	*climatisé*
available	*disponible*
benefit	*avantage* (non financier), *profit*
to be worth it	*valoir la peine*
to book	*réserver*
booking	*réservation*
breathtaking ['breθteıkıŋ]	*exceptionnel, à vous couper le souffle*
to bring (brought, brought)	*apporter*
business executive [ıʒ'zekjʊtiv]	*cadre d'entreprise*
business man	*homme d'affaires*
to buy (bought, bought)	*acheter*
capital	*capitaux*
chain hotel	*hôtel appartenant à une chaîne*
coffee shop	*cafétéria*
computerised	*informatisé*
to confirm	*confirmer*
consortium (*pl.* consortia)	*chaîne volontaire*
corporate	*de société, d'affaires*
corporation	*société*
country house	*château-hôtel*
decade ['dekeıd], US ['dıkeıd]	*décennie*
de-luxe [də'lʌks]	*de luxe, luxueux*
deposit	*arrhes, versement comptant*
domestic	*national*
dramatic	*spectaculaire*
to establish a contract	*passer un contrat*
exit	*sortie*
fee [fıː]	*droit d'entrée, droit fixe, honoraires*
to fight (fought, fought)	*lutter contre*
franchise agreement	*accord de franchise*
franchisee	*franchisé*
franchisor	*franchiseur*
function	*réception*
growth	*croissance*
to have access to	*avoir accès à*
to hold a reservation	*maintenir une réservation*
hotel chain	*chaîne d'hôtel*

know-how	*savoir-faire*
to join	*appartenir à, devenir membre*
joint venture	*contrat d'association*
lobby	*hall*
location	*situation*
logo	*marque, signe distinctif, logo*
to look forward to	*se faire une joie de*
management contract	*contrat de gestion*
to merge with	*fusionner avec*
merger	*fusion*
milk bar	*bar* (sans boissons alcoolisées)
misunderstanding	*malentendu*
motorway	*autoroute*
to operate	*gérer*
to own	*posséder*
owner	*propriétaire*
percentage	*pourcentage*
profit	*bénéfice* (financier)
property	*propriété*
purchasing division	*centrale d'achats*
rating	*classification*
to receive	*recevoir*
to rely on	*compter sur*
to require	*demander, exiger*
round the clock	*24 heures sur 24*
settled	*arrangé*
to spell	*épeler*
southbound	*en direction du sud*
star	*étoile*
subsidiary	*filiale*
suite	*suite*
to take over	*racheter*
top floor	*dernier étage*
tourist office	*office de tourisme*
turnover	*chiffre d'affaires*
twin-bedded room	*chambre avec lits jumeaux*
view	*vue*
waiting list	*liste d'attente*

I - Former des propositions infinitives en utilisant le début de phrase entre parenthèses (revoir note 3 du dialogue) :

1. I will open the window (*do you want*).
2. We will open the coffee shop round the clock (*do the police forbid*).
3. He will answer all your questions (*do you expect*).
4. The hotel will join a consortium (*does the owner intend*).
5. Your room will be air-conditioned (*would you like*).

II - Traduire (revoir dialogue, phrases types et documents) :

1. *Si c'est vraiment un hôtel confortable que vous cherchez, puis-je suggérer un hôtel 3 étoiles ?*
2. *C'est à vous de voir, mais je crois que la différence de prix vaut vraiment la peine.*
3. *En échange d'un pourcentage des bénéfices, la chaîne gère l'hôtel.*
4. *Ne vous inquiétez pas, il a dû y avoir une erreur.*
5. *Dès que vous entrerez dans l'hôtel, vous verrez ce qu'on estime être le plus beau hall d'Angleterre.*

III - Écrire en lettres les chiffres, numéros et dates suivants :

1. Room 401
2. 608 rooms
3. 20 January 2005
4. Tel : 101.46678
5. 8,635 customers
6. A growth of 10.5 %

I - Former des propositions infinitives :

1. *Do you want* me to open the window ?
2. *Do* [1] *the police forbid* us to open the coffee shop round the clock ?
3. *Do you expect* him to answer all your questions ?
4. *Does the owner intend* the hotel to join a consortium ?
5. *Would you like* your room to be air-conditioned ?

II - Traduire :

1. If it's really a comfortable hotel you're looking for, may I suggest a three-star hotels ?
2. It's up to you, but I think the difference in price is really worth it.
3. The chain operates the hotel, in exchange for a percentage of the profits.
4. Don't worry, there must have been a mistake.
5. As soon as you enter the hotel, you will see what is believed to be the most beautiful lobby in England.

III - Écrire en lettres :

1. Room four oh one.
2. Six hundred and eight rooms.
3. The twentieth of January twenty oh five
   (US : twentieth of…).
4. Tel : one oh one, four double six seven eight
   (US : one, zero…).
5. Eight thousand six hundred and thirty five customers [2].
6. A growth of ten point five percent [3].

---

1. **police** est considéré comme un mot pluriel.
2. Notez que dans les nombres une virgule précède les centaines.
3. Notez que dans les pourcentages un point précède la décimale.

Advertisements for hotels

■ **In GB :**

Springfield Country Hotel

AA ★★★   E.T.B. ♛♛♛♛   ★★★ RAC

Grange Road, Stoborough, Wareham, Dorset

This lovely family run hotel in quiet Dorset countryside is set in 6 acres of landscaped gardens. There are 32 comfortable rooms all with en-suite bathroom, colour TV, radio, telephone and tea and coffee service.

FACILITIES INCLUDE – Riding stables, Heated pool (May-Oct), Tennis Court, Solarium, Lift, Games Room with 2 full size snooker tables, Table Tennis and Pool table.

For colour brochure and tariff

Telephone (09295) 2177/51785

---

family run : *géré en famille* ; countryside : *campagne* ; set : *situé* ; landscaped gardens : *jardins paysagés* ; en-suite : *privé* ; riding stables : *écuries* ; heated : *chauffé* ; snooker : *billard anglais* ; pool : *billard américain*.

■ **In the US :**

Step up to the Marriott Experience
We Do It Right!

For years Marriott Hotels have been known for their quality accomodations, warm, friendly, efficient service, and fine restaurants.

The Bloomington Marriott Hotel is no exception. For five consecutive years we have been awarded Mobil's coveted 4-Star Award for excellence. It is their way of saying we are "outstanding… worth a special trip".

For the business travelers, we offer corporate rates and complimentary limo service to and from the Minneapolis/St. Paul Airport – every 15 minutes. We are just 5 minutes from the airport, and 15 minutes from downtown Minneapolis or St. Paul. What convenience!

to step up to : *s'approcher de* ; for years they have been known for : *depuis des années, on les connaît pour* ; to award : *atrribuer* ; to covet : *convoiter* ; outstanding : *exceptionnel* : worth a special trip : *qui vaut le voyage* ; corporate rates : *tarifs spéciaux pour les sociétés* ; complimentary limo service : *service gracieux de limousines* ; what convenience ! : *comme c'est pratique !*

DOSSIER 3

RECEPTION
LA RÉCEPTION

A • **DIALOGUE** / *DIALOGUE*

B • **RECORDS** / *DOCUMENTS* :

    B1. **Key-card** - *Carte de bienvenue*

    B2. **Definitions** - *Définitions*

    B3. **The concierge** - *Le concierge*

    B4. **Answering a reservation enquiry**
    Réponse à une demande de réservation

    B5. **Key sentences** - *Phrases types*

    B6. **Vocabulary** - *Vocabulaire*

C • **EXERCISES** / *EXERCICES ET CORRIGÉ*

D • **FINAL TIPS**

R. = Receptionist   **S.** = Jean Sadler

Checking in at the Swan (GB)

It is 8 p.m. Mrs Sadler enters [1] *the lobby of the Swan Hotel in Derby, England.*

R. — Good evening, can I help you ?

S. — Yes, I've booked a room for two nights.

R. — Can I have your name, please ?

S. — Yes, it's Sadler, Jean Sadler.

R. — Ah yes, Mrs Sadler ; here it is ! A single with bath until the 30th. Would you like a TV in your room ?

S. — Not really, but I'd like to have a quiet room ; I am a light sleeper.

R. — Certainly, Mrs Sadler ; I'll give you room 401 [2], on the fourth floor ; it overlooks the garden and you even have a view of the hills in the distance ; that's the quiet part of the hotel and so you won't be disturbed in your sleep.

S. — Thank you, that's lovely !

R. — Would [3] you fill in this registration card, while I prepare your key, I would also like to see your passport.

S. — Certainly, I may [4] have to stay two more nights ; will that be possible ?

R. — I think we can arrange something, but please let me know as soon as possible and no later than tomorrow night.

S. — I will ; incidentally, can I get something to eat now ?

R. — Yes, our Carver's restaurant is still open, but if you just want a snack, our coffee shop stays open until 11 p.m. They are both on the ground floor. Now, if you will come this way, the porter will take your luggage [5] to your room.

S. — Good, thank you very much. Good night !

---

1. *entrer* se dit **to enter**, sans préposition, ou **to go into**.
2. Notez la prononciation des numéros de chambre : 4-0 [əʊ]-1. La même règle s'applique aux numéros de téléphone.
3. **would you, will you** : formes de politesse pour atténuer la force de la demande ; indique la notion de bien vouloir.
4. **may** indique le plus souvent l'éventualité, **have to** la nécessité.
5. **luggage** : mot invariable qui signifie *des bagages* ; *un bagage* se dit **a piece of luggage**.

3 La réception

A. DIALOGUE

R. = Réceptionniste **S.** = Jean Sadler

Formalités d'arrivée au Swan Hotel

Il est 8 heures du soir. Mme Sadler entre dans le hall du Swan Hotel à Derby, Angleterre.

R. — Bonjour, puis-je vous aider ?

S. — Oui, j'ai réservé une chambre pour deux nuits.

R. — Quel est votre nom, s'il vous plaît ?

S. — Sadler, Jean [1] Sadler.

R. — Ah, oui, Mme Sadler, voilà ! Une chambre seule avec bain jusqu'au 30. Voulez-vous la télévision dans votre chambre ?

S. — Non, mais j'aimerais avoir une chambre calme ; j'ai le sommeil léger.

R. — Certainement, madame Sadler, je vais vous donner la chambre 401 au quatrième étage ; elle donne sur le jardin et vous avez même la vue sur les collines au loin. C'est la partie calme de l'hôtel ; vous ne serez pas dérangée dans votre sommeil.

S. — Merci, c'est merveilleux !

R. — Veuillez remplir cette fiche de police, pendant que je prépare votre clé, et également me montrer votre passeport.

S. — Certainement ; j'aurai peut-être besoin de passer deux nuits de plus. Est-ce que ce sera possible ?

R. — Je crois que nous pourrons nous arranger mais veuillez me prévenir dès que possible, et pas plus tard que demain soir.

S. — D'accord. Est-ce que je peux manger quelque chose à cette heure-ci ?

R. — Le grill [2] est encore ouvert, mais si vous voulez juste manger rapidement, la cafétéria reste ouverte jusqu'à 11 heures du soir. Ils sont tous deux au rez-de-chaussée. Maintenant, si vous voulez bien venir par ici, le porteur va porter vos bagages jusqu'à votre chambre.

S. — Bien, merci beaucoup. Bonsoir !

---

1. Attention à la prononciation : [dʒiːn].
2. **to carve** : *découper*, entre autres, la viande ; **carving room, carvery** : *restaurant où on sert surtout de la viande rôtie* ; cf. **carving table** : *table à découper*.

B1. Key card

GUEST NAME **Smith**

ARRIVAL DATE **4/2**   DEPARTURE DATE **8/2**

ROOM NUMBER **659**   ROOM RATE **1981**

(Rooms should be vacated by noon on the day of departure)
Please show this card each time you collect your key.

B2. Definitions

• **Front office personnel** : in a modern standardized hotel, it is under the responsibility of a front office manager and mainly consists of a front office clerk, a mail clerk, a key clerk, an information clerk, a floor clerk, a night clerk, a front office cashier. The front office clerk's job is to welcome guests, register guests who check in, record reservations, confirmations and cancellations, allocate rooms, coordinate services by informing them of customer requirements and situations and to deal with complaints.

• **Registration card** : filled in by the guest when checking in, with details such as passport number ; must be available for inspection by the police department.

• **Travel agent's voucher** : acts as evidence of booking by an agency ; one copy is kept by the hotel, one by the agency and one by the guest, to be shown on arrival.

B3. The concierge : a legacy from the past

The trend, in the past decades, has been for de-luxe hotels to dispense with the services of the hall porter or concierge, following the introduction of computer systems. However, an international hotel chain such as Meridien has decided to introduce the concierge system into its hotels in the USA. The aim is to offer a more personalised service. Even though the demands of the clientele have changed, what is expected of a concierge remains the same : an encyclopaedic knowledge of what is going on, charm, a delight in problem solving, discretion and wide ranging linguistic skills ; and, of course, a practised personal touch.

B1. Carte de bienvenue

Rooms should be ... : les chambres doivent être libérées avant midi le jour du départ.

Please show ... : veuillez montrer cette carte chaque fois que vous venez chercher votre clé.

B2. Définitions

• **Le personnel de la réception :** il est sous la responsabilité du chef de réception et se compose essentiellement d'un réceptionniste, d'un postier, d'un gardien des clés, d'un préposé à l'information, d'un responsable d'étage, d'un réceptionniste de nuit, et d'un caissier de réception. Le rôle du réceptionniste est d'accueillir les clients, d'enregistrer les clients qui arrivent, d'enregistrer les réservations, les confirmations et les annulations, d'attribuer les chambres, de coordonner les services en les informant des exigences et de la situation des clients, et de s'occuper des réclamations.

• **Fiche de police :** remplie par le client quand il arrive, avec des indications comme le numéro du passeport, elle doit être présentée à la demande de la police.

• **Bon d'agence :** sert de preuve de réservation par une agence. Un exemplaire est conservé par l'hôtel, un par l'agence et un par le client qui doit le présenter à son arrivée.

B3. Le concierge : un héritage du passé

Ces dix ou vingt dernières années, les hôtels de luxe ont eu tendance à se passer des services du concierge, après la mise en place de systèmes informatisés. Néanmoins, la chaîne hôtelière internationale Méridien a, par exemple, décidé de réintroduire le concierge dans ses hôtels des E.U. Le but est d'offrir un service plus personnalisé. Bien que les exigences de la clientèle aient changé, on attend toujours la même chose d'un concierge : une connaissance encyclopédique de ce qui se passe, du charme, le goût de résoudre les problèmes, de la discrétion, une bonne connaissance des langues étrangères. Et, bien sûr, une touche personnelle due à une grande expérience.

MODERN HOTEL
6 Queen's Road
London WC2

Mr A. T. Ramsay
8 Avenue Road
Derby DEG 4 DS

Thursday 25th March 2005

Dear Mr Ramsay,

We are in receipt of your letter dated March 21st in which your were asking if we could accommodate a partty of 17 persons : 7 girls, 8 boys and two adults, for a week end in June.

We are pleased to inform you we have enough vacancies on the second week end in June (9th-10th) to offer you the following arrangement :

– Two twin-bedded rooms plus a « family room » containing three beds for the girls, on the second floor, next to a single room for Miss Smith.

– Four twin-bedded rooms for the boys, next to a single room for Mr Black, on the fourth floor.

All our rooms have a private bathroom and a toilet, a telephone and a television. The hotel is centrally heated.

The hotel has no restaurant as such, but the room service has quite a comprehensive list of refreshments from toasted sandwiches to more sophisticated items.

So we would only provide Bed and Breakfast for £35 per head and per night.

There are many touring parties around at that time of the year and the area is packed with coaches, but I trust your driver will find a place to park nearby.

Please find herewith a booklet about day trips in and around London and a post card of our establishment.

We would appreaciate an early answer, we are looking forward to having this party with us, and remain,

Yours sincerely,

Anabel Snow
Head Secretary

Jeudi 25 mars 2005

Cher Mr Ramsay,

Nous accusons réception de votre lettre du 21 mars dans laquelle vous demandiez si nous pouvions loger un groupe de 17 personnes : 7 filles, 8 garçons et deux adultes, pendant un week-end de juin.

Nous avons le plaisir de vous annoncer que nous avons suffisamment de chambres libres le second week-end de juin (du 9 au 10) pour vous proposer la solution suivante :

– Deux chambres à deux lits et une grande chambre avec trois lits pour les filles, au deuxième étage, à côté d'une chambre simple pour Miss Smith.

– Quatre chambres à deux lits pour les garçons, à côté d'une chambre simple pour Mr Black, au quatrième étage.

Toutes nos chambres ont salle de bains et WC privés, téléphone et télévision. L'hôtel a le chauffage central.

L'hôtel n'a pas vraiment de restaurant, mais le service des chambres propose une liste assez importante de mets, du sandwich toasté aux plats plus élaborés.

Nous ne fournirions donc que la chambre et le petit déjeuner au prix de 35 livres par personne et par nuit.

Il y a de nombreux groupes de touristes à cette époque de l'année et le quartier est encombré de cars, mais je suis sûre que votre chauffeur trouvera une place pour se garer près de l'hôtel.

Veuillez trouver ci-joint un livret sur les excursions d'une journée dans et à l'extérieur de Londres et une carte postale de notre établissement.

Nous vous serions reconnaissants de nous faire parvenir rapidement une réponse, nous attendons avec impatience le plaisir d'avoir votre groupe parmi nous.

Veuillez agréer…

1. *Bonjour monsieur, bonjour madame, que puis-je faire pour vous ?*

2. *Auriez-vous par hasard une chambre libre, avec des lits jumeaux et une douche ?*

3. *Je suis vraiment désolé, monsieur, mais nous sommes complets. Vous pourriez peut-être essayer le Doral Inn.*

4. *Combien avez-vous l'intention de dépenser ?*

5. *Voulez-vous épeler votre nom, s'il vous plaît ?*

6. *Le porteur va monter les bagages dans votre chambre. L'ascenseur est par ici ; suivez-moi, s'il vous plaît !*

7. *Avez-vous des dépliants sur la ville et les endroits à visiter ?*

8. *Quel genre de voiture voulez-vous louer et pour combien de temps ?*

9. *J'ai l'intention de rentrer aux États Unis en avion dimanche prochain ; pourriez-vous, si possible, m'obtenir une réservation ?*

10. *Voulez-vous qu'on vous réveille de bonne heure ?*

11. *À mon avis, vous devriez aller voir la tour Eiffel, d'abord.*

12. *Quel est le grand magasin le plus chic de Paris ?*

13. *Je m'intéresse à la porcelaine ancienne et à l'étain ; où dois-je aller pour trouver le meilleur rapport qualité-prix ?*

14. *Je voudrais avoir une communication interurbaine ; que dois-je faire, s'il vous plaît ?*

15. *Appelez le standard ou faites le 9 pour obtenir une ligne extérieure.*

16. *Mr Blunt n'est pas dans sa chambre ; puis-je prendre un message ?*

17. *Oui, s'il vous plaît, et assurez-vous qu'il l'ait avant ce soir.*

18. *Si vous avez besoin de davantage de cintres ou de serviettes, n'hésitez pas à demander !*

19. *Ces interrupteurs font fonctionner les lampes de chevet.*

20. *Le préposé à l'information fournit des renseignements sur les distractions et organise les transports locaux.*

1. Good afternon, Sir, good afternoon, Madam, can I help you ?
2. Would you, by any chance, have a vacant room, with twin beds and a shower ?
3. I'm awfully sorry, Sir, but we are fully booked ; perhaps you could try the Doral Inn, instead.
4. How much are you prepared to spend ?
5. Can you spell the name, please ?
6. The porter will take the luggage up to your room ; the lift is this side, follow me, please !
7. Have you got any brochures about the city and its places of interest ?
8. What kind of car do you want to rent and for how long ?
9. I intend to fly back to the States next Sunday ; could you possibly arrange a reservation for me ?
10. Do you require an early morning call ?
11. I suggest you have a look at the Eiffel Tower first.
12. Which is the most exclusive department store in Paris ?
13. I'm interested in old china and pewter ; where should I go to get the best value for money ?
14. I'd like to make a long distance call ; what is the procedure, please ?
15. Either call the operator or dial 9 to get an outside line.
16. Mr Blunt is not in his room ; can I take a message ?
17. Yes, please, and make sure he gets it before tonight.
18. If you need more coat hangers or more towels, all you have to do is ask !
19. Those switches operate the bedside lamps.
20. The information clerk provides information about entertainments and arranges for local transportation.

How to greet people - *Comment saluer les gens*

how do you do ? (très cérémonieux) ; pleased to meet you (cérémonieux) : vous répondrez en utilisant la même formule.

how are you ? : vous répondrez fine, thanks !

good morning (afternoon, evening) ! : *bonjour !*

good night ! : *bonne nuit !*

hello ! (GB) ; hi ! (US) : *bonjour !* (décontracté)

---

air conditioning	*climatisation*
to allocate rooms	*attribuer des chambres*
arrival	*arrivée*
bath (*GB* : [bɑ:θ], *US* : [bæθ])	*baignoire, salle de bains*
bedside lamp	*lampe de chevet*
bellboy *(US)*	*groom*
to book	*réserver*
booked up, fully booked	*complet*
booking	*réservation*
cancellation	*annulation*
car rental *(US)*, car hire *(GB)*	*location de voiture*
case (suitcase)	*valise*
cashier [kæˈʃîə]	*caissier*
to charge [tʃɑ:dʒ]	*facturer, faire payer*
to check in	*remplir les formalités d'arrivée*
coat hangers	*cintres*
complaint	*réclamation*
to complete a form	*remplir un formulaire*
to deal with	*s'occuper de*
de-luxe [dəˈlʌks] hotels	*hôtels de luxe*
department store	*grand magasin*
departure [dɪˈpɑ:tʃə]	*départ*
to deposit	*déposer*
to dial [daɪəl]	*composer un numéro de téléphone*
to dispense with	*se passer de*
to disturb	*déranger*
double room	*chambre double*
double bed	*lit à deux places*
early morning call, wake up call	*appel de réveil*
elevator *(US)*	*ascenseur*
entertainment	*distraction, spectacle*
exclusive	*chic*
to fill in a form	*remplir un formulaire*
floor	*étage*
floor clerk [klɑ:k], *(US)* [klə:k]	*responsable d'étage*
front office	*réception*
front office manager	*chef de la réception*
front office clerk	*réceptionniste*
to greet [gri:t]	*accueillir, saluer*
ground floor	*rez-de-chaussée*
guest	*client*
hall porter	*concierge*
information	*renseignements*
a piece of information	*un renseignement*
information clerk	*préposé à l'information*
key [ki:]	*clé*
key card	*carte de bienvenue*
(card key)	*(clé magnétique)*

key clerk	*responsable des clés*
king size bed	*grand lit*
lift *(GB)*	*ascenseur*
lift attendant	*liftier*
lobby	*hall*
long distance call	*appel interurbain*
luggage	*bagages*
luxury hotel	*hôtel de luxe*
mail	*courrier*
mail clerk	*responsable du courrier*
night clerk	*réceptionniste de nuit*
operator	*standard, opératrice*
page boy *(GB)*	*groom*
porter	*porteur*
queen size bed *(US)*	*très grand lit*
receptionist	*réceptionniste*
to record	*enregistrer*
to register	*enregistrer*
registration card	*fiche de police*
to rent (rent, rent)	*louer (une voiture)*
to require	*demander, désirer*
requirements	*exigences*
shower ['ʃaʊə]	*douche*
single	1. ici : *chambre pour une personne* ; 2. *célibataire*
to spell	*épeler*
to stay	*séjourner*
suite [swiːt]	*suite*
switch	*interrupteur*
to switch on (≠ off)	*allumer*
towel ['taʊəl]	*serviette de toilette*
twin beds	*lits jumeaux*
vacancy	*chambre libre*
vacant	*libre, disponible*
to vacate a room	*libérer une chambre*
voucher	*bon*
to welcome	*accueillir*

Room rates - *tarifs*

GB	inclusive terms	*tout compris*
	R&B, room and board	*pension complète*
	half board	*demi-pension*
	B&B, bed and breakfast	*chambre et petit déjeuner*
US	American plan	*pension complète*
	modified American plan	*demi-pension*
	European plan	*chambre seule*

3 Reception

C. EXERCICES

I - Trouver la question correspondant à la réponse suggérée, à l'aide des mots entre parenthèses [1] :

1. This switch is for the radio (what).
2. We are waiting for a taxi (what).
3. We want a room for five days (how long).
4. We expect to leave at 8 a.m. (at what time).
5. The mail comes twice a day (how often).

II - Formuler la question en fonction de la situation évoquée : *the receptionist asks ...* :

1. If Mr Lupton requires an early morning call.
2. If Mrs Smith has completed the form.
3. If Mr and Mrs Pater would rather have their breakfast in their room or in the coffee shop.
4. Which tour group Miss Snow is with [2].
5. When Mr Thomas confirmed his booking.

III - Traduire (révision du dialogue et des documents) :

1. *Désirez-vous des lits jumeaux ou un grand lit ?*
2. *Voudriez-vous épeler votre nom ?*
3. *Il se peut que la chambre ne soit pas encore tout à fait prête.*
4. *Dans le but de satisfaire nos clients, nous fournissons un service de cars pour l'aéroport 24 heures sur 24.*
5. *Ce qu'on attend d'un réceptionniste est essentiellement une attitude souriante et compréhensive.*

---

1. Vous n'oublierez pas que, dans une question, la préposition est toujours rejetée à la fin et ainsi accentuée. Elle ne se trouve pas placée, comme en français, au début de la question.
2. **which** implique un choix et correspond à *lequel*.

I - Trouver la question correspondant à la réponse suggérée :

1. What is this switch for ?
2. What are you waiting for ?
3. How long do you want a room for ?
4. At what time do you expect to leave ?
5. How often does the mail come ?

II - Formuler la question en fonction de la situation évoquée :

1. Do you require an early morning call, Mr Lupton ?
2. Have you completed the form, Mrs Smith ?
3. Mr and Mrs Pater, would you rather have your breakfast in your room or in the coffee shop ?
4. Which tour group are you with, Miss Snow ?
5. When did you confirm your booking, Mr Thomas ?

III - Traduire :

1. Do your require twin beds or a double bed ?
2. Will you please spell your name ?
3. The room may not be quite ready yet.
4. With the aim of satisfying our guests, we provide a coach service to the airport around the clock.
5. What is expected of a receptionist is mostly a smiling and understanding attitude.

« As you make your bed, so you must lie upon it ! »
Comme on fait son lit on se couche !

« Early to bed and early to rise makes a man healthy, wealthy and wise. »
Se coucher tôt et se lever tôt apporte à un homme santé, richesse et sagesse.

Rediscovering America

The American writer John Steinbeck (1907-1968) one day decided to take to the road with his dog Charley to rediscover America. He is now in New England. He has stopped at a motel.

« In the bathroom, two water tumblers were sealed in cellophane sacks with the words: "these glasses are sterilized for your protection". Across the toilet seat a strip of paper bore the message: "this seat has been sterilized with ultraviolet light for your protection". Everyone was protecting me and it was horrible... I remember an old Arab in North Africa, a man whose hands had never felt water. He gave me mint tea in a glass so coated with use that is was opaque, but he handed me companionship, and the tea was wonderful because of it... A sad soul can kill you quicker, far quicker, than a germ. »

Travels with Charley, by John Steinbeck, 1962.

À la redécouverte de l'Amérique

L'écrivain américain John Steinbeck décida un jour de prendre la route avec son chien Charley pour redécouvrir l'Amérique. Il est maintenant en Nouvelle-Angleterre. Il s'est arrêté dans un motel.

« Dans la salle de bains, deux gobelets à eau étaient enveloppés hermétiquement dans de la cellophane avec ces mots : "ces verres ont été stérilisés pour votre protection". En travers du siège des toilettes une bande de papier portait ce message : "ce siège a été stérilisé aux rayons ultraviolets pour votre protection". Tout le monde me protégeait et c'était horrible... Je me souviens d'un vieil Arabe en Afrique du Nord, un homme dont les mains n'avaient jamais senti l'eau. Il me donna du thé à la menthe dans un verre recouvert d'une couche si épaisse à force d'utilisation qu'il était opaque, mais il me donna de l'amitié et le thé était merveilleux à cause de cela... Une âme triste peut vous tuer plus vite, bien plus vite qu'un microbe. »

DOSSIER 4

THE TELEPHONE
LE TÉLÉPHONE

A • **DIALOGUE** / *DIALOGUE*

B • **RECORDS** / *DOCUMENTS* :

C • **EXERCISES** / *EXERCICES ET CORRIGÉ*

D • **FINAL TIPS**

O. = Operator   **B.** = John Baker   **H.** = Arthur Hull

Booking a table at the White Hart (GB)

O. — Hullo, this is the White Hart, good morning !

B. — At last ! I've been trying[1] to get in touch with you for ages ! The line was engaged all the time.

O. — Oh ! have you ? We are very sorry, but this is a busy period ; what can I do for you ?

B. — I'd like to book a table for Saturday next week.

O. — Hold on ; I'll put you through to the restaurant manager, Mr Hull...

H. — Good morning, Hull speaking ; I am told[2] you wish to book a table ?

B. — Yes, a table for ten ; my name is Baker. It is my daughter's birthday, it's on Saturday next week.

H. — Do you wish to be in a separate room or in the main restaurant ?

B. — We'd rather be in the main restaurant ; as it has such a good atmosphere.

H. — All right, we'll put you in a quiet corner, then. Will you please hold the line while I check the booking list... Yes, we can do that fort you ; now I expect you would like a birthday cake ; may I suggest Boeuf Orloff, as a main course ? or something more traditional, roast leg of lamb with mint sauce and you could start with melon and shrimp cocktail, at a price of £15 per person ?

B. — If you don't mind, I'd like to have my wife's opinion about the menu ; can I call you back this evening ?

H. — Yes ; I'll hold the reservation for you until tomorrow. Good bye, Mr Baker !

B. Good bye, Mr Hull !

---

1. Le present perfect indique que l'action se prolonge jusqu'au présent et suggère ici de l'exaspération.
2. Avec les verbes tels que : **tell**, **ask**, **show**, le sujet du passif est souvent le complément indirect.

O. = Opératrice   **B.** = M. Baker   **H.** = M. Hull

Réservation d'une table au Cerf Blanc

O. — Allô, le Cerf Blanc, bonjour !

B. — Enfin ! Cela fait une éternité que j'essaie de vous joindre ! La ligne était occupée tout le temps.

O. — Oh ! vraiment ? Nous sommes vraiment désolés, mais nous sommes dans une période chargée. Que puis-je faire pour vous ?

B. — J'aimerais réserver une table pour samedi soir la semaine prochaine.

O. — Ne quittez pas, je vous passe notre directeur de restaurant, M. Hull.

H. — Bonjour, Hull à l'appareil ; vous souhaitez[1] réserver une table ?

B. — Oui, une table pour dix ; mon nom est Baker. C'est l'anniversaire de ma fille samedi, la semaine prochaine.

H. — Souhaitez-vous être dans une pièce séparée ou dans la salle de restaurant ?

B. — Nous préférerions être dans la salle de restaurant, l'atmosphère y est tellement chaleureuse !

H. — D'accord, nous vous mettrons dans un coin tranquille, alors. Veuillez ne pas quitter pendant que je vérifie la liste des réservations... Oui, c'est possible ; bon, je suppose que vous voudriez un gâteau d'anniversaire ; puis-je suggérer un Bœuf Orloff en plat principal ? Ou quelque chose de plus traditionnel, un gigot d'agneau rôti à la sauce à la menthe[2], et vous pourriez commencer avec du melon ou un cocktail de crevettes, au prix de 15 livres par personne ?

B. — Si cela ne vous dérange pas, j'aimerais avoir l'opinion de ma femme au sujet du menu ; puis-je vous rappeler ce soir ?

H. — Oui, je maintiens votre réservation jusqu'à demain. Bonsoir, monsieur Baker !

B. Bonsoir, monsieur Hull !

---

1. Mot à mot : *on me dit que vous souhaitez.*
2. La sauce à la menthe, en Grande-Bretagne, est une vinaigrette aromatisée à l'aide de menthe fraîche hachée et, contrairement à sa réputation auprès des Français qui n'y ont pas goûté, elle est délicieuse avec le gigot d'agneau ! (Voir recette p. 60.)

4 The telephone

B. RECORDS

B1. Dialling instructions

When you make a call,
• First check the code (if any) and number.
• Lift the receiver and listen for the dialling tone (continuous purring).
• Dial carefully, then wait for another tone :
— **Ringing tone** (burr-burr) : the number is being called[1] ;
— **Engaged tone** (a repeated single note) : try again a few minutes later.
— **Number unobtainable** (steady note) : replace the receiver, recheck the code and number and then redial.
• At the end of the call, replace the receiver securely because the timing of the calls stops when the caller hangs up.

B2. Telephone companies in Britain and the US

• **In Great Britain :** The General Post Office used to[2] be responsible for the telecommunications network. However, in 1980 a public corporation was created, British Telecom. Since then, the company has been privatised and is now open to competition ; another company on the market is Mercury.

• **In the United States :** In 1984, the American giant ATT was broken up into 7 companies nicknamed « Baby Bell's ». Bell Atlantic is one of them and supervises 7 telephone companies.

B3. A telephone that cuts out unwelcome calls

The Bell Telephone Company has invented a telephone that will enable the subscriber to identify or even to prevent calls from people from whom he or she does not want to hear. It has a pocket-calculator-sized screen that instantly shows the number from which the call is coming.
If the subscriber recognises the number as that of[3] someone to whom he or she does not wish to speak, he or she need not answer[4].

---

1. Passif progressif : **being** est intercalé entre l'auxiliaire et le verbe.
2. **used to** indique une situation passée qui n'existe plus au moment où on en parle.
3. **that of** : on emploie **that/those** au lieu de **this/these** devant **of** ou un relatif.
4. **need not** : **need** peut se conjuguer soit comme un verbe ordinaire soit comme un auxiliaire.

B1. Comment composer un numéro

Quand vous effectuez un appel...
- Vérifiez d'abord l'indicatif (s'il y en a un) et le numéro.
- Décrochez le combiné et attendez la tonalité (son continu [1]).
- Composez soigneusement le numéro, puis attendez la tonalité suivante :
— **Sonnerie :** l'appel s'effectue.
— **Ligne pas libre** (une seule tonalité qui se répète) : essayez à nouveau quelques secondes plus tard.
— **Numéro impossible à obtenir** (tonalité continue) : replacez le récepteur, vérifiez à nouveau le code et le numéro puis recomposez le numéro.
- À la fin de l'appel, replacez soigneusement le récepteur car la comptabilisation des appels s'arrête quand la personne qui appelle raccroche.

B2. Sociétés de téléphone en Grande-Bretagne et aux États-Unis

- **En Grande-Bretagne :** les Postes étaient autrefois responsables du réseau de télécommunications. Néanmoins, en 1980, un organisme d'État fut créé, British Telecom. Depuis, la société a été privatisée et est maintenant soumise à la concurrence. Mercury est une autre société présente sur le marché.
- **Aux États-Unis :** en 1984, le géant américain ATT fut divisé en 7 sociétés surnommées « Baby Bell » ; Bell Atlantic est l'une d'entre elles et contrôle 7 sociétés de téléphone.

B3. Un téléphone qui élimine les appels indésirables

La société Bell Telephone a inventé un téléphone qui permettra à l'abonné d'identifier ou même d'éviter les appels de personnes avec qui il ne veut pas avoir à faire. Il possède un écran de la taille d'un calculateur de poche [2] qui indique immédiatement le numéro d'où provient l'appel.
Si l'abonné reconnaît le numéro comme étant celui de quelqu'un à qui il ne souhaite pas parler, il n'est pas obligé de répondre.

---

1. **to purr :** *ronronner.*
2. Mot composé, en anglais : pour traduire, partez du dernier mot et remontez jusqu'au premier.

1. *Bonjour, ici l'hôtel du Lion Rouge, que puis-je faire pour vous ?*

2. *Bonjour, ici le service de la comptabilité !*

3. *Allo, Rosemary Bell à l'appareil !*

4. *Allo, Bexhill 4609.*

5. *Ne quittez pas, je vous le passe.*

6. *Je vous passe son bureau.*

7. *Je vous appelle de la part de M. Bates.*

8. *Je suis vraiment désolé, mais le directeur est sorti pour l'instant.*

9. *Il ne sera pas long. Quelqu'un d'autre peut-il vous aider ?*

10. *J'aimerais prendre un rendez-vous avec le directeur de la restauration.*

11. *Ne quittez pas, s'il vous plaît, je vérifie son agenda.*

12. *De la part de qui ?*

13. *Préférez-vous une chambre avec vue ou une chambre calme ?*

14. *Nous voudrions une confirmation rapide et un acompte.*

15. *Je veux réserver un billet d'avion pour Dubai.*

16. *Je suis désolé, j'ai dû faire un mauvais numéro.*

17. *J'essaie d'obtenir 668 1232 mais la ligne est en dérangement.*

18. *Ce n'est pas le bon poste, ne quittez pas pendant que j'essaie de vous le passer.*

19. *Le numéro a été changé ; il faut que vous demandiez aux renseignements.*

20. *Nous avons été coupés ; j'ai été obligé de raccrocher et de rappeler.*

4 Le téléphone

B4. KEY SENTENCES

1. Good morning, Red Lion Hotel, can I help you ? (US : may I help you ?)

2. Good evening, accounts department !

3. Hullo, Rosemary Bell speaking !

4. Hullo, Bexhill 4609 !

5. Hold the line, I'll get him for you !

6. I'll put you through to her office. (US : I'll connect you with her office.)

7. I'm calling on behalf of Mr Bates.

8. I'm terribly sorry but the manager is out at the moment ; would you like to leave a message ?

9. He won't be long ; can anybody else help you ?

10. I'd like to make an appointment with the catering manager.

11. Hold on, please, I'll check his diary.

12. What name shall I say ? / Who's calling ?

13. Would you prefer a room with a view or a quiet room ?

14. We would like an early confirmation and a down payment.

15. I want to reserve a flight to Dubai.

16. I'm sorry ; I must have dialled the wrong number !

17. I'm trying to get 668 1232 but the line is out of order.

18. You have the wrong extension, hold the line, I'll try to transfer you.

19. The number's been changed ; you'll have to check with Directory Enquiries (US : Directory Assistance).

20. We were cut off. I had to hang up and call back.

accounts	*comptabilité*
appointment	*rendez-vous*
area ['eəriə] code	*indicatif*
to book	*réserver*
booking list	*liste de réservations*
busy ['bɪzɪ]	*occupé* (US)
to call	*appeler*
to call again	*rappeler*
to call back	*rappeler* (en réponse à un appel)
to call collect	*appeler en PCV* (US)
caller	*personne qui appelle*
catering manager	*responsable de la restauration*
to check	*vérifier*
competition	*concurrence*
to connect	*passer un correspondant* (US)
corporation	*organisme public* (GB), *société* (US)
to cut off	*couper une communication*
to dial [daɪəl]	*composer un numéro*
dial tone *(US)*, dialling tone *(GB)*	*tonalité*
diary ['daɪərɪ] *(GB)*, appointment book *(US)*	*agenda*
directory enquiries *(GB)*, assistance *(US)*	*renseignements*
down payment	*acompte*
engaged	*occupé* (GB)
exchange	*central téléphonique*
extension	*poste*
flight	*vol, billet d'avion*
to get in touch with	*joindre*
to hang on	*ne pas couper, attendre* (familier)
to hang up	*raccrocher*
to hold a reservation	*maintenir une réservation*
leg of lamb	*gigot d'agneau*
to lift (the receiver)	*soulever (le récepteur)*
line	*ligne*
long distance call	*appel interurbain* (US)
to look up a number	*vérifier un numéro*

B5. VOCABULAIRE

main course	*plat principal*
to make a call	*effectuer un appel*
mint sauce	*sauce à la menthe*
network	*réseau*
nickname	*surnom*
on behalf [bɪˈhɑːf] of	*de la part de*
operator	*opératrice*
out of order	*en dérangement*
to phone	*téléphoner*
phone	*téléphone*
phone booth *(US)*, box *(GB)*	*cabine téléphonique*
post office	*poste*
to purr	*ronronner*
to put someone through to	*passer un correspondant à*
receiver [rɪˈsiːvə]	1) *récepteur* ; 2) *correspondant*
to reverse charges	*appeler en PCV* (GB)
to ring up, to give a ring	*appeler* (familier)
ringing tone	*sonnerie*
screen	*écran*
shrimp	*crevette*
size	*taille*
subscriber	*abonné*
switchboard	*standard*
switchboard operator	*standardiste*
timing	*comptabilisation* (du temps)
to transfer a call	*transférer une communication*
trunk call	*appel interurbain* (GB)
wrong number	*mauvais numéro*

GB	US
dialling tone	dial tone
directory enquiries	directory assistance
engaged	busy
to reverse charges	to call collect
hold on, please !	one moment, please !
I'll put you through !	I'll connect you !
that's all right !	you're welcome ! *je vous en prie !*

I - Compléter les phrases suivantes à l'aide d'un des mots et groupes de mots suivants : *reverse charge call, switchboard operator, to hang up, directory, receiver, operator, dialling tone* :

1. If you don't know the phone number of the person you want to call, you'll look it up in the .... or ask the ....
2. Then, you lift the .... and listen for the ....
3. In a company, you often have to go though a ....
4. When someone receives a call and pays for it, this is a ....
5. When your call is over, you simply ....

II - Choisir la bonne particule et la placer au bon endroit :

1. I'm afraid we've been cut (*off, down, out*).
2. He loves ringing her at midnight (*on, over, up*).
3. When the phone rings, you should immediately pick the receiver (*out, off, up*).
4. I'm going to put you, Madam (*through, in, up*).
5. Hold, please (*on, up, out*).

III - Traduire (revoir notes et documents) :

1. *Ne quittez pas, je vous passe les renseignements.*
2. *Cela fait des heures qu'il téléphone ; j'espère que personne n'essaie de nous joindre au téléphone !*
3. *Si cela ne vous dérange pas, je préférerais ne pas prendre la décision aujourd'hui.*
4. *Quand vous téléphonez, vous devez toujours attendre la tonalité avant de composer le numéro.*
5. *Autrefois, ATT avait le monopole des communications téléphoniques aux États-Unis.*

I - Compléter les phrases :

1. directory, operator.
2. receiver, dialling tone.
3. switchboard operator.
4. reverse charge call.
5. hang up.

II - Choisir la bonne particule [1] :

1. We've been cut *off*.
2. He loves ringing her *up* at midnight.
3. You should immediately pick *up* the receiver.
4. I'm going to put you *through*.
5. Hold *on*, please.

III - Traduire :

1. Hold on, I'll put you through to Directory Enquiries.
2. He has been calling for hours ! I hope no one is trying to get in touch with us on the phone.
3. If you don't mind, I'd rather not make the decision today.
4. When you make a call, you must always wait for the dialling tone before you dial the number.
5. ATT used to hold the monopoly over telephone communications in the United States.

---

1. Particules adverbiales (ou postpositions). Le verbe et la particule forment une unité de sens. La particule peut donner un sens précis au verbe (ex. : **to get up** : *se lever*), en modifier légèrement le sens (ex. : **drink your tea** : *buvez votre thé* ; **drink up your tea** : *finissez votre thé*), ou le changer complètement (ex. : **to put off** : *remettre à plus tard*).
L'emploi de ces **phrasal verbs** est très fréquent, surtout en anglais parlé.
La particule se place après le complément si c'est un pronom personnel ou un démonstratif (ex. : **drink it up !**) ; si c'est un nom court, elle se place avant ou après (ex. : **he put on his coat** ou **he put his coat on**) : si c'est un nom long, elle se place avant (ex. : **he put on his blue raincoat**).

The telephone

D. FINAL TIPS

Telephone alphabet (GB)

A	[eɪ]	for Alfred	N	[en]	for Nellie
B	[bi:]	for Benjamin	O	[əʊ]	for Oliver
C	[si:]	for Charlie	P	[pi:]	for Peter
D	[di:]	for David	Q	[kju:]	for Queen
E	[i:]	for Edward	R	[ɑ:]	for Robert
F	[ef]	for Frederick	S	[es]	for Samuel
G	[dʒi:]	for George	T	[ti:]	for Tommy
H	[eɪtʃ]	for Harry	U	[ju:]	for Uncle
I	[ɑɪ]	for Isaac	V	[vi:]	for Victor
K	[ka]	for King	W	['dʌbljʊ]	for William
J	[dʒeɪ]	for Jack	X	[eks]	for X ray
L	[el]	for London	Y	[wɑɪ]	for Yellow
M	[em]	for Mary	Z	[zed]	for Zebra

Standard system for international radio telecommunications
(used by the Americans on the phone)

A	Alpha	G	Golf	N	November	T	Tango
B	Bravo	H	Hotel	O	Oscar	U	Uniform
C	Charlie	J	Juliet	P	Papa	V	Victor
D	Delta	K	Kilo	Q	Quebec	W	Whisky
E	Echo	L	Lima	R	Romeo	X	X ray
F	Foxtrot	M	Mike	S	Sierra	Y	Yankee
								Z	Zulu

A recipe for mint sauce - *Une recette de sauce à la menthe*

2 tblsp [1] mint leaves, 2 tsp [1] sugar, 2 tbsp vinegar, 1/2 tbsp hot water

Wash and dry the mint leaves. Place on a chopping board with I tsp sugar. Chop until fine, then put into a sauceboat. Add the rest of the sugar, stir in the hot water and leave for a few minutes to dissolve sugar. Add the vinegar.

2 cuil. à soupe de feuilles de menthe, 2 cuil. à thé de sucre
2 cuil. à soupe de vinaigre, 1/2 cuil. à soupe d'eau chaude

Lavez et séchez les feuilles de menthe. Mettez-les sur une planche avec 1 cuil. à thé de sucre. Hachez-les finement puis placez-les dans une saucière. Ajoutez le reste du sucre, versez l'eau chaude et attendez quelques instants que le sucre soit dissout. Ajoutez le vinaigre.

---

1. **tbsp : tablespoon ; tsp : teaspoon.**

DOSSIER **5**

COMPLAINTS AND NO-SHOWS
RÉCLAMATIONS ET DÉFECTIONS

A • **DIALOGUE** / *DIALOGUE*

B • **RECORDS** / *DOCUMENTS* :

C • **EXERCISES** / *EXERCICES ET CORRIGÉ*

D • **FINAL TIPS**

R. = Receptionist   **M.** = Miss Moss

Dealing with a complaint at the reception (GB)

R. — Hello, Reception.

M. — This is Miss Moss, room 504, I checked in ten minutes ago [1].

R. — Yes, Miss Moss, what can I do for you ?

M. — You could put my bathroom right. The shower does not work for a start.

R. — Oh, dear, I'm terribly sorry, I'll have it fixed immediately [2].

M. — And, incidentally, there're no towels, no soap, no toilet paper.

R. — Oh, I do apologize [3], Miss Moss, we are a bit short-staffed at the moment, but housekeeping should have checked [4] your room. There must have been [5] a misunderstanding. We'll see to it immediately.

M. — I hope so, I'm dying for a shower in this weather !

M. = Manager   **J.** = Mr Jenner

Dealing with a complaint in the restaurant (GB)

M. — You asked to see me, Mr Jenner ?

J. — I certainly did. I'm not pleased at all !

M. — Perhaps you could tell me what the matter is exactly.

J. — It's my steak.

M. — What's wrong with it ?

J. — I asked for a rare steak and the waiter brought me one that is well done and, to cap it all, it is tough. The waiter didn't take any notice when I complained to him.

M. — I'm very sorry, Sir, I'm sure the waiter didn't mean to be rude. Perhaps he didn't understand what you meant, he should have changed it. I'll have it changed immediately.

J. — That's better. Another thing, I think this wine is corked, will you taste it yourself...

M. — No, Sir, there doesn't seem to be anything wrong with it. Next time, I would suggest you try a lighter wine.

J. — Well, you may be right.

---

1. **ago** indique la période de temps écoulée depuis la fin de l'action et s'emploie donc avec un prétérit.
2. *faire faire* : voir dialogue dossier 7, note 2.
3. Forme d'insistance, voir dossier 10, note 2.
4. **should** indique l'obligation morale.
5. **must** indique ici la quasi-certitude et non l'obligation.

R. = Réceptionniste   **M.** = Mlle Moss

Réclamation à la réception [1]

R. — Allô, ici la réception.

M. — Ici Mlle Moss, chambre 504, je suis arrivée [2] il y a dix minutes.

R. — Oui, mademoiselle Moss, que puis-je faire pour vous ?

M. — Vous pourriez mettre de l'ordre dans ma salle de bains. La douche ne marche pas, pour commencer.

R. — Oh, mon Dieu, je suis vraiment désolé ! Je vais la faire réparer immédiatement.

M. — Et, à propos, il n'y a pas de serviettes, pas de savon, pas de papier hygiénique.

R. — Oh, toutes nos excuses, mademoiselle Moss, nous sommes un peu à court de personnel en ce moment mais le service de la gouvernante aurait dû vérifier votre chambre. Il a dû y avoir un malentendu, nous allons nous en occuper immédiatement.

M. — J'espère, je meurs d'envie de prendre une douche, avec le temps qu'il fait !

D. = Directeur   **J.** = M. Jenner

Réclamation au restaurant

D. — Vous avez demandé à me voir, monsieur Jenner ?

J. — Certainement, je ne suis pas content du tout !

D. — Peut-être pourriez-vous me dire ce qu'il y a exactement.

J. — C'est mon steak.

D. — Qu'est-ce qui ne va pas ?

J. — J'ai demandé un steak saignant et le serveur m'en a apporté un qui était bien cuit, et, en plus, il est trop dur. Le serveur n'a prêté aucune attention à ma réclamation.

D. — Je suis désolé, monsieur, je suis sûr que le serveur n'avait pas l'intention d'être impoli. Peut-être ne vous a-t-il pas bien compris. Il aurait dû le changer. Je vais le faire changer immédiatement.

J. — C'est mieux. Autre chose, je crois que ce vin est bouchonné. Goûtez-le vous-même...

D. — Non, monsieur, je n'ai pas l'impression que ce vin ait quoi que ce soit. La prochaine fois, je vous conseillerais d'essayer un vin plus léger.

J. — Eh bien, vous avez peut-être raison.

---

1. **to deal with** : *s'occuper de*.
2. **to check in** : *régler les formalités d'arrivée, s'enregistrer* (aéroport).

Complaints and no-shows

B. RECORDS

B1. A few guidelines on how to handle complaints

1. Do's :
• Do send senior members of staff, if possible a manager, to deal with irate customers. Clients will be convinced that their complaints are being taken seriously. Besides, senior members of staff are likely to be familiar with company policy.
• Do avoid an embarrassing scene in a public area, move out of customers' earshot as much as possible. Resolve the matter in the privacy of the manager's office whenever possible.
• Do ensure follow-up measures are taken. Record in a book all the details of the incident and the steps needed to keep it from happening again.
• Do answer letters immediately either by post or by phone.

2. Don'ts :
• Don't panic. Keep calm, cool and composed.
• Don't ignore or store complaints. Angry customers should not be told « It's not my job to sort this out ».
• Don't make excuses. The customer will want to know how a problem will be sorted out, not why it arose.
• Don't pass the buck. It is your job to resolve the matter, then do not avoid the issue and hope the complaint will go away.

Adapted from **Caterer and Hotelkeeper**

B2. How to avoid no-shows

A booking taken on the telephone and confirmed by both the customer and the restaurateur is a legal and binding contract. A customer who cancels the booking or fails to turn up at the restaurant is in breach of contract and therefore the restaurateur can decide to sue him.
To avoid no-shows, a restaurateur can :
• Confirm booking with the customer (a letter sent by recorded delivery serves as evidence).
• Take the name, address, telephone number to ensure that contact can be made if a problem arises later.
• Take a credit card number from the customer, pointing out that a charge will be made if the booking is not honoured.

B1. Quelques conseils pour le traitement des réclamations

1. Il faut :

• Envoyer des responsables, si possible un directeur, pour traiter avec les clients mécontents. Les clients seront convaincus que l'on prend au sérieux leurs réclamations. D'autre part, les responsables ont plus de chances de connaître la politique de la société.

• Éviter une scène embarrassante en public. S'éloigner hors de portée de voix des clients autant que possible. Régler le problème dans l'intimité du bureau du directeur chaque fois que c'est possible.

• S'assurer que des mesures soient prises. Consigner dans un livre tous les détails de l'incident et les actions à engager pour éviter que cela ne se reproduise.

• Répondre aux lettres immédiatement soit par courrier soit par téléphone.

2. Il ne faut pas :

• Paniquer. Il faut rester calme et détendu, garder son sang-froid.

• Ignorer ou mettre de côté les réclamations. Il ne faut pas dire aux clients en colère : « Ce n'est pas mon travail de régler ceci. »

• S'excuser. Le client voudra savoir comment un problème sera réglé et non pourquoi il y a problème.

• Se défausser. C'est votre travail de régler l'affaire, alors n'esquivez pas la difficulté en espérant que la réclamation disparaîtra.

B2. Comment éviter les défections

Une réservation prise par téléphone et confirmée à la fois par le client et le restaurateur est un contrat en bonne et due forme. Un client qui annule la réservation ou ne se présente pas au restaurant est en rupture de contrat et, par conséquent, le restaurateur peut décider de le poursuivre en justice.

Pour éviter les défections, un restaurateur peut :

• Confirmer la réservation auprès du client (une lettre envoyée en recommandé sert de preuve).

• Prendre le nom, l'adresse, le numéro de téléphone pour s'assurer qu'on peut prendre contact si un problème surgit plus tard.

• Prendre le numéro de carte de crédit du client, en précisant qu'une somme sera facturée si la réservation n'est pas honorée.

1. *Cela fait longtemps que l'on nous fait attendre, n'est-ce pas ?*

2. *Je suis terriblement désolé, monsieur, mais nous sommes un peu à court de personnel ce soir.*

3. *On m'a volé mon portefeuille.*

4. *Vous auriez dû déposer vos bijoux à la caisse.*

5. *La direction décline toute responsabilité pour le vol d'objets de valeur.*

6. *J'ai été dérangé toute la nuit par des gens parlant à voix haute dans la chambre d'à côté.*

7. *Je vais en parler aux clients de la chambre 43 et je vais faire le nécessaire pour que cela ne se reproduise pas.*

8. *J'aimerais que le choix de légumes soit plus large.*

9. *Nous préférons utiliser des produits frais de la région.*

10. *Que voulez-vous dire ? Ma chambre a été louée, j'ai fait la réservation il y a plus d'un mois.*

11. *Vous auriez dû vous présenter avant 7 heures du soir, ceci se trouvait dans la lettre de confirmation.*

12. *Néanmoins, nous allons faire notre possible pour vous réserver une chambre dans un hôtel voisin. Nous nous occuperons de votre transfert.*

13. *Nous regrettons vivement le dérangement causé.*

14. *Nous allons prendre des dispositions pour que ceci ne se reproduise plus.*

15. *Vous auriez dû déposer une réclamation immédiatement après l'incident.*

16. *La rénovation de la plupart de nos chambres est en cours et devrait améliorer notre niveau de confort de façon significative.*

17. *Lorsqu'il s'agit de fournir un service de qualité, nous avons beaucoup à apprendre des autres pays.*

18. *Des gens ont annulé la réservation de leur réunion entre hommes juste 50 minutes avant l'heure où ils devaient se présenter.*

19. *Le propriétaire du restaurant a reçu un dédommagement de 70 livres pour annulation tardive.*

1. We've been kept waiting for a long time, haven't we ?

2. I'm terribly sorry, Sir, but we're a bit short of staff tonight.

3. Someone's stolen my wallet.

4. You should have deposited your jewellery with the cashier.

5. The management cannot be held responsible for any stolen valuables.

6. I was disturbed all night by loud voices coming from the room next door.

7. I'll have a word with the guests in room 43 and I'll see to it that it doesn't happen again.

8. I wish the choice of vegetables were wider.

9. We prefer to use fresh locally produced products.

10. What do you mean ? My room has been let, I made the reservation more than a month ago.

11. You should have checked in before 7pm, this was in the letter of confirmation.

12. However, we'll do our best to book you a room in a nearby hotel. We'll arrange the transfer.

13. We deeply regret the inconvenience caused.

14. We'll make arrangements to prevent this happening again.

15. You should have lodged your complaint with us, immediately after the incident occurred.

16. Refurbishment of most of our rooms is under way and should improve our standards significantly.

17. When it comes to providing service, we have a lot to learn from other countries.

18. People cancelled their stag [1] party booking just 50 minutes before they were due to turn up.

19. The restaurant owner received a £70 compensation for the cancellation.

---

1. **stag :** *cerf mâle.* Il s'agit souvent d'une soirée « pour enterrer sa vie de garçon ».

to apologize	*s'excuser*
to arise	*surgir* (problème)
to avoid	*éviter*
binding	*liant, contraignant* (contrat)
booking	*réservation*
breach [bri:tʃ] of contract	*rupture de contrat*
to cancel ['kænsəl]	*annuler*
cancellation	*annulation*
cashier	*caissier*
to check in	*arriver, régler les formalités d'arrivée*
charge (to make a)	*facturer*
to complain [kəm'pleɪn]	*se plaindre*
complaint	*réclamation*
to confirm	*confirmer*
confirmation	*confirmation*
corked	*bouchonné*
to deal with	*s'occuper de*
to be due to	*être prévu pour*
to deposit [dɪ'pɒzɪt]	*mettre en dépôt*
distressed	*désolé*
to disturb	*déranger*
earshot (to be out of)	*être hors de portée de voix*
to ensure that	*s'assurer que*
evidence	*preuve*
expectation	*espérance*
to fail to *(+ vb.)*	*ne pas* (+ vb.)
to be familiar with	*avoir l'habitude de*
to fix	*réparer*
follow up measures	*suites*
guidelines	*lignes directrices, conseils*
to handle	*traiter, s'occuper de*
to hold someone responsible	*tenir quelqu'un pour responsable*
housekeeping	*service de la gouvernante*
to honour a booking	*honorer une réservation*
inconvenience	*désagrément*
irate [aɪ'reɪt]	*en colère, furieux*
issue ['ɪʃjuː]	*question, problème*
jewellery	*bijoux*
to keep from	*empêcher de*
to keep cool	*rester serein*
to keep composed	*rester posé*
to let (let, let)	*louer*
to be likely to	*être susceptible de*

to lodge a complaint	*porter plainte*
misunderstanding	*malentendu*
nearby	*proche, voisin*
no-show	*défection*
to occur	*survenir*
to panic	*paniquer*
to pass the buck	*refiler la responsabilité*
to point out	*faire remarquer*
to prevent	*empêcher*
privacy ['praɪvəsi]	*intimité*
to provide	*fournir*
rare [reə]	*saignant* (viande)
to record [ríkɔ:d]	*enregistrer, consigner*
recorded delivery	*recommandé*
to resolve	*résoudre*
rude [ru:d]	*impoli*
to see to it that	*faire le nécessaire pour que*
senior member of staff	*responsable*
short-staffed	*à court de personnel*
shower	*douche*
significantly	*de manière significative*
soap	*savon*
to sort out	*régler*
stag party	*réunion entre hommes*
to steal (stole, stolen)	*voler*
step	*mesure*
to store	*mettre de côté*
to sue [sʊ:]	*poursuivre en justice*
to taste	*goûter*
tough [tʌf]	*dur*
towel [taʊəl]	*serviette*
to turn up	*se présenter, arriver*
valuables	*objets de valeur*
wallet [wɒlɪt]	*portefeuille*
well done	*bien cuit* (viande)
whenever	*toutes les fois que*

Complaints and no-shows

C. EXERCICES

I - Compléter les phrases suivantes en utilisant les verbes entre parenthèses à la forme requise [1] **et *should*** (voir note 4 du dialogue) :

1. The shower in room 402 is not working properly, it (fix) as soon as possible.
2. This is a bit late, you (tell) me before.
3. Mr Dane said he would be later than usual. You (not let) his room to someone else.
4. Our rooms on the third floor are definitely not up to standard, we (refurbish) them.
5. The porter (carry) your luggage up to your room as soon as you arrived.

II - Compléter les phrases suivantes à l'aide du verbe entre parenthèses en utilisant *have to* ou *must* au temps qui convient (voir note 5 du dialogue) :

1. The service was appallingly bad, we (lodge) a complaint.
2. Mr and Mrs Smith could not be here on the planned date, their reservation (cancel).
3. Don't tell me you answered in that way, the customer (shock).
4. I have no booking for you on my list of reservations, there (be) a misunderstanding.
5. Reception could not find the right number, we (call) Enquiries.

III - Traduire (revoir dialogue, documents et phrases types) :

1. *Quand on vous dit que le vin est bouchonné, vous devriez le changer immédiatement.*
2. *Il a dû y avoir une erreur quelque part, je ne vois pas votre nom sur la liste.*
3. *Qu'est-ce qui ne va pas dans le service ?*
4. *Les clients aiment que leurs réclamations soient prises au sérieux.*
5. *On ne doit pas dire au client que l'on s'occupera de sa réclamation plus tard.*

---

1. Les modaux, ou défectifs, tels que **must**, **may**, **should**, etc., sont suivis d'un infinitif simple quand le contexte est présent (ex. : **it is raining, I should take an umbrella**) et d'un infinitif passé (**have** + participe passé) quand le contexte est passé (ex. **he knew about it, he must have told you**).

I - Compléter les phrases :

1. The shower in room 402 is not working properly, it *should be fixed* as soon as possible.
2. This is a bit late, you *should have told* me before.
3. Mr Dane said he would be later than usual. you *should not have let* his room to someone else.
4. Our rooms on the third floor are definitely not up to standard, we *should refurbish* them.
5. The porter *should have carried* your luggage up to your room, as soon as you arrived.

II - Compléter les phrases :

1. The service was appallingly bad, we *had to lodge* a complaint.
2. Mr and Mrs Smith could not be here on the planned date, their reservation *had to be cancelled*.
3. Don't tell me you answered in that way, the customer *must have been shocked*.
4. I have no booking for you on my list of reservations, there *must be* a misunderstanding.
5. Reception could not find the right number, we *had to call* Enquiries.

III - Traduire :

1. When you are told that the wine is corked, you should change it immediately.
2. There must have been a mistake somewhere, I can't see your name on the list.
3. What's wrong with the service ?
4. The customers like their complaints to be taken seriously.
5. The customer should not be told that his complaint will be dealt with later on.

How to be polite	*Formules de politesse*
you're welcome	*à votre service !*
don't mention it !	*de rien !*
I beg your pardon ?	*pardon ?*
I'm awfully sorry !	*je suis terriblement désolé !*
I do apologize !	*je vous présente toutes mes excuses !*

■ **Gentlemen,**

We have been home from our European vacation since May 12th and this is my first opportunity to write and advise you of our dissatisfaction while staying at your hotel.

We arrived on May 8th and although our room was satisfactory we found it very distressing to be without hot water. It is extremely unpleasant to attempt showering without the use of hot water. This occurred morning and evening and we did call and report this to housekeeping but continued without the hot water. I feel it necessary to call this to your attention in an effort to correct this situation with future guests.

Nous sommes rentrés depuis le 12 mai de nos vacances en Europe et ceci est la première occasion qui m'est donnée de vous écrire et de vous informer que nous ne sommes pas satisfaits de notre séjour dans votre hôtel. Nous sommes arrivés le 8 mai, et, bien que notre chambre ait été satisfaisante, nous avons trouvé très déplaisant de ne pas avoir d'eau chaude. Il est extrêment désagréable d'essayer de se doucher sans eau chaude. Ceci s'est produit le matin et le soir et nous avons appelé pour le signaler au service de la gouvernante, mais nous avons dû nous passer d'eau chaude. Je crois nécessaire de vous signaler cet état de fait afin que cette situation ne se reproduise pas avec les clients à venir.

■ **Dear Mrs Paris,**

Thank you for your letter concerning the inconvenience you experienced during your stay at our hotel. We have thoroughly investigated the matter and have taken steps to ensure [1] that it will never happen again. Please accept the enclosed gift certificate as a token [2] of our appreciation for your patience and concern. We would be pleased to welcome you here at our hotel the next time you visit Paris.

Thank you for bringing this matter to our attention.

---

1. *Nous avons mené une enquête approfondie et pris des mesures pour nous assurer...*
2. *Veuillez accepter le bon-cadeau ci-joint pour vous remercier de votre patience.*

DOSSIER 6

BILLING AND PAYMENT
FACTURATION ET RÈGLEMENT

A • **DIALOGUE** / *DIALOGUE*

B • **RECORDS** / *DOCUMENTS* :

B1. **Cashier's instructions for payment by travellers cheque** - *Instructions données au caissier pour le paiement par chèque de voyage*

B2. **An extract from a tabular ledger** *Extrait de main courante*

B3. **Means of payment for caterers** *Moyens de paiement pour hôteliers et restaurateurs*

B4. **Key sentences** - *Phrases types*

B5. **Vocabulary** - *Vocabulaire*

C • **EXERCISES** / *EXERCICES ET CORRIGÉ*

D • **FINAL TIPS**

A. DIALOGUE

R. = Receptionist   **G.** = Guest

Checking out on a busy day (US)

It is 8 a.m. [1] at the Regency hotel, a big chain hotel in Illinois. The check out queue is ten people long, so the staff gently peel off the last few customers and take them over to a machine, sided alongside the main reception.

R. — Excuse me, Sir, I am afraid you will have to wait quite a long time before being attended to [2]. Let me take you over to our new Passport system. This will save time, provided you are able to pay by credit card.

G. — With pleasure, I have a plane to catch at 9:30 and I can't afford to wait too long. What am I supposed to do ?

R. — Well, this machine is linked to the hotel computer, so that all the data concerning your stay with us are already recorded. All you need to do, is punch in your room number.

G. — Here we are, room 201.

R. — As you can see, your bill appears on the screen. If you see no objections to the items listed on the bill, simply insert your credit card into the machine and punch in your credit card number.

G. — What happens if I want a copy of my bill ?

R. — Once the card is recorded and payment made [3], the machine will issue a copy of your bill. You see... here it comes !

G. — That was quick ! Thank you very much for your help. Next time, I'll be able to check out on my own. There is no stopping progress !

---

1. **a.m. : ante meridiem**, c'est-à-dire *avant midi*.
2. Noter l'emploi du gérondif après les prépositions ; ici un gérondif passif.
3. Pas de futur dans les subordonnées de temps (ici après **once**). On emploie soit le présent (F = futur), soit le present perfect (F = futur antérieur).

R. = Réceptionniste   **C.** = Client

Formalités de départ un jour d'affluence

Il est 8 heures du matin à l'hôtel Regency, un grand hôtel de chaîne dans l'Illinois. Dix personnes font la queue pour remplir les formalités de départ ; aussi le personnel prend-il en main les deux ou trois derniers clients et il les conduit jusqu'à un appareil qui se trouve sur un côté de la réception centrale.

R. — Excusez-moi, monsieur, j'ai bien peur que vous ne soyez obligé d'attendre longtemps avant que l'on s'occupe de vous. Permettez-moi de vous conduire jusqu'à notre nouveau système « Passeport » ; ceci vous fera gagner du temps, à condition que vous puissiez payer par carte de crédit.

C. — Avec plaisir, j'ai un avion à prendre à 9h30 et je ne peux me permettre d'attendre trop longtemps. Qu'est-ce que je dois faire ?

R. — Eh bien, cette machine est reliée à l'ordinateur de l'hôtel de telle sorte que toutes les données concernant votre séjour chez nous sont déjà enregistrées. Tout ce que vous avez à faire est de taper le numéro de votre chambre.

C. — Voilà, chambre 201.

R. — Comme vous pouvez le voir, votre facture apparaît sur l'écran ; si vous ne voyez aucune remarque à faire sur les rubriques indiquées sur votre facture, insérez simplement votre carte de crédit dans l'appareil et tapez votre numéro de carte de crédit.

C. — Que se passe-t-il si je veux un exemplaire de ma facture ?

R. — Une fois que la carte sera enregistrée et le paiement effectué, l'appareil délivrera un exemplaire de votre facture ; voyez, le voilà !

C. — Ça, c'était rapide ! Merci beaucoup de votre aide. La prochaine fois, je pourrai remplir les formalités moi-même. On n'arrête pas le progrès !

B1. Cashier's instructions for payment by travellers cheque (GB)

1. Is the cheque acceptable in the UK?
2. What is the exchange rate?
3. Was the cheque signed in your presence?
4. Has the date and place detail been completed correctly?
5. Has the correct commission been charged?
6. Have you completed a foreign exchange receipt?
7. Give sterling change only.
8. Have you checked the guest's identity (e.g. passport)[1]?
9. Have you checked the stop-lists?

B2. An extract from a tabular ledger (GB)

Room numbers	B/fwd	Departmental analysis			Bill totals	Payments		C/fwd
		Room charge	Food	Liquor		Cash	Ledger	
18 20 Lounge bar	55.00	20.00 25.00	15.00 5.00	50.00	90.00 30.00 50.00	30.00 50.00		90.00
	55.00	45.00	20.00	50.00	170.00	80.00		90.00

B3. Means of payment for caterers

Hotel and restaurant bills don't get any cheaper but caterers can at least make the process of paying as rapid and efficient as possible[2].
In terms of payment, all the current methods have their limitations. Cash poses security risks and customers often do not carry it in sufficient amount to settle bills. Cheques are subject to the £50 guarantee card limit. Credit and charge cards are viewed unfavourably by some users and require verification. The one option which has yet to really get off the ground[3] is the electronically debited card. It enables customers at shops, restaurants, hotels and other retail outlets to settle bills by cards which debit their bank account and automatically credit the retailer's account, all through electronic communication.

Caterer and Hotelkeeper

1. **e.g. : exempli gratia (for exemple.).**
2. Ne confondez pas : **more than** (*plus que*), **as... as...** (*aussi que*), **the same as** (*le même que*).
3. **to get off the ground** : mot à mot : *s'élever au-dessus du sol.*

B1. Instructions données au caissier pour le paiement par chèque de voyage

1. Le chèque peut-il être accepté au Royaume-Uni ?
2. Quel est le taux de change ?
3. Le chèque a-t-il été signé en votre présence ?
4. Les rubriques « lieu » et « date » ont-elles été remplies correctement ?
5. Avez-vous fait payer la commission prévue ?
6. Avez-vous rempli un reçu de change de devises ?
7. Ne rendez la monnaie qu'en livres sterling.
8. Avez-vous vérifié l'identité du client (par exemple son passeport) ?
9. Avez-vous vérifié les listes de chèques volés ou perdus ?

B2. Extrait de main courante

B/fwd (Brought forward)	*report de la veille*
Departmental analysis	*répartition par services*
Liquor	*boissons alcoolisées*
Bill totals	*totalité des dépenses*
Cash payment	*règlement pouvant être versé directement à la banque* (liquide, chèque, etc.)
Ledger	*règlement à crédit* (carte de paiement, bon d'agence, etc.)
C/fwd (Carried forward)	*à reporter au jour suivant*

B3. Moyens de paiement pour hôteliers et restaurateurs

Les notes des hôtels et des restaurants ne baissent pas mais les hôteliers et les restaurateurs peuvent au moins rendre le processus de règlement aussi rapide et efficace que possible.

En termes de règlement, toutes les méthodes actuelles ont leurs limites. Les espèces posent des problèmes de sécurité et les clients n'en transportent souvent pas en quantité suffisante pour régler les factures. Les chèques sont soumis aux restrictions imposées par la carte d'identité bancaire. Les cartes de crédit et de paiement sont considérées d'un mauvais œil par certains utilisateurs et nécessitent une vérification. La seule solution qui n'a pas encore été exploitée est la carte débitée électroniquement. Elle permet aux clients des boutiques, des restaurants, des hôtels et autres points de vente au détail, de régler leurs factures à l'aide de cartes qui débitent leur compte bancaire et créditent automatiquement le compte du détaillant, tout ceci grâce à la communication électronique.

1. *Mon Dieu, comment pouvez-vous me faire payer autant pour le téléphone ? Je n'ai fait que téléphoner deux minutes en Allemagne !*

2. *Quelle est cette rubrique sur ma facture ? Je n'ai jamais commandé de petit déjeuner dans ma chambre !*

3. *Laissez-moi vérifier ! Vous avez bien demandé qu'on monte une bouteille de champagne dans votre chambre samedi soir ?*

4. *Voici votre facture, monsieur, avec la somme totale à payer, là au bas de la feuille.*

5. *Faites votre chèque à l'ordre des hôtels Mount Caroline, s'il vous plaît.*

6. *Veuillez avoir l'obligeance de contresigner ce chèque de voyage et de me montrer une pièce d'identité.*

7. *Voulez-vous que je demande au porteur de déposer vos bagages à l'extérieur ?*

8. *J'ai dépensé tout mon liquide ; puis-je changer un chèque de voyage ?*

9. *Le taux de change d'aujourd'hui risque d'être différent de celui d'hier.*

10. *Que veulent dire les lettres TVA ?*

11. *Elles veulent dire « taxe à la valeur ajoutée » et le taux est actuellement de 18%.*

12. *Quelles que soient les méthodes de facturation, les bons comportant la signature du client servent de preuve des achats de ce dernier.*

13. *Avec notre nouveau système de facturation informatisé, les données ne peuvent être perdues au niveau des caisses.*

14. *Les moyens de paiement utilisés par les clients pour régler leurs factures vont du liquide aux chèques de voyage.*

15. *Les tarifs comprennent les taxes ainsi que le service.*

16. *De plus, on vous fournit gratuitement le matériel nécessaire à la préparation du thé et du café.*

17. *C'est un délit que de quitter un hôtel sans payer.*

18. *L'hôtel peut entamer une procédure judiciaire afin d'obtenir le règlement.*

19. *Le liquide n'est plus utilisé comme moyen de paiement ou presque plus jamais.*

6 Facturation et règlement

B4. KEY SENTENCES

1. My goodness, how can you charge me so much for the telephone ! I only made a two minute call to Germany !
2. What's this item on my bill ? I didn't order breakfast in my room !
3. Let me check ! You did ask for a bottle of champagne to be carried up to your room on Saturday night.
4. Here's your bill, Sir, with the total amount payable at the bottom there.
5. Make out your cheque to Mount Caroline hotels, please.
6. Will you please countersign the travellers cheque and show me some identification [1] ?
7. Shall I ask the porter to carry your luggage outside ?
8. I've run out of cash : can I cash a travellers cheque ?
9. Today's exchange rate is likely to be different from yesterday's.
10. What does VAT stand for ?
11. It stands for « Value Added Tax » and the rate is currently 18%.
12. Whatever the methods of billing, the vouchers with the guest's signature will serve as evidence of the latter's purchases.
13. With our new computerized billing system, data cannot be lost on the tills.
14. The means of payment used by guests to settle their bills range from cash to travellers cheques.
15. The rates include tax as well as service charge.
15. In addition, tea and coffee-making facilities are provided free of charge.
17. It is an offence to leave a hotel without paying.
18. The hotel may prosecute in order to obtain payment.
19. Currency is no longer used as a means of payment or hardly ever.

---

1. Les Britanniques et les Américains n'ont pas de carte d'identité. Ils doivent donc montrer une pièce d'identité telle que passeport, permis de conduire, etc. Les Américains disent **ID** ['ɑɪ'diː], pour **identification**.

account [ə'kaʊnt]	*compte*
accurate	*exact*
to balance the accounts	*équilibrer les comptes*
banknotes	*billets de banque* (GB)
to be in the red	*être en déficit, à découvert*
bill	*facture*
bills	*billets de banque* (US)
billing	*facturation*
billing machine	*caisse enregistreuse électronique*
bouncing cheque	*chèque sans provision*
bureau de change	*bureau de change*
cash	*espèces*
cash payment	*règlement comptant*
cash register	*caisse enregistreuse*
to cash a cheque	*encaisser un chèque*
caterer	*restaurateur, traiteur ; a souvent le sens plus général de fournisseur de services*
change	*monnaie*
to change currency	*changer des devises*
to charge	*faire payer*
charge card	*carte de paiement*
cheque *(GB)*, check *(US)* ['tʃek]	*chèque*
to check	*vérifier*
city ledger department	*service débiteurs divers*
coins	*pièces de monnaie*
to complete a receipt	*remplir un reçu*
computer	*ordinateur*
computerized	*informatisé*
computer science	*informatique*
to countersign	*contresigner*
copy of a bill	*exemplaire d'une facture*
credit payment	*règlement à crédit*
credit card	*carte de crédit*
to credit an account	*créditer un compte*
current	*actuel*
data ['deɪtə], *sg.* datum	*données*
data processing	*traitement de données*
to debit an account	*débiter un compte*
to enter items on a bill	*enregistrer des lignes sur une facture*
exchange [ɪks'tʃeɪndʒ]	*change*
extra charge	*supplément*

to feed data into the computer	*entrer des données dans l'ordinateur*
folio	*compte client*
foreign currency	*monnaie étrangère, devises*
free of charge	*gratuit*
guarantee	*garantie*
£50 guarantee card	*carte d'identité bancaire*

(accompagne tout chéquier et garantit le paiement des chèques à concurrence de 50 livres)

handwritten statement of account	*relevé de compte manuscrit*
identity card	*carte d'identité*
identification *(US :* ID)	*preuve de son identité*
to issue *(GB :* [iʃjuː], *US :* [iʃuː]) cheques	*émettre des chèques*
to make out a cheque to	*établir un chèque à l'ordre de*
to order	*commander*
to overcharge	*faire trop payer*
to process data	*traiter des données*
rate of exchange	*taux de change*
receipt [ri'siːt]	*reçu*
to record payment	*enregistrer le règlement*
refund	*remboursement*
to refund	*rembourser*
to register data	*enregistrer des données*
service charge	*service*
to settle one's account	*régler son compte*
to settle a bill	*régler une facture*
to show an overdraft	*présenter un découvert*
to sign [sɑin]	*signer*
stop list	*liste des interdits bancaires, des chèques volés, des impayés*
tabular ledger	*main courante*
till	*caisse*
till slip	*bon de caisse*
travellers cheque *(GB),* travelers check *(US)*	*chèque de voyage*
to undercharge	*ne pas faire payer assez*
voucher	*bon*

to cater for	*fournir des services à*
caterer	*prestateur de services, hôtelier, restaurateur, traiteur*
catering	*restauration*

6	**Billing and payment**
	C. EXERCICES

I - Compléter en opérant les transformations nécessaires (voir notes 2 et 3 du dialogue) :

1. Before (be attended to), you will have to wait a long time.
2. We look forward[1] to (have) you as our guest again.
3. Most businessmen are very keen on[2] (check out) rapidly.
4. Once you (see) your room, we will meet at the bar for a drink.
5. When the cashier (be) available[3], he will make out your bill.

II - Compléter à l'aide d'une expression verbale prise dans la liste suivante (chaque expression sera utilisée une fois et adaptée à la phrase) : **to balance the accounts**, **to charge**, **to complete a form**, **to make out a cheque to**, **to undercharge** :

1. An accountant's main task is ....
2. Do hotels more seldom[4] overcharge or .... their customers ?
3. You should always ...... to someone and never leave it blank.
4. How much were we .... for the drinks ?
5. However simplified checking in formalities may be[5], a customer is still required to .... on arrival.

III - Traduire (voir notes du dialogue) :

1. *Je crains que vous ne soyez obligé de voir le directeur à ce sujet.*
2. *Permettez-moi d'insister sur la réduction qui vous a été accordée.*
3. *Nous prenons les chèques de voyage à condition que vous puissiez montrer une pièce d'identité.*
4. *Que suis-je censé faire, si les rubriques sur l'écran ne correspondent pas à mes dépenses ?*
5. *Vous pourrez changer des devises quand la caisse sera ouverte.*

---

1. **to look forward to** : *attendre avec impatience de.*
2. **to be keen on** : *apprécier de.*
3. **available** : *disponible.*
4. **seldom** : *rarement.*
5. *quelle que soit la simplicité des formalités d'arrivée.*

I - Compléter en opérant les transformations nécessaires :

1. Before *being attended to*, you will have to wait a long time.
2. We look forward to *having* you as our guest again.
3. Most businessmen are very keen on *checking out* quickly.
4. Once you *have seen* your room, we shall meet at the bar for a drink.
5. When the cashier *is* available, he will make out your bill.

II - Compléter à l'aide d'une expression verbale :

1. An accountant's main task is *to balance the accounts*.
2. Do hotels more seldom overcharge or *undercharge* their customers ?
3. You should always *make out your cheque* to someone and never leave it blank.
4. How much were we *charged* for the drinks ?
5. However simplified checking in formalities may be, a customer is still required to *complete a form* on arrival.

III - Traduire :

1. I am afraid you will have to see the manager about this.
2. I must insist on the discount which was granted to you.
3. We take travellers cheques provided you can show some identification.
4. What am I supposed to do if the items on the screen do not correspond to my purchases ?
5. You will be able to change foreign currency, when the cash desk is open.

■ **Data is or data are ?**

In latin, datum is singular, so it is more correct to say : « A lot of data are available [1]. » However, it is common usage to say [2] : « Data is available. »

■ **Beware of Frenglish !** - *Attention au franglais !*

Never say : « The running hand » - *la main courante*
       but   **the tabular ledger**

           « to play the big cash » - *jouer de la grosse caisse*
       but   **to play the bass drum**

           « the species » - *les espèces*
       but   **hard cash**

■ **Two proverbs that are still used**
   Deux proverbes encore en usage

— Don't count your chicken before they are hatched.
   Il ne faut pas vendre la peau de l'ours avant de l'avoir tué ; mot à mot : il ne faut pas compter les poulets avant qu'ils ne soient sortis de l'œuf.

— The customer is always right !
   Le client a toujours raison !

■ **One that isn't used any more** - *Un qui ne l'est plus*

— He that goes a-borrowing goes a-sorrowing
   Quiconque emprunte va au-devant de soucis

---

1. *Un grand nombre de données sont disponibles.*
2. *L'usage est de dire.*

DOSSIER 7

HOTEL SERVICES
LES SERVICES DE L'HÔTEL

R. = Room service   **G.** = Gentleman   **L.** = Lady

Room service, ordering breakfast

US - A hotel in Atlanta, Georgia.

R. — Hullo, Reception, what can I do for you ?

G. — This is room 608. We'd like to have breakfast in our room.

R. — Yes, what would you like to order ?

G. — Two poached eggs each for me and my wife and a boiled egg for my son ; and hot pancakes with maple syrup [1].

R. — OK, do you want to drink tea or coffee ?

G. — Coffee for us and hot chocolate for the boy.

R. — I'll have this sent up [2] to your room in five minutes, Sir.

G. — Thank you. By the way, can you send a copy of the Atlanta Post at the same time ?

R. — Certainly, Sir.

GB - A hotel in Torquay, Devon.

R. — Reception, good morning, can I help you ?

L. — I'm in room 10, can I have my breakfast [3] in my room, instead of downstairs ?

R. — Of course, Madam, what would you like ?

L. — Fruit juice, eggs and bacon with tomatoes and toast and marmalade.

R. — I expect you would also like some tea [4] ?

L. — Yes, and, please, make it strong enough, I simply hate wishy-washy tea ! Is it tea bags or loose tea ?

R. — Tea bags, but they are very good quality. Do you want Darjeeling or Earl Grey ?

L. — Darjeeling. Incidentally, I can't flush the toilet, this is really a nuisance. Can you send someone to look at it, please ?

R. — We'll send someone to fix it immediately.

L. — Thank you !

R. — You're welcome !

---

1. Le petit déjeuner américain est très complet et comporte souvent des crêpes épaisses ou des *gaufres* (**waffles**) avec de la confiture, du miel ou du sirop.
2. **have** + compl. + p. passé : le sujet est à l'origine de l'action mais il ne l'accomplit pas lui-même, voir p. 62.
3. **have** a le sens de *prendre* dans les expressions du type : **have a drink**, **have a meal**, **have a bath**, etc.
4. Voir les conseils pour la confection du thé p. 100.

S. = Service des chambres   **C.** = Client(e)

Le service des chambres, commande du petit déjeuner

US - Un hôtel à Atlanta, en Géorgie.

S. — Allô, la réception, que puis-je faire pour vous ?
C. — Ici la chambre 608, nous aimerions prendre notre petit déjeuner dans notre chambre.
S. — Oui, que désirez-vous commander ?
C. — Deux œufs pochés chacun, pour ma femme et moi, et un œuf à la coque pour mon fils ; et puis des crêpes chaudes avec du sirop d'érable.
S. — D'accord, que voulez-vous boire, du thé ou du café ?
C. — Du café pour nous et du chocolat pour mon fils.
S. — Je vous le fait monter dans votre chambre dans cinq minutes, monsieur.
C. — Merci. À propos, pouvez-vous monter un exemplaire de l'*Atlanta Post* en même temps ?
S. — Certainement, monsieur.

GB - Un hôtel à Torquay, dans le Devon.

S. — La réception, bonjour, puis-je vous aider ?
C. — Je suis dans la chambre 10, est-ce que je peux prendre mon petit déjeuner dans ma chambre au lieu de descendre ?
S. — Bien sûr, madame, que désirez-vous ?
C. — Du jus de fruits, des œufs et du bacon avec des tomates et des toasts avec de la marmelade.
S. — Et du thé, je suppose ?
C. — Oui, et, s'il vous plaît, faites-le assez fort, je déteste le thé fade ! Ce sont des sachets ou du thé en vrac ?
S. — Des sachets, mais de très bonne qualité. Voulez-vous du Darjeeling ou de l'Earl Grey ?
C. — Du Darjeeling. Autre chose, je ne peux pas tirer la chasse d'eau, c'est vraiment désagréable. Pouvez-vous envoyer quelqu'un pour regarder ?
S. — Nous allons envoyer quelqu'un pour la réparer immédiatement.
C. — Merci !
S. — À votre service !

B1. An excerpt from a US hotel brochure

155 Guest Rooms, Air Conditioned, Color TV, Radio, Saunas, Indoor Heated Pool, Tennis, Lounge, 24 Hour Restaurant, King Beds, No-Smoking Rooms, Pets Welcome in selected rooms. Children under 18 Free when sharing room with parents.

B2. Definitions

• **The different services** : the rooms are under the supervision of a housekeeper who is in charge of the housekeeping staff :
— chambermaids do the rooms, that is to say make beds, clean and tidy rooms and bathrooms with brooms, vacuum-cleaners and mops, change towels and sheets ;
— floor waiters bring breakfast or drinks on trays ;
— valets are responsible for the guests' clothing ; they polish shoes, iron clothes or send them to the laundry or to the dry cleaning ;
— the linen-keeper deals with soiled linen in the linen room.

• **The breakfast tray** has the following items : a tea-pot or a coffee-pot, a milk-jug, cups and saucers, plates, egg-cups, glasses, spoons, knives and forks, napkins, a marmalade dish, a butter dish, a toastrack [1].

• **The furniture of the rooms** includes curtains, sheets, blankets and pillow-cases, a dressing table, a chest of drawers, a cupboard, a wardrobe, a bedside table, a armchair, a mirror, a carpet, a wastepaper basket, lamps, a washbasin, taps, a bath, a shower, a soap, a towel rail, plugs, switches, a razor, a hairdryer, a bathrobe.

B3. The changing role of the chief engineer

Maintenance specialists are no longer seen crawling between central heating pipes in oil-splattered overalls. Today's chief engineer is more likely to be behind a computer in an immaculate pin-striped suit, preparing budget forecasts and monitoring energy costs.
The equipment is computer controlled and services are often left to outside contractors. However, minor problems still arise everyday : electrical failures, water leaks, ripped carpets, broken furniture, and so on.

---

1. **toast** : *pain grillé* ; **rack** : *chevalet, étagère, porte...*

B1. Extrait d'un dépliant d'hôtel américain

155 Chambres, Air Conditionné, Télévision couleurs, Radio, Saunas, Piscine Couverte Chauffée, Tennis, Salon, Restaurant ouvert 24 heures sur 24, Grands Lits, Chambres Non-Fumeurs, Animaux acceptés dans certaines chambres, Enfants de moins de 18 ans logés gratuitement dans la chambre de leurs parents.

B2. Définitions

• **Les différents services :** les chambres sont sous la surveillance d'une gouvernante qui contrôle le personnel d'entretien des chambres :
— les femmes de chambre font les chambres, c'est-à-dire qu'elles font les lits, nettoient et rangent les chambres et les salles de bains avec balai, aspirateur et serpillière, elles changent les serviettes et les draps ;
— les garçons d'étage apportent le petit déjeuner ou les boissons sur un plateau ;
— les valets de chambre sont responsables des vêtements des clients ; ils cirent les chaussures, repassent les vêtements ou les envoient au lavage ou au nettoyage ;
— la lingère s'occupe du linge sale, dans la lingerie.
• **Le plateau du petit déjeuner** comporte une théière ou une cafetière, un pot à lait, des tasses et des soucoupes, des assiettes, des coquetiers, des verres, des cuillères, des couteaux et des fourchettes, des serviettes, un confiturier et un beurrier, un porte-toasts.
• **Le mobilier des chambres** comprend des rideaux, des draps, des couvertures et des oreillers, une coiffeuse, une commode, un placard, une armoire, une table de nuit, un fauteuil, un miroir, un tapis, une corbeille à papier, des lampes, un lavabo, des robinets, une baignoire, une douche, un savon, un porte-serviettes, des prises, des interrupteurs, un rasoir, un séchoir à cheveux, un peignoir de bain.

B3. Le directeur technique, un rôle en pleine évolution

On ne voit plus les spécialistes de l'entretien ramper entre des conduites de chauffage central, vêtus d'une salopette tâchée d'huile. Aujourd'hui, le directeur de l'entretien risque davantage de se trouver derrière un ordinateur, vêtu d'un costume à fines rayures impeccable, occupé à effectuer des prévisions budgétaires et à contrôler les dépenses d'énergie.
L'équipement est contrôlé par ordinateur et les services sont souvent confiés à des sociétés extérieures. Néanmoins, des problèmes mineurs surgissent encore chaque jour : pannes de courant, fuites d'eau, tapis déchirés, meubles cassés, et ainsi de suite.

B4. Organisation chart of a chain hotel

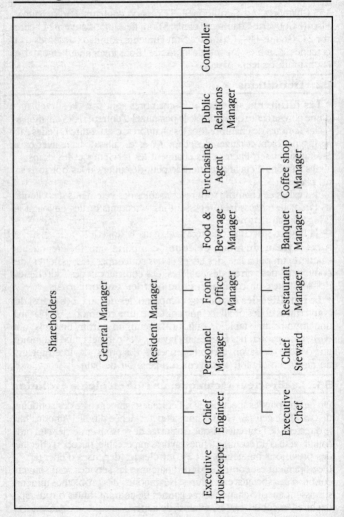

Shareholders — General Manager — Resident Manager

- Executive Housekeeper
- Chief Engineer
- Personnel Manager
- Front Office Manager
- Food & Beverage Manager
  - Executive Chef
  - Chief Steward
  - Restaurant Manager
  - Banquet Manager
  - Coffee shop Manager
- Purchasing Agent
- Public Relations Manager
- Controller

B4. Organigramme d'un hôtel de chaîne

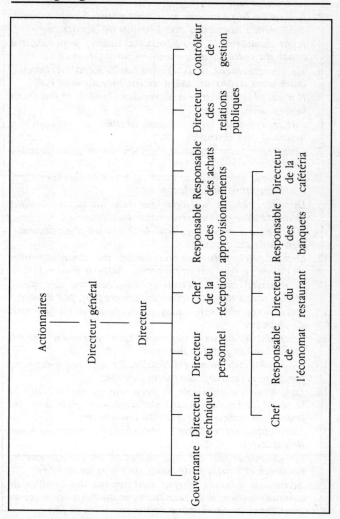

Actionnaires — Directeur général — Directeur

- Gouvernante
- Directeur technique
- Directeur du personnel
- Chef de la réception
- Responsable des approvisionnements
- Responsable des achats
- Directeur des relations publiques
- Contrôleur de gestion

- Chef
- Responsable de l'économat
- Directeur du restaurant
- Responsable des banquets
- Directeur de la cafétéria

Hotel services

B5. PHRASES TYPES

1. *Allô, la réception, j'ai oublié ma brosse à dents, où puis-je en trouver une ?*

2. *Je vais en faire monter une dans votre chambre immédiatement ; avez-vous aussi besoin de dentifrice ?*

3. *Ici la chambre 417, je ne peux pas utiliser mon rasoir à cause du voltage, avez-vous des adaptateurs ?*

4. *Malheureusement, nous n'avons pas de séchoir à cheveux, mais nous avons un salon de coiffure dans le hall.*

5. *Il n'y a plus de papier à lettres dans le bloc, et j'ai aussi besoin d'enveloppes.*

6. *J'ai renversé du café sur mon oreiller, je crois qu'il a besoin d'être changé.*

7. *J'aimerais faire repasser mon pantalon pour demain matin.*

8. *Très bien, monsieur, le valet va venir le chercher dans votre chambre immédiatement.*

9. *De toute évidence, il y a quelque chose qui ne va pas dans la douchette, pouvez-vous venir la réparer ?*

10. *Ma femme a un sérieux mal de tête, y a-t-il un pharmacien dans les environs ?*

11. *Ce n'est pas la peine que vous sortiez, monsieur, la femme de chambre va vous apporter de l'aspirine de suite.*

12. *Je n'arrive pas à retrouver mes lunettes de soleil ; quelqu'un les aurait-il trouvées quelque part, par hasard ?*

13. *Pas à ma connaissance, mais je vais demander à la femme de chambre.*

14. *Pourrions-nous avoir une couverture supplémentaire ? Il fait vraiment frais le matin.*

15. *L'équipe d'entretien a été réduite de vingt-cinq à dix-neuf personnes, ces trois dernières années.*

16. *La gouvernante du soir, la personne qui ouvre votre lit le soir, laisse dans votre chambre une carte avec les prévisions météorologiques du lendemain.*

17. *La réception est un salon lambrissé avec cheminée et écran de tapisserie.*

18. *Les chambres ont été refaites ; elles ont été agrandies, rénovées et équipées de salles de bains en marbre.*

19. *Beaucoup d'hôtels offrent maintenant des centres de communication avec secrétaires et dactylos, système de traitement de texte, photocopieuses, télex et fax.*

1. Hullo, Reception, I have forgotten my toothbrush, where can I get one ?

2. I'll have one sent up to your room right away. Do you require toothpaste as well ?

3. This is room 417, I can't use my shaver because of the voltage, have you got an adaptor ?

4. Unfortunately, we do not provide hairdryers, but we have a hairdressing salon in the lobby.

5. There's no writing paper left in the writing pad, and I also need some envelopes.

6. I've spilt some coffee on my pillow case, I'm afraid it needs changing.

7. I'd like to have my trousers ironed for tomorrow morning.

8. All right, Sir, the valet will collect them from your room immediately.

9. There's definitely something wrong with the shower attachment, can you come and fix it ?

10. My wife has got a bad headache, is there a chemist nearby ?

11. There's no need for you to go out, Sir, the maid will bring you some aspirin straight away.

12. I can't find my sun glasses anywhere, has anyone found them, by any chance ?

13. Not as far as I know, but I'll ask the maid about it.

14. Could we have an additional blanket, the mornings are really chilly ?

15. The maintenance team has been trimmed down from twenty five to nineteen, in the past three years.

16. The turndown housekeeper, the person who turns down your bed, leaves a card with the next day's weather forecast in your room.

17. The reception area is a panelled sitting room with a fireplace and a tapestry screen.

18. During the refurbishment, the rooms were enlarged, upgraded, and equiped with marble bathrooms.

19. Many hotels now provide business centers with secretarial and typing services, word processing, photocopying, telex and facsimile equipment.

adaptor	*adaptateur*
additional	*supplémentaire*
air conditioning	*climatisation*
to arise (arose, arisen)	*surgir* (problèmes)
armchair	*fauteuil*
as well	*aussi*
available	*disponible*
bacon	*bacon, lard*
bath	*bain, baignoire*
bathrobe	*peignoir de bain*
bedside table	*table de nuit*
blanket	*couverture*
boiled egg	*œuf à la coque*
to break (broke, broken)	*casser*
breakfast	*petit déjeuner*
to brew ['bru:]	*faire infuser* (thé)
broom	*balai*
budget forecast	*prévision budgétaire*
carpet	*tapis*
ceiling	*plafond*
central heating	*chauffage central*
chambermaid	*femme de chambre*
chemist [hemist]	*pharmacien*
chest of drawers ['tʃest əv 'drɔ:z]	*commode*
chilly	*frais*
chocolate	*chocolat* (US : cocoa ['kəukəu])
to clean	*nettoyer*
clothes	*vêtements*
clothing	*vêtement, habillement*
coffee pot	*cafetière*
to collect	*venir chercher*
copy	*exemplaire*
to crawl	*ramper*
cup	*tasse*
cupboard	*placard* (US : closet)
curtains	*rideaux* (US : drapes)
to do a room	*faire une chambre*
downstairs	*en bas, au rez-de-chaussée*
dressing table	*coiffeuse*
dry cleaning	*nettoyage à sec*
early morning tea	*tasse de thé servie au réveil*
egg cup	*coquetier*

engineer	*ingénieur, responsable de l'entretien*
failure ['feɪljə]	*panne*
fireplace	*cheminée*
to fix	*réparer*
floor waiter	*garçon d'étage*
to flush the toilet	*tirer la chasse d'eau*
fork	*fourchette*
fruit juice ['fruːt dʒuːs]	*jus de fruits*
furniture	*meubles*
a piece of furniture	*un meuble*
glasses	1) *verres* ; 2) *lunettes*
hairdryer	*séchoir à cheveux*
hairdressing salon	*salon de coiffure*
headache ['hedɪk]	*maux de tête*
housekeeper	*gouvernante*
housekeeping staff	*personnel des chambres*
however	*néanmoins*
instead of	*au lieu de*
to iron ['aɪən]	*repasser* (US : to press)
kippers	*harengs fumés*
knife *(pl.* knives*)*	*couteau*
lamp	*lampe*
laundry	1) *blanchisserie* ; 2) *linge à laver*
leak ['liːk]	*fuite*
linen	*linge*
linen keeper	*lingère*
light	*lumière*
loose tea ['luːs tiː]	*thé en vrac*
maintenance	*entretien*
to make a bed	*faire un lit*
maple syrup	*sirop d'érable*
marble	*marbre*
marmalade	*marmelade d'oranges*
milk jug	*pot à lait*
mirror	*miroir*
to monitor	*contrôler*
mop	*serpillière*
napkin	*serviette de table*
no longer	*ne ... plus*
obvioulsy	*de toute évidence*
oil	*huile*
order	*commande*

to order	*commander*
outside contractors	*entreprises extérieures travaillant sous contrat, sous-traitants*
overall	*salopette*
pancake	*crêpe*
panelled	*lambrissé*
pillow case	*taie d'oreiller*
pin-striped suit	*costume à fines rayures (tenue classique de l'homme d'affaires)*
pipe	*tuyau, pipe*
plate	*assiette*
plug	*prise*
poached eggs	*œufs pochés*
to polish	*cirer*
properly	*correctement*
razor	*rasoir*
to refurbish	*rénover*
responsible for	*responsable de*
to rip	*déchirer*
to run out of	*manquer de*
saucer ['sɔːsə]	*soucoupe*
to send (sent, sent)	*envoyer*
shoe	*chaussure*
sheet [ʃiːt]	*drap*
shower ['ʃɑʊə]	*douche*
shower attachment	*douchette*
sitting room	*salon*
soap ['səʊp]	*savon*
soiled	*souillé, sale*
to spill	*renverser*
spoon	*cuillère*
still	*encore*
strong	*fort*
such as	*tel que, comme*
supervision	*surveillance*
to sweep (swept, swept)	*balayer*
switch	*interrupteur*
tap	*robinet*
tapestry screen	*écran de tapisserie*
tea bag	*sachet de thé*
tea pot	*théière*
to tidy	*ranger*

toast rack	*porte-toasts*
toilet	*toilettes*
tomato *(pl.* tomatoes*)*	
[tə'mɑ:təʊ], *US* : [tə'meɪtəʊ]	*tomate*
toothbrush	*brosse à dents*
toothpaste	*dentifrice*
towel [taʊəl]	*serviette de toilette*
towel rail	*porte-serviettes*
tray	*plateau*
trousers	*pantalon*
undoubtedly [ʌn'daʊtɪdlɪ]	*sans aucun doute*
unfortunately	*malheureusement*
to upgrade	*améliorer*
vacuum cleaner	*aspirateur*
washbasin	*lavabo* (US : sink)
wardrobe	*armoire*
waste paper basket	*corbeille à papier*
writing pad	*bloc*
writing paper	*papier à lettres*
weather forecast	*prévisions météorologiques*

	US	GB
chocolat chaud	hot chocolate	cocoa
placard	closet	cupboard
rideaux	drapes	curtains
repasser	to press	to iron
lavabo	sink	washbasin

I - Compléter les phrases avec l'un des mots ou expressions suivants : *such as, unfortunately, as well, no longer, however, obviously, undoubtedly* (voir phrases types et documents) :

1. Could you please send us some soap ....
2. .... the refurbishment is a success.
3. The hotel .... has its own linen room.
4. ..... there is no need to panick, it is just a minor leak.
5. Full breakfast is not served in the rooms, ... , we do serve early morning tea.
6. Some Englishmen love to have fish for breakfast, ... haddock or kippers.
7. .... , we've run out of newspapers for the moment.

II - Trouver des réponses aux phrases en utilisant la structure *have* + complément + participe passé (voir note 2 du dialogue) **au futur et les éléments entre parenthèses :**

1. We've run out of soap (I, bring up).
2. The baby has soiled his sheets (we, change).
3. The light bulbs have gone dead (the engineer, replace).
4. There's something wrong with the shower (the maid, fix).
5. The floor is dusty (the housekeeper, sweep).

III - Traduire (revoir documents et phrases types) :

1. *Nous allons faire remettre l'hôtel complètement à neuf.*
2. *Les Smith de la chambre 43 ont demandé à prendre leur petit déjeuner à 6 heures.*
3. *Pouvez-vous leur apporter un exemplaire du* Daily Mail *en même temps ?*
4. *M. Conway est responsable de l'équipe d'entretien.*
5. *Vous avez plus de chances de le trouver dans son bureau ; il s'occupe des prévisions budgétaires.*

I - Compléter les phrases à l'aide de mots ou expressions :

1. as well.
2. undoubtedly / obviously.
3. no longer.
4. obviously / undoubtedly / however.
5. however.
6. such as.
7. unfortunately.

II - Trouver des réponses aux phrases :

1. I'll have some brought up to you.
2. We'll have them changed.
3. The engineer will have them replaced.
4. The maid will have it fixed.
5. The housekeeper will have it swept.

III - Traduire :

1. We'll have the hotel completely refurbished.
2. The Smiths in room 43 asked to have their breakfast at 6 a.m.
3. Can you bring them a copy of the *Daily Mail* at the same time ?
4. Mr Conway is in charge of the maintenance team.
5. You are more likely to find him in his office ; he is dealing with budget forecasts.

Hotel guests love four poster beds (an advertisement)

A four poster bed can turn a dull, hard-to-sell bedroom into something special. A room without a view is only a handicap if there isn't something more attractive inside the room. Four-posters do not have to be the size of football pitches and nine foot high. Our compact four posters are 4ft 6in wide, 6ft 3in long and 6ft 3in high. They will fit comfortably into a bedroom 12ft wide and 15ft long with a ceiling height of 7ft 3in.

Les clients adorent les lits à baldaquin *(publicité)*

Un lit à baldaquin peut transformer une chambre quelconque et difficile à vendre en un endroit attractif. Une chambre sans vue n'est un handicap que s'il n'y a rien de plus séduisant à l'intérieur de la chambre. Les lits à baldaquin n'ont pas besoin d'avoir la dimension d'un terrain de football et de faire 27 m de haut. Nos lits à baldaquin de petite taille font 1,40 m de large, 1,90 m de long et 1,90 m de haut. Ils peuvent entrer sans problèmes dans une chambre de 3,70 m de large et de 4,60 m de long avec une hauteur de plafond de 3 m. (NB : pour les mesures reportez-vous à la fin du livre.)

The best way to brew tea

1. Let the tap run and use freshly drawn water.
2. Heat the pot with hot water and dry it thoroughly.
3. Make sure the water is really boiling.
4. Use the right amount of tea (one teaspoon per person plus one for the pot) and pour the water while it is still boiling (bring the pot to the kettle, not the kettle to the pot).
5. Allow the tea to brew for about four minutes only.

La meilleure façon de faire le thé

Laissez couler le robinet et utilisez de l'eau qui vient d'être tirée. Ébouillantez la théière et essuyez-la soigneusement. Assurez-vous que l'eau est bien en train de bouillir. Utilisez la bonne quantité de thé : une cuillère à thé par personne plus une pour la théière, et versez l'eau alors qu'elle est encore bouillante ; approchez la théière de la bouilloire et non la bouilloire de la théière. Laissez le thé infuser pendant seulement 4 minutes environ.

DOSSIER 8

FUNCTIONS AND SEMINARS
RÉCEPTIONS ET CONGRÈS

A • **DIALOGUE** / *DIALOGUE*

B • **RECORDS** / *DOCUMENTS* :

C • **EXERCISES** / *EXERCICES ET CORRIGÉ*

D • **FINAL TIPS**

F. = John Farrell   **J.** = Peter Jones   **R.** = Receptionist

Examining different deals (GB)

F. — Good morning, I have an appointment with Peter Jones, the conference coordinator.

R. — I'll tell him you have arrived, please take a seat while you are waiting.

J. — Good morning, Mr Farrell, will you come into my office ? This way, please... Do sit down. I understand you are planning to organize a conference in our hotel.

F. — Exactly, our first National Sales Conference which will be held on April 3 and 4. It is going to be [1] the first of its kind, so we want to make a success of it.

J. — We have different conference deals. Your choice depends on how much you are prepared to spend and what kind of service you are expecting. If you want this first conference to be special [2], I suggest you choose between our Speciality and our Deluxe packages.

F. — What do they include ?

J. — In the Speciality package, most audiovisual equipment is available for your use, except video, which is charged extra. One conference room is included, morning coffee with shortbread and afternoon tea with biscuits are provided. At lunch, a cold buffet is offered and at dinner there is a wide choice of dishes. All rooms have private facilities.

F. — What else does the Deluxe package offer ?

J. — All the conference rooms and the audiovisual equipment are included. We also offer an extra special welcome including fruit and chocolates in the rooms on arrival. Then we add the little touches : free squash, a 24 hour laundry service, mints, soft drinks and fruit in the conference rooms. The terms are quoted in this brochure, you can also rely on a discount for a hundred participants.

F. — We shall be fewer [3] than that. Can I have a look at the rooms and the conference rooms ?

J. — Yes, of course, but remember April is a busy period, don't wait too long before you make up you mind.

---

1. **to be going to :** indique un futur proche ou, comme ici, une intention dans un futur plus lointain.
2. Construction de **want** : voir dialogue dossier 2, note 3.
3. **fewer :** comparatif de **few** (*peu de*).

F. = John Farrell   **J.** = Peter Jones   **R.** = Réceptionniste

Examen de différentes formules

F. — Bonjour, j'ai rendez-vous avec Peter Jones, le responsable des congrès.

R. — Je vais lui dire que vous êtes arrivé, veuillez vous asseoir en attendant.

J. — Bonjour, monsieur Farrell, entrez donc dans mon bureau. Par ici, s'il vous plaît... Je vous en prie, asseyez-vous. Je crois que vous voulez organiser un congrès dans notre hôtel.

F. — Exactement, notre première réunion générale de la force de vente qui aura lieu les 3 et 4 avril. Elle sera la première réunion de ce type, aussi souhaitons-nous que cela soit réussi.

J. — Nous avons différentes formules de congrès : ça dépend du prix que vous voulez mettre et du type de service auquel vous vous attendez. Si vous voulez que cette première réunion soit particulièrement réussie, je vous suggère de choisir entre nos formules Spécialité et Deluxe.

F. — Que comprennent-elles ?

J. — Dans la formule Spécialité, presque tout l'équipement audiovisuel est à votre disposition, sauf la vidéo qui vous est facturée en plus. Une salle de conférences est comprise dans le prix. On vous fournit également le café de 10 heures avec des sablés [1] et le thé de 4 heures avec des biscuits. Au déjeuner, on vous offre un buffet froid et au dîner, il y a un grand choix de plats. Les chambres ont toutes une salle de bains.

F. — Qu'offre, en plus, la formule Deluxe ?

J. — Toutes les salles de conférences et l'équipement audiovisuel sont compris. Nous offrons également un accueil très spécial avec des fruits et des chocolats dans la chambre le jour de l'arrivée. Puis nous ajoutons de petites attentions : squash gratuit, service de blanchissage 24 heures sur 24, bonbons à la menthe, boissons non alcoolisées et fruits dans les salles de conférences. Les conditions sont indiquées dans cette brochure. Vous pouvez aussi compter sur une réduction pour cent participants.

F. — Nous serons moins nombreux que cela. Puis-je jeter un coup d'œil aux chambres et aux salles de conférences ?

J. — Oui, bien sûr, mais souvenez-vous qu'avril est une période chargée, n'attendez pas trop longtemps avant de vous décider.

---

1. **shortbread :** spécialité écossaise (voir recette à la fin du dossier).

B1. A guide for the meeting planner in the US

1. **Site selection :** Site inspection is essential and should be made during the same season in which your meeting is scheduled. It also helps to talk with someone who has already brought a group.

2. **Negotiation :** Everything is negotiable but don't enter a negotiation with nothing more than a wish list for price concessions. Negotiate quality too.

3. **Transportation :** Try to find a travel agency which specializes in meetings. In comparing bus company rates, make sure there are no hidden charges.

4. **Conference equipment :** You may need blackboards, over-head projectors, slide and film projectors, video cassette recorders, projection screens.

5. **Food and beverage :** The last 20 years have seen a revolution in the American diet. To-day many people are cutting back on red meat, coffee and alcohol, eliminating salt or reducing their calory intake. Don't force diet conscious attendees into a succession of heavy meals. As for receptions, never allow participants to serve themselves to liquor and make sure there are plenty of non alcoholic drinks available.

6. **Meeting management :** You must be flexible enough to solve problems quickly and confident enough to maintain your composure while doing so. Never take anything for granted, check and double check everything.

B2. British hospital caterers put the emphasis on entreprise

In the National Health Service, many caterers are now showing it is possible to combine profit making activities with a reliable service. The catering manager at Castle hospital and her team organize dinner parties, weddings, christenings and funerals.

Adapted from **Caterer & Hotelkeeper**

B1. Guide pour l'organisateur de congrès aux EU

1. Le choix du lieu : Il est essentiel de se rendre sur les lieux et ceci doit se faire à la même époque que celle où le congrès est prévu. Il est aussi utile de discuter auparavant avec quelqu'un qui a déjà amené un groupe.

2. La négociation : Tout est négociable, mais ne vous engagez pas dans une négociation avec seulement une liste de réductions à obtenir. Négociez aussi la qualité

3. Le transport : Essayez de trouver une agence de voyages qui se spécialise dans les congrès. En comparant les tarifs des compagnies de cars, assurez-vous qu'il n'y ait pas de frais cachés.

4. Le matériel de conférence : Vous pouvez avoir besoin de tableaux noirs, de rétro-projecteurs, de projecteurs de diapositives et de films, de magnétoscopes, d'écrans de projection.

5. Repas et boissons : Ces 20 dernières années ont vu une révolution dans le régime américain. Aujourd'hui, beaucoup de gens réduisent leur consommation de viande rouge, de café et d'alcool, suppriment le sel ou absorbent moins de calories. N'imposez pas une succession de repas lourds à des partipants soucieux de leur régime. En ce qui concerne les réceptions, ne laissez jamais les participants se servir d'alcool eux-mêmes et assurez-vous qu'ils ont assez de boissons non alcoolisées à leur disposition.

6. La gestion du congrès : Vous devez être assez souple pour résoudre les problèmes rapidement, et suffisamment sûr de vous, pour conserver votre sang-froid en le faisant. Ne croyez jamais que quelque chose est acquis, vérifiez et revérifiez tout.

B2. Les responsables de restauration dans les hôpitaux britanniques mettent l'accent sur l'esprit d'entreprise

Dans le Service National de Santé, de nombreux responsables de restauration montrent maintenant qu'il est possible de conjuguer des activités rentables et un service de qualité. Le responsable de la restauration de Castle Hospital et son équipe organisent des dîners, des repas de mariage, de baptême et d'enterrement.

1. *Je voudrais organiser un repas d'anniversaire demain soir.*

2. *Nous avons un grand choix de vins à votre disposition.*

3. *Je ne vous conseillerais pas le gibier car ce n'est pas la saison.*

4. *Il vous est éventuellement possible d'ajouter à votre menu du dîner un sorbet citron, orange ou cassis.*

5. *Le responsable des banquets s'occupera de la disposition des tables.*

6. *Au cas où vous souhaiteriez échanger des plats entre les différents menus, de nouveaux prix vous seront indiqués.*

7. *Nous avons l'intention d'utiliser les services de votre hôtel pour tous nos futurs congrès en Écosse.*

8. *Pour sa réunion annuelle, l'Association des Détaillants organise un dîner suivi d'une soirée dansante.*

9. *Lors d'une réception de mariage, le témoin du marié fait un discours avant que le marié et la mariée ne coupent le gâteau de mariage.*

10. *Le transport aller et retour pour l'aéroport sera fourni gratuitement.*

11. *Pour l'instant, l'établissement compte sur le bouche à oreille pour attirer la clientèle.*

12. *La suite Wellington permet une grande souplesse, que ce soit pour une conférence de presse, le lancement d'un produit, ou une réunion de la force de vente.*

13. *Il y a suffisamment de place pour 200 personnes assises comme dans un théâtre.*

14. *L'espace peut être adapté pour recevoir un nombre aussi réduit que 50 personnes.*

15. *La suite Park Lane est particulièrement adaptée pour des cocktails, des salles de réunion ou d'entretien.*

16. *L'hôtel a un centre de communication avec des services de télécommunications modernes y compris des ordinateurs personnels.*

17. *À l'avenir, il se peut qu'il soit interdit de fumer dans la moitié des chambres.*

18. *150 millions de francs ont été consacrés à la rénovation de l'hôtel et à l'installation d'un centre de congrès.*

1. I would like to arrange a birthday celebration tomorrow evening.

2. We have a good selection of wines which you can choose from.

3. I would not advise game, as it is out of season.

4. A possible addition to your dinner menu could be sherbet, either lemon, orange or blackcurrant.

5. The banquet manager will take care of table arrangements.

6. Should you wish to interchange courses from the various menus, a new quote will be given.

7. We intend to use your hotel's facilities for all our future conferences held in Scotland.

8. For their annual meeting, the Association of Retailers organize a dinner and dance.

9. At a wedding, the best man makes a speech before the bride and bridegroom cut the wedding cake.

10. Transportation from and to the airport will be provided free of charge.

11. At the moment, the establishment relies on word of mouth to attract business.

12. The Wellington suite provides complex flexibility whether for a press conference, product launch or a sales meeting.

13. There is ample room for 200 people seated theatre style.

14. The space can be adapted to accommodate as few as 50.

15. The Park Lane suite is suitable for cocktail parties, meeting or interview rooms.

16. The hotel has a business centre with up to date tele-communications services, including personal computers.

17. In the future smoking may be banned in half the bedrooms.

18. Ffr. 150 million was spent refurbishing the hotel and installing a conference centre.

to attend	*assister à*
attendee [əˈtendiː]	*participant*
alcohol [ˈælkəhɒl]	*alcool*
appointment	*rendez-vous*
audiovisual equipment	*matériel audiovisuel*
to ban	*interdire*
banquet [ˈbæŋkwɪt] manager	*responsable des réceptions*
best man	*témoin du marié* (son « meilleur » ami)
beverage [ˈbevərɪdʒ]	*boisson*
blackboard	*tableau noir*
blackcurrant	*cassis*
bride [braɪd]	*la mariée*
bridegroom	*le marié*
catering [ˈkeɪtərɪŋ]	*restauration, service de traiteur*
catering manager	*directeur des services de restauration*
charge	*frais*
to charge	*facturer, faire payer*
to check [ˈtʃek]	*vérifier*
christening	*baptême*
composure	*sang-froid*
conference	*congrès* (GB) (US : convention)
confident	*confiant*
course	*plat* (autrefois : *service*)
to cut back on	*réduire la consommation de*
dance	*soirée dansante, bal*
dance floor	*piste de danse*
deal [diːl]	*contrat, formule*
diet [ˈdaɪət]	*régime*
function *(GB)*	*réception* (US : reception)
free of charge	*gratuit*
funeral	*enterrement*
to hide (hid, hidden)	*cacher*
to hold a conference	*tenir une conférence*
to hurry	*se dépêcher*
to improve	*améliorer*
included	*y compris, inclus*
to install	*installer*
to intend	*avoir l'intention de*
laundry service	*service de blanchissage*
lemon	*citron*
liquor [ˈlɪkə]	*alcool* (surtout US)
location	*situation*
to make sure that	*s'assurer que*

to make up one's mind	*se décider*
meat [mi:t]	*viande*
to match	*égaler, être assorti à*
meeting	*réunion*
negotiation	*négociation*
negotiable	*négociable*
non alcoholic	*non alcoolisé*
out of season	*hors de saison* (≠ in season)
outstanding	*extraordinaire*
overhead projector	*rétro-projecteur*
package ['pækɪdʒ]	*forfait, formule, ensemble tout compris*
to plan	*organiser*
planner	*organisateur*
to polish	*cirer*
press conference ['kɒnfərens]	*conférence de presse*
private facilities	*salle de bains individuelle* (avec wc)
product launch	*lancement de produit*
profit making	*rentable, à but lucratif*
to quote ['kwəut]	*citer, indiquer un prix*
to refurbish	*rénover, remettre à neuf*
reliable [rɪ'laɪəbl]	*fiable*
to rely on	*compter sur*
sales conference	*réunion de la force de vente*
to schedule ['ʃedju:l, US : 'skedju:l]	*prévoir* (dans le temps)
shortbread	*sablé écossais*
screen [skri:n]	*écran*
sherbet	*sorbet*
slide projector [slaɪd]	*projecteur de diapositives*
soft drinks	*boissons non alcoolisées*
to specialize in	*être spécialisé dans*
speech [spi:tʃ]	*discours*
to solve	*résoudre* (un problème)
table arrangement	*disposition des tables*
to take something for granted	*considérer quelque chose comme acquis*
transportation	*transport, moyens de ...*
to seat [si:t]	*faire asseoir*
suitable [sju:təbl]	*qui convient*
sightseeing	*visites touristiques*
up to date	*moderne*
video cassette recorder (VCR)	*magnétoscope*
wedding	*mariage*
word of mouth	*bouche à oreille*

I - Compléter à l'aide de l'un des mots suivants : *much, many, more, little, few, less, fewer* [1] **:**

1. There will be .... participants, but, on the other hand, ... events are scheduled.
2. .... hotels offer such a wide choise of conference packages. This one is exceptional.
3. ...... time was devoted to polishing the dance floor.
4. We don't have a choice of ...... courses on the menu but all the products are in season.
5. ...... time is left before the arrival of the guest, let's hurry !

II - Placer les phrases suivantes dans un contexte futur à l'aide des éléments donnés entre parenthèses [2] **:**

1. The Leicester (to extend) its conference facilities (to be to).
2. We (refurbish) all the guest rooms (to be going to).
3. The meeting (to be held) on April 1 (to be to).
4. The bride's father (to make) a speech first (to be going to).
5. The new rooms (to include) en suite facilities (to be to).

III - Traduire (revoir dialogue, documents et phrases types) **:**

1. *L'hôtel doit réouvrir ses portes après un an de rénovations.*
2. *Tout dépend de ce que vous souhaitez dépenser en matériel audiovisuel.*
3. *Il y aura moins de délégués que l'année dernière. Nous aurons assez de place pour les réunions.*
4. *Assurez-vous que tout soit compris dans le prix indiqué dans la brochure.*
5. *De nos jours, beaucoup de gens réduisent leur consommation d'alcool.*

---

1. **much** (pour les singuliers), **many** (pour les pluriels) : *beaucoup de* ; **little** (pour les singuliers), **few** (pour les pluriels) : *peu de* ; **more** : *plus de* ; **less** (pour les singuliers), **few** (pour les pluriels) : *moins de*.
2. **to be going to** + infinitif : voir note 1 du dialogue ; **to be to** + infinitif : indique l'idée d'une action prévue à l'avance, qui doit avoir lieu.

I - Compléter à l'aide des mots donnés :

1. more, fewer / fewer, more.
2. few.
3. much.
4. many.
5. little.

II - Mettre les phrases au futur :

1. The Leicester *is to extend* its conference facilities.
2. We *are going to refurbish* all the guest rooms.
3. The meeting *is to be held* on April 1.
4. The bride's father *is going to make* a speech first.
5. The new rooms *are to include* en suite facilities.

III - Traduire :

1. The hotel is to reopen its doors after one year's refurbishment.
2. It all depends on how much you wish to spend on audio-visual equipment.
3. There will be fewer delegates than last year. We'll have enough space for the meetings.
4. Make sure that everything is included in the price quoted in the brochure.
5. Nowadays, many people are cutting back on alcohol.

■ **A recipe : Shortbread finger biscuits** *(recette)*

Making time : about 15 minutes *(temps de préparation).*
Baking time : about 20 minutes *(temps de cuisson au four).*

8oz *(225 g)* soft margarine *(margarine souple).*
2oz *(50 g)* icing sugar *(sucre glace).*
8oz *(225 g)* plain flour *(farine à pâtisserie).*

Heat the oven to 325° F (160° C), gas mark 3. Lightly grease two baking sheets. Put the ingredients in a bowl and rub in the margarine with your fingertips until the mixture resembles fine breadcrumbs. Knead together with your hand until it forms a smooth soft mixture. Place the mixture in a piping bag fitted with a star nozzle and pipe out into 2 to 3-inch (5 to 7.5-cm) lengths. Bake the biscuits in the oven for about 20 minutes until they are tinged a pale golden brown at the edges. Remove them from the oven, leave to harden for a minute and then lift off and leave to cool on a wire rack.

Chauffez le four à 160°. Graissez légèrement deux plaques. Mettez les ingrédients dans un bol et mélangez la margarine avec le bout de vos doigts jusqu'à ce que le mélange ressemble à de fines miettes de pain. Pétrissez avec vos mains jusqu'à obtenir une pâte lisse et souple. Placez le mélange dans une poche à douille étoilée et formez des bâtons de 5 à 7 cm. Cuisez les biscuits au four pendant environ 20 minutes jusqu'à ce qu'ils soient légèrement dorés sur les bords. Retirez-les du four, laissez-les durcir pendant une minute et puis retirez-les de la plaque et laissez-les refroidir sur une grille.

■ **A small ad** - *Une petite annonce*

to require : *avoir besoin de* ; requirements : *besoins* ; to join a team : *devenir membre d'une équipe* ; friendly : *sympathique.*

DOSSIER 9

THE RESTAURANT
LE RESTAURANT

HW. = Head Waiter   **W.** = Waiter   **WW.** = Wine Waiter
       L. = Lady   **G.** = Gentleman

Having lunch at the Red Lion Hotel (GB)

HW. — Good morning, Madam, good morning, Sir, would you like to sit by the window ?

L. — I'd rather not [1], I hate sitting in the sun during a meal, it gives me a headache; how about that table, over there ?

HW. — I'm afraid it's already reserved but you can have the one next to it... Here's the menu, I'll let you have a look at it. The waiter will be with you in a minute to take your order.

W. — Have you made up your minds ? Would you care to order, Sir ?

G. — Yes, as a matter of fact, we'd like to know more about some of the courses. What is, for instance, « Magret de canard au madiran » ?

W. — It's breast of duck in a red wine sauce ; our chef uses duck stock, wine, butter and seasoning for the sauce.

L. — What about « Filets de sole à la ciboulette » ?

W. — It's Dover Sole with a chive sauce.

L. — Both sound very interesting, but I think I'd like to try the duck, I've had [2] Dover Sole before.

G. — All right, we'll both have duck but well cooked, if possible, and avocado to start with. What sort of wine do you recommend ?

W. — Here's the wine list, but I'll call the wine waiter for you.

WW. — Good morning, Madam, good morning, Sir, can I help you choose your wine ?

G. — What do you advise with the duck ? I like Burgundy myself.

WW. — Red is a must, of course, but I would rather recommend claret, a Medoc would suit your duck beautifully.

G. — Let's have [3] a bottle of Medoc, then, and mineral water as well ; plain, please : we don't like sparkling water.

---

1. **sit** est ici sous-entendu.
2. **have** a souvent le sens de *prendre* (repas, boisson, etc.).
3. **let's have :** impératif (**let** + pronom personnel ; s'utilise à la 1re et 3e personne).

9 Le restaurant

A1. DIALOGUE

M. = Maître d'hôtel   **S.** = Serveur   **SL.** = Sommelier
D. = Dame   **M.** = Monsieur

Repas à l'hôtel du Lion Rouge

M. — Bonjour, madame, bonjour, monsieur, voulez-vous vous asseoir près de la fenêtre ?

D. — Je préférerais une autre table, je déteste être assise au soleil pendant un repas, cela me donne mal à la tête ; et celle-là, là-bas ?

M. — Je crois qu'elle est déjà réservée mais vous pouvez avoir celle d'à côté... Voilà le menu, je vous laisse le regarder, le serveur sera là dans une minute pour prendre votre commande.

S. — Avez-vous fait votre choix, souhaitez-vous passer commande, monsieur ?

M. — Eh bien, en fait, nous aimerions en savoir plus sur certains des plats. Par exemple, qu'est-ce que « Magret de canard au madiran » ?

S. — Ce sont des aiguillettes de canard avec une sauce au vin rouge ; notre chef utilise du fond de canard, du vin, du beurre et de l'assaisonnement pour la sauce.

D. — Et « Filets de sole à la ciboulette » ?

S. — C'est une sole de Douvres [1] avec une sauce à la ciboulette.

D. — Les deux ont l'air [2] très intéressants, mais je crois que j'aimerais essayer le canard, j'ai déjà mangé de la sole de Douvres.

M. — D'accord, nous allons prendre deux canards, mais bien cuits, si possible, et des avocats [3] pour commencer. Quelle sorte de vin conseillez-vous ?

S. — Voici la liste des vins mais je vous appelle le sommelier.

SL. — Bonjour, madame, bonjour, monsieur, puis-je vous aider à choisir votre vin ?

M. — Que conseillez-vous avec le canard, moi, j'aime bien le bourgogne.

SL. — Il faut prendre du rouge, bien sûr. Mais je vous recommanderais plutôt un bordeaux, un médoc irait à merveille avec votre canard.

M. — Prenons une bouteille de médoc, alors, et aussi de l'eau minérale ; plate s'il vous plaît ; nous n'aimons pas l'eau gazeuse.

---

1. La sole, en Angleterre, se pêche surtout dans la région de Douvres.
2. **to sound :** *avoir l'air, à l'entendre* ; **to look :** *avoir l'air, à le voir.*
3. **avocado :** collectif, de même qu'on dit **fruit** pour *des fruits.*

H. = Hostess **W.** = Waiter **WM.** = Woman **M.** = Man

Lunch at the Western Sizzlin (US)

H. — Good morning, how are you today ?

WM. — Fine, thank you.

H. — Party [1] of two ?

M. — Two, thank you.

H. — Do you prefer smoking or non-smoking ?

WM. — Oh, non-smoking, please, I'm allergic to cigarette smoke.

H. — If you will follow me, please... How about this table ?

M. — This is great, thank you very much.

H. — Mark will be your waiter and he will be with you in a minute. Here are your menus, enjoy your meal...

W. — Good morning, my name is Mark [2] and I'll be your waiter today. Our special, today, is called « the Stagecoach ». With that, you get a New York strip, your choice of baked potatoes or French fries, and Texas toast.

M. — That sounds good to me. How about you, honey ?

WM. — I'm not very hungry, I think I'll just have the salad bar [3].

W. — All right, and how would you like your steak cooked, Sir ?

M. — Well-done, thank you. Every time I order a medium steak, it ends up being rare.

W. — Do you prefer a baked potato or French fries with your meal ?

M. — Baked potato, please.

W. — Would you like sour cream or butter with it ?

M. — Both, please.

W. — And what would you like to drink ?

M. — Two iced teas [4], please.

W. — Thank you. Madam, you may go to the salad bar whenever you like, the plates are already there, I'll bring your teas right away.

WM. — Thank you.

---

1. **party :** *groupe*.
2. Les Américains sont très décontractés dans leurs rapports sociaux et utilisent facilement les prénoms sans se soucier des rapports hiérarchiques.
3. Buffet de salades très variées qui permet de faire un repas complet ; on y trouve, par exemple, du poisson froid, du fromage et des salades de fruits.
4. Dans ce genre de restaurant, on ne sert pas de boissons alcoolisées, mais du coca, des sodas, du café, etc.

H. = Hôtesse   **S.** = Serveur   **D.** = Dame   **M.** = Monsieur

Déjeuner au Western Sizzlin [1]

H. — Bonjour, comment allez-vous aujourd'hui ?

D. — Très bien, merci.

H. — Vous êtes deux ?

M. — Oui, merci.

H. — Préférez-vous fumeurs ou non-fumeurs [2] ?

D. — Oh, non-fumeurs, s'il vous plaît, je suis allergique à la fumée de cigarettes.

H. — Si vous voulez bien me suivre... Cette table ?

M. — C'est parfait, merci beaucoup.

H. — Mark va vous servir et il sera là dans un instant. Voici vos menus, bon appétit [3].

S. — Bonjour, mon nom est Mark et c'est moi qui vais vous servir aujourd'hui. Notre plat du jour c'est « la Diligence » ; vous avez un steak, une pomme de terre au four ou des frites, au choix, et un toast [4].

M. — Cela me semble bien. Et toi, chérie ?

D. — Je n'ai pas très faim, je crois que je vais juste prendre le buffet de salades.

S. — D'accord, comment voulez-vous votre steak, monsieur ?

M. — Bien cuit, s'il vous plaît, chaque fois que je demande un steak à point, il arrive saignant [5].

S. — Préférez-vous une pomme de terre au four ou des frites avec votre repas ?

M. — Une pomme de terre au four, s'il vous plaît.

S. — Voulez-vous de la crème aigre ou du beurre comme accompagnement ?

M. — Les deux, s'il vous plaît.

S. — Et que voulez-vous boire ?

M. — Deux thés glacés, s'il vous plaît.

S. — Merci. Madame, vous pouvez aller au buffet de salades quand vous voulez, les assiettes y sont déjà. Je vous apporte vos thés immédiatement.

D. — Merci.

---

1. Il s'agit d'une « steak house » où on sert surtout de la viande au grill.
2. Les Américains sont très pointilleux sur la protection des non-fumeurs, et la législation, qui varie selon les États, peut être très répressive pour les fumeurs.
3. Il n'existe pas d'équivalent exact au français *bon appétit !*
4. **Texas toast :** tranche de pain de mie très épaisse, grillée et arrosée de beurre fondu.
5. **to end up :** *se retrouver, finir.*

B1. Definitions

• **Restaurant staff** : the **restaurant manager** is responsible for all the restaurant service and all the people connected with it. The **head waiter** (US : **maître d'**) supervises service, receives guests and seats them. The **station head waiter** (US : **captain**) is in charge of a group of tables. The **waiter** or **waitress** serves the patrons and performs side work. The **assistant waiter** (US : **bus boy**) clears away soiled dishes and replaces used table cloths ; he can assist by replenishing trolleys and buffet tables. The **wine waiter** (US : **wine steward**) orders, receives, stores, issues and serves wines.

• **Different types of service :**

– Gueridon service : food is prepared from a side table or trolley ; it enables the waiter to show such skills as flaming or carving.

– French service : food is prepared on dishes and passed for the customers to help themselves.

– Silver (English) service : food is served by the waiter with spoon and fork from flats, etc.

– Plate service : the most common and the simplest of services ; food is assembled on plates and garnished in the kitchen.

• **Table layout** : silver should be arranged in the order in which it is going to be used, starting from the outside and going towards the plate. Glasses are placed on the right of the plate.

B2. In England, the Loo of the Year Award

The way a restaurant's toilets are kept often shows how the establishment is run. Last year's winner's are simply spotless : In the gents, there are bottles of Perrier, glasses to drink the water from, razors, shaving brushes, shaving cream, aftershave, deodorant, a hair brush, a clothes brush, a jar of pot pourri [1] and piles of freshly laundered towels [2]. The ladies' décor is soft and feminine with patterned wallpaper, chintz « cosies » for the spare rolls of lavatory paper and festooned curtains. Both loos have mahogany lavatory seats.

Adapted from **Caterer & Hotelkeeper**

1. **pot pourri :** *fleurs séchées et odorantes.*
2. Mot à mot : *nouvellement lavées.*

B1. Définitions

• **Le personnel du restaurant** : le *directeur du restaurant* est responsable du service du restaurant et s'occupe de toutes les personnes qui ont un rapport avec celui-ci. Le *maître d'hôtel* surveille le service, reçoit les clients et les place. Le *chef de rang* est responsable d'un groupe de tables. Le *serveur* ou la *serveuse* sert les clients et effectue les tâches annexes. Le *commis* débarrasse la vaisselle utilisée et remplace les nappes souillées ; il peut aussi aider à regarnir les chariots et les buffets. Le *sommelier* commande, reçoit, entrepose, sort et sert les vins.

• **Différents types de service :**
— **Service au guéridon** : les mets sont servis à partir d'une desserte ou d'un chariot ; il permet au serveur de montrer ses talents pour le flambage ou la découpe, par exemple.
— **Service à la française** : les mets sont préparés sur des plats et présentés de façon que les clients se servent.
— **Service à l'anglaise** : les mets sont servis par le serveur avec des couverts à partir de plats.
— **Service à l'assiette** : le plus courant et le plus simple des services ; les mets sont disposés sur des assiettes et garnis dans la cuisine.

• **Disposition de la table :** les couverts doivent être disposés dans l'ordre où ils doivent être utilisés en partant de l'extérieur et en allant vers l'assiette. Les verres sont placés à droite de l'assiette.

B2. En Angleterre, l'oscar des toilettes de l'année

La façon dont les toilettes d'un restaurant sont tenues montre souvent la façon dont l'établissement est géré. Celles du gagnant de l'année dernière sont tout simplement impeccables : Chez les messieurs, il y a des bouteilles de Perrier, des verres pour boire l'eau, des rasoirs, des blaireaux, de la crème à raser, de l'après-rasage, du déodorant, une brosse à cheveux, une brosse à habits, un bocal de *pot pourri*, et des piles de serviettes propres. Chez les dames, la décoration est douce et féminine avec un papier peint à motifs, des « couvre-rouleaux » en chintz pour le papier hygiénique de réserve et des rideaux à festons. Dans les deux cas, il y a des sièges en acajou.

1. *Que conseilleriez-vous pour commencer ?*
2. *Comment aimez-vous votre viande, bien cuite ?*
3. *Qui prend le caneton ?*
4. *Comment dit-on « scallops » en français [1] ?*
5. *Quel genre de légumes servez-vous avec le rosbif ?*
6. *Que prendrez-vous comme dessert, une tarte aux pommes, ou une glace ?*
7. *Voulez-vous le plateau de fromages ou le chariot de desserts ?*
8. *Tous deux sont des fromages de la région, mais celui-ci est fait avec du lait de chèvre, alors que l'autre est fait avec du lait de vache, et se sert plus « fait ».*
9. *Quelle est la différence entre le Stilton et le blue Cheshire ?*
10. *Le Stilton, le plus réputé des fromages anglais, est plus crèmeux que le blue Cheshire.*
11. *Souhaitez-vous goûter le vin, monsieur ?*
12. *Ce délicieux porto millésimé irait bien avec votre fromage.*
13. *Nous nous efforçons de présenter de grands vins tout au long du repas.*
14. *À l'hôtel Cavendish, les clients prennent le café dans le petit salon ou dans le grand salon.*
15. *La réputation de l'hôtel s'est faite grâce aux plats de poissons.*
16. *Mis à part le poisson cru, le menu propose des plats japonais connus et d'autres moins connus.*
17. *L'année dernière, on a constaté une augmentation de 30% dans les prix d'un restaurant moyen du Royaume-Uni.*
18. *La cuisine au barbecue est devenue très populaire auprès du public britannique.*
19. *Aux É-U, les experts s'attendent à ce que les plats italiens à base de pâtes continuent à remporter un franc succès.*
20. *La stratégie de la société a toujours consisté à offrir aux clients un bon rapport qualité-prix, et pas seulement une ambiance particulière.*

---

1. **scallops :** *coquilles Saint-Jacques.*

B3. KEY SENTENCES

1. What would you advise for a starter ?
2. How do you like your meat, well-done ?
3. Who's having the duckling ?
4. What's the French for « scallops » ?
5. What sort of vegetables do you serve with the roast beef ?
6. What would you like for dessert, apple-pie or ice-cream ?
7. Would you like to choose from the cheese board or the dessert trolley ?
8. Both are local cheeses but this one is made of goat milk, while the other is made of cow milk and is served more mature.
9. What's the difference between Stilton and blue Cheshire ?
10. Stilton, the most celebrated of British cheeses, is more creamy than blue Cheshire.
11. Would you care to taste the wine, Sir ?
12. This lovely vintage port would go well with your cheese.
13. We concentrate on selling fine wines throughout the meal.
14. At the Cavendish hotel, guests have coffee in the lounge or in the drawing room.
15. The hotel's reputation has been made on fish dishes.
16. Apart from the raw fish, the menu offers familiar and not so familiar Japanese food.
17. Last year saw a 30% rise in the price of an average restaurant in the UK.
18. Barbecue style cooking has become firmly established with the British public.
19. In the US, experts expect the popularity of Italian food and pasta based dishes to continue.
20. The company's strategy has always been to offer customers good value for money, not just simply a fancy atmosphere.

---

meat : *la viande*

rare : *saignant*   medium : *à point*

well-done : *bien cuit*

---

apple-pie	*tarte (tourte) aux pommes*
assistant waiter *(US : busboy)*	*commis*
avocado	*avocat*
baked	*au four*
to be in charge of	*être responsable de*
to be responsible for	*être responsable de*
bitter	*amer*
breast [brest]	*aiguillettes (de canard), blanc (de poulet)*
buffet (table)	*buffet*
Burgundy	*bourgogne*
to carve	*découper, trancher*
carving table	*table à découper*
cheeseboard	*plateau à fromages*
chef [ʃef]	*chef*
chive [tʃɑɪv]	*ciboulette*
claret	*bordeaux*
course [kɔːs]	*plat (dans le menu)*
dessert [dɪ'zɛːt]	*dessert*
dish	*plat*
to flame [fleɪm]	*flamber*
flat	*plat*
fork	*fourchette*
to garnish	*garnir*
goat cheese	*fromage de chèvre*
head waiter *(US : maître d')*	*maître d'hôtel*
to help oneself	*se servir*
hot	*relevé, piquant*
ice-cream	*glace*
to launder *(US : to wash)*	*blanchir, laver (linge)*
layout	*disposition*
loo *(GB, familier)* [luː]	*toilettes*
mature	*mûr, à point, « fait », affiné (fromage)*
meat [miːt]	*viande*
medium	*à point (viande)*
menu ['menjʊ]	*menu*

Comment dire « les toilettes »

GB		US	
	the loo *(familier)*		the john *(entre hommes)*
	the toilets		the bathroom
	the lavatory		the restroom
	the gents		the men's room
	the ladies		the ladies' room
			the powder room *(femmes)*

B4. VOCABULAIRE

mineral water	*eau minérale*
order	*commande*
to order	*commander*
pasta	*pâtes*
patron ['peɪtrən]	*client*
peppery	*poivré*
plain water	*eau plate*
rare ['reə]	*saignant* (viande)
raw [rɔ:]	*cru*
to replenish	*regarnir*
to run a restaurant	*gérer un restaurant*
salty	*salé* (plat, goût)
scallops	*coquilles Saint-Jacques*
seasoning	*assaisonnement*
shaving brush	*blaireau*
side table	*desserte*
skill	*compétence*
sole	*sole*
sour [sauə]	*acide, aigre ; sur(e)*
sparkling	*pétillant(e), gazeux* (eau gazeuse)

special	*plat du jour*	stock	*fond*
spoon	*cuillère*	to store	*entreposer*
spotless	*impeccable*	to suit [su:t]	*convenir à*
staff	*personnel*	sweet	*sucré, doux, moelleux* (vin)
starter	*hors-d'œuvre*		

station head waiter *(US : captain)*	*chef de rang*

table cloth	*nappe*	waiter	*serveur*
to taste	*goûter*	waitress	*serveuse*
trolley	*chariot*	wallpaper	*papier peint*
vegetable	*légume*	well done	*bien cuit*
vintage	*millésime*	wine list	*liste des vins*

wine waiter, butler *(US : wine steward)*	*sommelier*
winner	*gagnant*

	GB	US
commis	assistant waiter	busboy
maître d'hôtel	head waiter	maître d'
chef de rang	station head waiter	captain
sommelier	wine waiter, butler	wine steward
frites	chips	French fries
débarrasser	to clear off	to bus
note	bill	check

Cutlery, flatware and glassware (voir page 284)
Couverts, vaisselle et verrerie

beer mug	*chope à bière*
bottle cap opener	*décapsuleur*
bread basket	*corbeille à pain*
bread plate	*assiette à pain*
butter dish	*beurrier*
can opener	*ouvre-boîtes*
candlestick	*bougeoir*
cheeseboard	*plateau à fromages*
china ['tʃaɪnə]	*porcelaine*
cocktail shaker	*timbale double*
coffee pot	*cafetière*
cognac snifter	*verre à cognac*
cordial glass ['kɔːdɪəl]	*verre à digestif*
corkscrew	*tire-bouchon*
crockery	*faïence*
cream jug	*pot à lait*
crumb scoop [krʌm 'skuːp]	*ramasse-miettes*
cup	*tasse*
decanter	*carafe*
dessert [dɪ'zɜːt] plate	*assiette à dessert*
dessert spoon	*cuillère à dessert*
dish warmer	*chauffe-plats*
dumbwaiter ['dʌm'weɪtə]	*console, monte-plats*
egg cup	*coquetier*
fish knife ['naɪf]	*couteau à poisson*
fish fork	*fourchette à poisson*
fruit bowl	*coupe à fruits*
ice bucket	*seau à glace*
knife rest	*porte-couteaux*
knife scharpener	*affûte-lame*
ladle ['leɪd]	*louche*
lemon squeezer	*presse-citrons*
lobster pick	*fourchette à homard*
marrow scoop, marrow spoon	*cuillère à moelle*
measuring cup	*mesure*

Couverts, vaisselle et verrerie (suite)

meat plate	*assiette plate*
nut cracker	*casse-noisettes*
oyster fork ['ɔɪstə 'fɔːk]	*fourchette à huîtres*
pepper mill	*moulin à poivre*
pie dish	*plat à tarte*
punch cup	*coupe à punch*
salad bowl	*saladier*
salt cellar	*salière*
sauce boat	*saucière*
saucer	*soucoupe*
sideboard ['saɪd bɔːd]	*buffet*
silver	*argenterie*
soup plate	*assiette à potage*
soup spoon	*cuillère à potage*
soup tureen [təˈriːn]	*soupière*
sugar bowl	*sucrier*
sugar tong	*pince à sucre*
stemmed glass	*verre à pied*
straw [strɔː]	*paille*
table mat	*dessous d'assiette*
table cloth [klɒθ]	*nappe*
tall glass	*flûte à champagne*
tea ball	*boule à thé*
tea caddy	*boîte à thé*
tea cosy	*couvre-théière*
tea pot	*théière*
tea spoon	*cuillère à thé*
tea strainer	*passe-thé*
toast rack	*porte-toast*
tooth pick	*cure-dents*
tumbler	*verre sans pied*
wine glass	*verre à vin*

I - Imaginer les questions correspondant aux réponses suivantes (revoir les dialogues et utiliser l'expression *I'd rather* à la forme qui convient ainsi que les éléments donnés entre parenthèses) :

1. I'd rather have it medium rare (steak, rare, medium rare).
2. We'd rather choose from the dessert trolley (cheeseboard, dessert trolley).
3. We'd rather sit away from it (by the window, away from it).
4. I'd rather not decide on the wine myself (choose yourself, ask the wine waiter's advice).
5. We'd rather wait for the children (order now, wait for the children).

II - Remplacer le passage en italique par un impératif (voir note 3 du dialogue A1) :

1. *He wants to do* the ordering.
2. *We want to try* duck in wine sauce.
3. *She wants to ask* the wine waiter for advice.
4. *They want to have* a look at the wine list first.
5. *We want to order* now.

III - Traduire (revoir dialogues et phrases types) :

1. *Je n'aime pas le porto ; et si nous prenions un verre de sherry ?*
2. *Cette table est pour quatre personnes, mais vous pouvez avoir la petite à côté.*
3. *Souhaitez-vous passer commande ou dois-je revenir plus tard ?*
4. *Puis-je vous aider à choisir votre fromage ? Le plateau est fait pour que les clients se servent eux-mêmes.*
5. *Les deux côtés du restaurant sont déjà réservés.*

9 Le restaurant
C. CORRIGÉ

I - Imaginer les questions correspondant aux réponses :

1. Would you rather have your steak rare or medium rare ?
2. Would you rather choose from the cheeseboard or the dessert trolley ?
3. Would you rather sit by the window or away from it ?
4. Would you rather choose the wine yourself or ask the wine waiter's advice ?
5. Would you rather order now or wait for the children ?

II - Remplacer le passage en italique par un impératif :

1. Let him do the ordering !
2. Let us try duck in wine sauce !
3. Let her ask the wine waiter for advice !
4. Let them have a look at the wine list first !
5. Let us order now !

III - Traduire :

1. I don't like port, what about having a glass of sherry ?
2. This table is for four people, but you can have the small one [1], next to it.
3. Would you care to order now or shall I come back later ?
4. Can I help you choose your cheese ? The cheeseboard is designed for the customers to help [2] themselves.
5. Both sides of the restaurant are already reserved.

tastes - *goûts*			
bitter	*amer*	salty	*salé*
hot	*piquant, relevé*	sour	*aigre, acide*
peppery	*poivré*	sweet	*sucré*

---

1. **one** sert de support à l'adjectif lorsqu'on ne veut pas répéter le nom.
2. Notez la proposition infinitive : **for ... to ...**

An advertisement for a vegetarian restaurant in the US
Publicité pour un restaurant végétarien aux États-Unis

MUD PIE - vegetarian restaurant
—— est. [1] 1972 ——
Not for vegetarians only !
Come enjoy eating your way around
the world with our 8 page menu.
Wine and Beer.

872-9435

2549 Lyndale Ave. So.
5 minutes from downtown Mpls [2]

Some of the items on the menu of a top class New York restaurant

Soups   Cream of chicken with sweet corn
          Chili bean   Mussel and saffron
Appetizers   Fresh asparagus spears
     Mousse of smoked trout   Cooked marinated shrimp
Entrées   Sauteed filet of sole   Charbroiled strip steak
          Baked chicken with lemon and honey sauce
Salad   Potato salad
          Green bean salad   Fresh fruit salad
Desserts   Strawberry shortcake
     New York style cheesecake   Baked Alaska

Quelques extraits du menu d'un restaurant de haut de gamme de New York

Potages   *Crème de poulet au maïs*
          Haricots et piment   Moules et safran
Hors-d'œuvre   *Pointes d'asperges fraîches*
     Mousse de truite fumée   Crevettes marinées cuites
Plats principaux   *Filet de sole sauté*
Steak cuit au charbon de bois   Poulet rôti sauce citron et miel
Salades   *Salade de pommes de terre*
     Salade de haricots verts   Salade de fruits frais
Desserts   *Gâteau à la fraise*
Gâteau au fromage blanc de New York   Omelette norvégienne

---

1. **est.** : **established** : *installé.*   2. **Mpls** : Minneapolis.

DOSSIER 10

DRINKS, BARS AND PUBS
BOISSONS, BARS ET PUBS

10 Drinks, bars and pubs

A. DIALOGUES

A1. A pint at the Anchor (GB)

J. = John   **P.** = Peter   **PB.** = Publican

J. — Let's go into the Anchor, it's one of the most famous of London's riverside pubs [1]...

P. — Those beams do [2] look old ! And I like the beer pumps.

J. — Actually, the present building is 18th century, it was rebuilt after the 1666 fire [3].

PB. — Yes, please ?

J. — A pint of bitter and a pint of lager and can we have something to eat as well ?

PB. — If you want to eat a proper meal, you'll have to [4] go to the restaurant upstairs, we only serve snacks at the bar.

J. — What do you think of a good old ploughman's lunch, Peter ?

P. — That will suit me fine.

A2. A drink at the bar of a New Orleans hotel (US)

B. = Bartender   **S.** = Sam   **D.** = Dave

B. — Good evening, Gentlemen, what will you have ?

S. — I want straight bourbon with two ice cubes.

D. — I'd rather have a cocktail myself, what do you suggest ?

B. — Why not try a drink that has been a favourite with Southerners for years, Mint Julep ?

D. — That's a terrific idea, how do you mix it ?

B. — First, I crush fresh mint in sparkling water, then I pack the glass with cracked ice and add bourbon.

D. — OK, we'll have one bourbon and one Mint Julep.

B. — Here you are, Gentlemen, do you want to pay now or shall I charge it to your account ?

D. — Please do that, room 402. Cheers, Sam !

---

1. Le **pub (public house)** est le seul endroit en dehors des restaurants et bars des hôtels où on puisse boire de l'alcool. On y boit tranquillement de la *bière à la pression* (**draught beer**). Les *habitués* (**regulars**) y jouent aux *fléchettes* (**darts**) ou au *billard* (**snooker**).

2. Forme d'insistance : l'auxiliaire à la forme affirmative permet de renforcer l'affirmation. Voir p. 62, note 3.

3. Ce célèbre incendie détruisit une grande partie de Londres.

4. **have to** indique l'idée de nécessité à tous les temps.

A1. Un verre de bière à l'Ancre

J. = John   **P.** = Peter   **T.** = Tenancier

J. — Allons à l'Ancre, c'est l'un des pubs au bord de la Tamise les plus connus de Londres...
P. — Ces poutres ont l'air vraiment vieilles ! Et j'aime bien les colonnes à bière.
J. — En fait, le bâtiment actuel est du 18e siècle. Il a été reconstruit après l'incendie de 1666.
T. — Vous désirez ?
J. — Une pinte de rousse et une de blonde. Pouvons-nous aussi avoir quelque chose à manger ?
T. — Si vous voulez un vrai repas, il va falloir que vous alliez au restaurant du premier étage. Au bar nous ne servons que des plats rapides.
J. — Que penses-tu d'un bon vieux casse-croûte [1], Peter ?
P. — Cela m'ira parfaitement.

A2. Un verre au bar d'un hôtel de La Nouvelle-Orléans

B. = Barman   **S.** = Sam   **D.** = Dave

B. — Bonjour, messieurs, que voulez-vous boire ?
S. — Je vais prendre un bourbon [2] sec avec deux glaçons.
D. — Je préférerais un cocktail, que proposez-vous ?
B. — Pourquoi n'essaieriez-vous pas un des cocktails préférés des gens du Sud depuis des années, le Mint Julep [3] ?
D. — C'est une idée fantastique. Comment le faites-vous ?
B. — D'abord, j'écrase la menthe fraîche dans de l'eau gazeuse, puis je remplis le verre de glace pilée et j'ajoute du bourbon.
D. — D'accord, nous prendrons un bourbon et un Mint Julep.
B. — Voilà, messieurs, voulez-vous payer maintenant ou dois-je le mettre sur votre compte ?
D. — C'est cela, chambre 402. À ta santé, Sam !

---

1. Mot à mot : *repas du laboureur* ; repas rapide traditionnel composé de salade, fromage, pain, *légumes au vinaigre* (**pickles**).
2. Whisky américain brassé à partir de *maïs* (**corn**). Les whiskys écossais et irlandais sont *brassés* (**brewed**) à partir d'*orge* (**barley**) et sont soit *pur malt* (**single malt**) soit des *mélanges* (**blend**) d'alcools pur malt et d'alcools d'autres grains. Dans le Tennessee, on brasse le **whiskey** à partir de seigle (**rye whiskey**).
3. Les planteurs le buvaient, le soir, sur la terrasse de leur maison à colonnes.

Drinks, bars and pubs

B1. DEFINITIONS

• **Wines** : they should be stored in a below ground level cellar ; if not, a well insulated room will suffice provided the temperature remains reasonably constant.

The best temperature range for dispensing white wine is between 40° F and 50° F (5° C-10° C). Light reds such as Beaujolais benefit from being slightly chilled (10° C-12° C). Medium bodied reds can be served straight from the bottle. Bigger reds all need to breathe and should be poured with the maximum bubbling into a decanter. Experts like red wine between 15° C and 18° C, but customers prefer the prevailing room temperature.

• **Vintage** : the age or year of a particular wine, usually implying one of good or outstanding quality. Used to mean the crop of a vineyard or district in a single season.

• **Wine tasting** : consists of assessing the quality of a wine and determining its origin and age. An expert wine taster first looks at a wine, considering its colour and clarity, then smells it, considering its fragrance and bouquet, and finally tastes it.

• **Wine merchant** : a middleman who buys wine from wine growers and sells it to private customers and restaurants.

• **Beer** : in Britain, 82% of the beer drunk is consumed on license (in a pub or bar licensed to sell alcoholic drinks) and is sold bottled or on draught.

The four types of beer are **lager**, pale, often bottled and imported, **ale**, pale and brewed locally, **bitter** and **stout**. Britain's six big national brewers (Allied, Bass, Courage, Whitbread, Scottish and Newcastle, Grand Metropolitan) control 75% of public houses.

• **Licensing laws** : in **Great Britain**, alcoholic drinks can only be drunk in establishments « licensed for the sale of alcoholic liquors ». In 1987, a new law was passed allowing pubs and hotel bars to stay open from 11 a.m. to 11 p.m.

In **the US**, the laws concerning alcoholic beverages often differ from state to state. There is a minimum drinking age in all states which ranges from 18 years old to 21 years old. Any bar or restaurant selling or serving alcoholic beverages must be licensed to do so.

B1. DÉFINITIONS

• **Vins :** ils doivent être entreposés dans une cave en sous-sol ; sinon, une pièce bien isolée suffira à condition que la température reste raisonnablement constante.

La meilleure gamme de températures pour servir le vin blanc se situe entre 5° et 10°. Les vins rouges légers tels que le beaujolais ont intérêt à être servis légèrement rafraîchis (10°-12°). Les vins rouges sans trop de corps peuvent être servis directement de la bouteille. Les grands vins rouges [1] ont tous besoin de s'aérer et doivent être servis avec le maximum de bouillonnement dans une carafe. Les experts aiment le vin rouge entre 15° et 18°, mais les clients préfèrent la température ambiante.

• **Millésime :** l'âge ou l'année d'un vin particulier, sous-entendant en général un vin de bonne ou d'excellente qualité. Autrefois, ce terme désignait la récolte d'un vignoble ou d'une région pendant une seule saison.

• **Dégustation de vins :** consiste à évaluer la qualité d'un vin et à déterminer son origine et son âge. Un dégustateur expert regarde d'abord un vin, en étudiant sa robe et sa limpidité, puis il le sent, en étudiant son parfum et son bouquet, et, finalement, il le goûte.

• **Négociant en vins :** intermédiaire qui achète des vins à des vignerons et les vend à des particuliers et à des restaurants.

• **Bière :** en Grande-Bretagne, 82% de la bière bue est consommée dans des établissements autorisés à vendre des boissons alcoolisées et est vendue en bouteille ou à la pression. Les quatre sortes de bières sont *la blonde*, souvent en bouteille et importée, *la blonde de fabrication locale*, *la rousse* et *la brune*. Les six grands brasseurs britanniques (Allied, Bass, Courage, Whitbread, Scottish and Newcastle, Grand Metropolitan) contrôlent 75% des pubs.

• **Lois sur la consommation d'alcool :** en *Grande-Bretagne*, les boissons alcoolisées ne peuvent être bues que dans des établissements « autorisés à vendre des boissons alcoolisées ». En 1987, une nouvelle loi a été votée autorisant les pubs et les bars d'hôtels à rester ouverts de 11 heures à 23 heures.

Aux *États-Unis*, les lois concernant les boissons alcoolisées varient souvent d'État à État. Il y a un âge minimal pour boire de l'alcool dans tous les États et celui-ci varie de 18 ans à 21 ans. Tout bar ou restaurant vendant ou servant de l'alcool doit y être autorisé.

---

1. Il s'agit uniquement là des vins rouges assez jeunes.

1. *La première tournée est pour moi !*

2. *Cul sec !*

3. *Qu'avez-vous envie de boire ?*

4. *C'est la maison qui régale.*

5. *Voulez-vous davantage de glace dans votre boisson ?*

6. *Voulez-vous votre whisky avec de l'eau gazeuse ou de l'eau plate ?*

7. *J'ai une façon personnelle de faire ce cocktail.*

8. *Nous ne vendons que de la bière à la pression.*

9. *Montrez-moi l'étiquette ! Ah ! un bordeaux célèbre, pour ma part, je préfère le bordeaux au bourgogne.*

10. *Voulez-vous garder le même vin pendant tout le repas ?*

11. *Je n'ai jamais entendu parler d'un bon rosé sec, et vous ?*

12. *Conseilleriez-vous du vin rouge avec du poisson ?*

13. *Ce vin ira très bien avec le gibier.*

14. *Je soupçonne ce vin d'être légèrement bouchonné.*

15. *Les vins doux sont de nouveau à la mode.*

16. *Quelle différence faites-vous entre un sauternes et un montbazillac ?*

17. *Autrefois on considérait le sauternes comme un vin de dessert. Maintenant, on le propose souvent avec du foie gras.*

18. *Pendant longtemps, on a plutôt recherché des vins secs comme le chablis.*

19. *Avec des marges bénéficiaires limitées, peu de vignerons peuvent se permettre de produire du vin de qualité dans cette région.*

20. *Cette marque de bière est servie fraîche dans sa bouteille avec un morceau de citron vert enfoncé dans le goulot.*

Boissons, bars et pubs

B2. KEY SENTENCES

1. The first round's on me !
2. Bottoms up !
3. What do you feel like drinking ?
4. This is on the house.
5. Do you want some more ice in your drink ?
6. Would you like your whisky with soda water or plain water ?
7. I have a personal way of mixing this cocktail.
8. We only sell beer on draught.
9. Let me have a look at the label ! Ah ! A well-known claret ; personally I prefer claret to Burgundy.
10. Do you prefer to stick to the same wine throughout the meal ?
11. I've never heard of good dry rosé, have you ?
12. Would you recommend red wine with fish ?
13. This wine will do nicely with the venison.
14. I suspect that this wine is slightly corked.
15. Sweet wines are back in fashion.
16. What's the difference between a Sauternes and a Montbazillac ?
17. Sauternes used to be considered as a dessert wine. Nowadays, it is often offered with foie gras.
18. For a long time the demand was for dryer wines like Chablis.
19. With limited profit margins, few growers can afford to produce a quality wine in this district.
20. This brand of beer is served chilled in the bottle with a chunk of lime jammed in the neck.

Noms de vins

En anglais, les noms de vins comportent une *majuscule* (**capital**) s'il s'agit d'une région (ex. **Beaujolais**) et une *minuscule* (**small print**) s'il s'agit d'un nom générique (ex. **claret**).

135

to assess [ə'ses]	évaluer
alcoholic [ækə'hɒlic] drink	boisson alcoolisée
barley	orge
beam [bi:m]	poutre
beer [bɪə]	bière
beer pump	colonne à bière
to benefit from	avoir intérêt à, profiter de
bitter	bière rousse
to bottle	mettre en bouteille
bottom	cul (de bouteille)
bouquet	bouquet
bourbon ['bə:bən]	bourbon
to breathe [bri:ð]	respirer, s'aérer (vin)
brand	marque
to brew [bru:]	brasser
brewer	brasseur
bubble	bulle
Burgundy	bourgogne (vin)
cellar	cave
cheers ! [tʃɪəz]	à votre santé !
to chill	rafraîchir
chunk	morceau
claret	bordeaux (vin)
cocktail ['kɒkteɪl]	cocktail
to consume [kən'sju:m]	consommer
cork [kɔ:k]	bouchon
corked	bouchonné
corn	blé (GB), maïs (US)
crop	récolte
darts [dɑ:ts]	fléchettes
to decant	décanter
decanter	carafe
to dispense	servir
draught [drɑ:ft]	à la pression
dry	sec
fashion	mode
fragrance	parfum
full bodied	qui a du corps, charpenté
ice	glace
cracked ice	glace pilée
ice cube	glaçon
insulated	isolé
to jam	enfoncer
label [leɪbl]	étiquette
lager ['lɑːɡə]	bière blonde
law [lɔ:]	loi

to license	*autoriser*
licensed to sell alcoholic beverages	*autorisé à vendre des boissons alcoolisées* (cf. licence IV)
lime [laɪm]	*citron vert*
liquor ['lɪkə]	*boisson alcoolisée*
maize [meɪz] *(US : corn)*	*maïs*
malt [mɔ:]	*malt*
medium bodied	*qui a un certain corps*
mint	*menthe*
middleman	*intermédiaire*
to mix	*mélanger, faire* (un cocktail)
on license	*lieu où on peut consommer de l'alcool*
off licence	*lieu où on peut acheter de l'alcool*
on request	*à la demande*
pint [paɪnt]	*pinte* (0,57 l)
plain water	*eau plate*
to pour	*verser*
prevailing	*prédominant*
profit margin	*marge bénéficiaire*
publican	*gérant de pub, patron, cafetier*
range	*gamme*
to recommend	*recommander*
regular	*habitué*
round	*tournée*
rye [raɪ]	*seigle*
to sell	*vendre*
single malt	*pur malt*
snooker	*billard anglais*
soda water	*eau gazeuse*
Southerner ['sʌðənə]	*habitant du Sud*
sparkling water	*eau gazeuse*
to store	*entreposer*
stout	*bière brune*
straight	*sec* (sans mélange)
sweet wine	*vin doux*
to taste [teɪst]	*goûter, déguster*
vine [vaɪn]	*vigne*
vineyard ['vɪnjəd]	*vignoble*
vintage ['vɪntɪdʒ]	*millésime, cru*
wine [waɪn]	*vin*
wine grower	*vigneron*
wine list	*carte des vins*
wine merchant	*négociant en vins*

I - Dans les phrases suivantes, remplacer la partie en italique par une forme d'insistance (voir note 2 du dialogue) :

1. I *appreciate* chilled white wine *very much*.
2. I *am certain I asked* for a rare steak.
3. This duck *certainly looks* good.
4. We *absolutely recommend* these wine merchants.
5. Decanting *undoubtedly improves* the quality of full bodied reds.

II - Remplacer l'expression *to be necessary to* par *have to* (voir note 4 du dialogue) :

1. One of the guests said the wine was corked, was it necessary for me to bring another bottle ?
2. Is it necessary to decant the wine before we serve it ?
3. It will be necessary for the wine butler to offer a good selection of wines.
4. It will be necessary for the bottle to be opened straight away.
5. It is necessary for the bartender to mix cocktails on request.

III - Traduire (revoir dialogues, documents et phrases types) :

1. *Un bourgogne avec la viande vous conviendra-t-il ?*
2. *Ce vin est l'un des plus célèbres du pays.*
3. *Je prendrai un pur malt sec.*
4. *Je ne peux pas me permettre d'acheter un vin de si grande qualité.*
5. *Il n'est pas nécessaire d'entreposer les vins dans une cave, à condition que la pièce soit bien isolée.*

I - Remplacer la partie en italique par une forme d'insistance :

1. I do appreciate chilled white wine.
2. I did ask for a rare steak.
3. This duck does look good.
4. We do recommend these wine merchants.
5. Decanting does improve the quality of full bodied reds.

II - Remplacer *to be necessary to* par *have to* :

1. One of the guests said the wine was corked, did I have to bring another bottle ?
2. Do we have to decant the wine before we serve it ?
3. The wine butler will have to serve a good selection of wines.
4. The bottle will have to be served straight away.
5. The bartender has to mix cocktails on request.

III - Traduire :

1. Will a Burgundy with the meat suit you ?
2. This wine is one of the most famous in the country.
3. I'll have a straight pure malt.
4. I can't afford a wine of such a high quality.
5. Wines do not have to be stored in a cellar, provided the room is well-insulated.

■ COCKTAILS

A British favourite : Bloody Mary [1]
2 jiggers [2] tomato juice, dash [3] Worcestershire sauce
1 jigger vodka - 1/3 jigger lemon juice
Salt and pepper to taste, shake with cracked ice and strain into
6-oz [4] glass. / *Sel et poivre à volonté, secouer avec de la glace
pilée et verser dans un verre de 18 cl.*

An American favourite : Whisky sour [5]
1 jigger bourbon or rye whisky
1/2 jigger fresh lemon juice - 1 tspn [6] sugar
Shake with cracked ice, strain into glass, add orange slice on
rim of glass and cherry. / *Secouer avec de la glace pilée, verser
dans un verre, ajouter une tranche d'orange sur le bord du
verre et une cerise.*

An anecdote about Californian wines
(heard from an old lady in St Helena, Napa Valley)

« Wanna know the secret of choosing Californian wine ? I'll tell
ya... A priest told me. He used to make the communion stuff, know
more about wine than any of these new guys... What this priest
said was, go for the odd years, you can't go wrong... Remember,
son, odd years. »

Actually, priests planted vineyards in the area in the early 19th
century. They preserved vineyards there during the Prohibition [7],
as they needed wine for their sacraments.

« *Tu veux connaître le secret pour bien choisir les vins califor-
niens ? Je vais te le dire... c'est un prêtre qui me l'a dit. Il fabri-
quait ce qu'il fallait pour la communion autrefois, il en savait
plus sur le vin que n'importe lequel de ces nouveaux types... Voilà
ce que ce prêtre a dit : prends les années impaires, tu ne peux
pas te tromper... Souviens-toi, mon gars, les années impaires.* »

*En effet, des prêtres ont planté des vignobles dans la région au
début du 19ᵉ siècle. Ils ont protégé les vignobles de la région
pendant la prohibition, car ils avaient besoin de vin pour leurs
sacrements.*

---

1. « *Marie la sanglante* », surnom de la reine Marie Tudor.
2. **jigger :** mesure d'étain, environ 4,5 cl.
3. **dash :** *trait.*   4. **oz :** ounce = environ 3cl.
5. **sour** [saur] : *sur, aigre.*   6. **tspn : teaspoon :** *cuillère à thé.*
7. **prohibition :** période où la consommation d'alcool était régle-
mentée aux E.U. (1919-1933).

DOSSIER 11

NEW TRENDS IN EATING HABITS AND CATERING
HABITUDES ALIMENTAIRES ET RESTAURATION, NOUVELLES TENDANCES

A • **DIALOGUE** / *DIALOGUE*

B • **RECORDS** / *DOCUMENTS* :

C • **EXERCISES** / *EXERCICES ET CORRIGÉ*

D • **FINAL TIPS**

J. = Journalist   **P.** = Greg Pulsen

Interviewing a specialist (US)

Greg Pulsen is the chief executive of a hospitality research center at a well-known American university.

J. — Mr Pulsen, how can you account for the evolution of catering since World War II ?

P. — Before World War II, eating out was oriented towards the well-to-do and dominated by hotels and fine restaurants. Since then, the trend has been for more people to eat away from home [1] because they work too far from their homes and also because they have better incomes. So, now, eating out is no longer reserved for a limited few.

J. — This new trend, then, is responsible for the creation of fast food restaurants ?

P. — Yes, customers nowadays are much more budget-conscious than they used to be [2] and, as a consequence, a new type of establishment has evolved for people who want to eat quickly and cheaply. These new establishments include hamburger restaurants, pizza parlors, pancake houses and ethnic restaurants, as well as cafés, snack-bars and cafeterias.

The 80's saw the emergence of the so-called « theme restaurant » which specializes in a certain type of food.

J. — Don't you think that such restaurant concepts have limited life spans ?

P. — I do, and companies like McDonald's are successful because they are always redefining their product mix, to avoid the customer [3] getting tired of the same food.

J. — Does the fact that an increasing number of women have careers influence our eating habits ?

P. — It does in some ways ; for example, the demand for [4] convenience food is higher, whether frozen or [5] vacuum-packed from the supermarket, or fresh and taken out from a variety of outlets. Home delivery and take-aways are increasingly popular with [4] modern households.

---

1. Notez la construction infinitive : **for ... to ...**
2. **used to** + infinitif : indique une situation passée.
3. **to avoid** + complément + **-ing** : *empêcher que*.
4. Noter l'emploi des différentes prépositions.
5. **whether ... or ...** : indique une alternative.

J. = Journaliste   **P.** = Greg Pulsen

Entretien avec un spécialiste (US)

Greg Pulsen est responsable d'un centre de recherches sur les métiers de l'hôtellerie dans une université américaine connue.

J. — Monsieur Pulsen, comment expliquez-vous l'évolution de la restauration depuis la Deuxième Guerre mondiale ?

P. — Avant la Deuxième Guerre mondiale, les repas au restaurant étaient faits pour les riches et étaient le domaine des hôtels et des grands restaurants. Depuis, de plus en plus de gens ont tendance à manger hors de chez eux parce qu'ils travaillent trop loin de chez eux et aussi parce qu'ils ont de meilleurs revenus. De ce fait, manger au restaurant n'est plus réservé à quelques privilégiés.

J. — Donc, pour vous, cette nouvelle tendance serait responsable de la création des unités de restauration rapide ?

P. — Oui, les clients sont maintenant bien plus préoccupés de leur budget qu'autrefois et, en conséquence, un nouveau type d'établissement est apparu pour les gens qui veulent manger vite et à faible coût. Ces nouveaux établissement comprennent les « fast food », les pizzerias, les crêperies et les restaurants typiques de même que les cafés, les snack-bars et les cafétérias.

Dans les années 80 sont nés ce qu'on appelle les « restaurants à thème », qui se spécialisent dans un type de nourriture.

J. — Ne pensez-vous pas que de tels concepts de restauration ont une durée de vie limitée ?

P. — Oui. Des sociétés comme McDonald's réussissent parce qu'elles repensent sans cesse leurs gammes de produits, pour éviter que le consommateur ne se lasse de la même nourriture.

J. — Le fait qu'un plus grand nombre de femmes travaillent a-t-il une influence sur nos habitudes alimentaires ?

P. — Oui, dans une certaine mesure ; par exemple la demande en aliments prêts à l'emploi est plus élevée, qu'ils soient achetés surgelés ou sous vide au supermarché ou frais dans de multiples points de vente. La livraison à domicile et la vente à emporter sont aussi de plus en plus appréciées des foyers modernes.

New trends in eating habits

B. RECORDS

B1. Franchising in the food industry

Franchising dit not originate in the food service business but has been a major factor in it since the late 1950s.

The basic franchise formula uses the principles of mass merchandising : low prices, high volume and tight controls. Franchise companies usually specialise in one particular type of food : hamburgers are still the most widely franchised item.

B2. Eating habits in Great-Britain

Recent polls show that most British people are trying to eat a better diet, the revolution being stronger in middle class than working class households.

They have cut down on fatty foods : grilling, steaming and poaching have become much more popular than frying. The consumption of skimmed milk and low fat margarines is up. They eat more fruit and vegetables and the popularity of red meat has declined. Surveys also reveal that people feel more guilty about eating certain types of food and have lost confidence in the quality of the food they buy.

B3. In the US, desserts are the new craze

In US restaurants, twice as many customers order desserts as ten years ago.

Since desserts are based on inexpensive ingredients and can be prepared in advance, they offer a higher profit p ːentage. To increase sales, restaurateurs have put the emphasis on decoration and display, placing their desserts on a rolling cart or table near the entrance. American favorites are cheesecake, apple pies, fruit tarts and chocolate everything. Take-away food places and bakeries are also benefiting from this new craze.

B1. Le système de franchise dans l'industrie alimentaire

Le système de franchise n'est pas né dans les services de restauration mais il en est devenu une composante essentielle depuis la fin des années 50.

La formule de franchise de base utilise les principes de la vente en grande quantité : des prix faibles, un volume important, des contrôles stricts.

Les sociétés de franchise se spécialisent en général dans un type particulier de nourriture. Les hamburgers sont encore l'article le plus souvent franchisé.

B2. Les habitudes alimentaires en Grande-Bretagne

Des sondages récents montrent que la plupart des Britanniques essaient d'avoir un meilleur régime, cette révolution étant plus importante dans les foyers bourgeois que dans les foyers ouvriers. Ils ont réduit leur consommation d'aliments gras : la cuisson au grill, à la vapeur et le pochage sont bien plus utilisés maintenant que la friture. La consommation de lait écrémé et de margarines à faible teneur en matière grasse augmente. Ils mangent davantage de fruits et de légumes et la viande rouge est moins appréciée. Les études montrent également que les gens se sentent plus coupables de manger certains types de nourriture et ont perdu confiance dans la qualité de la nourriture qu'ils achètent.

B3. Aux États-Unis, la nouvelle mode des desserts

Dans les restaurants américains, deux fois plus de clients commandent des desserts qu'il y a dix ans. Étant donné que les desserts sont faits à partir d'ingrédients peu chers et peuvent être préparés à l'avance, ils offrent une marge bénéficiaire plus élevée. Pour augmenter les ventes, les restaurateurs mettent l'accent sur la décoration et la présentation, plaçant leurs desserts sur un chariot ou une table près de l'entrée. Les desserts préférés des Américains sont le gâteau au fromage, les tourtes aux pommes, les tartes aux fruits et tout ce qui contient du chocolat. Les boutiques de vente à emporter et les boulangeries profitent également de cette nouvelle mode.

New trends in eating habits

B4. PHRASES TYPES

1. *Le bœuf revient à la mode.*
2. *En Amérique, on en revient aux aliments régionaux et cuisinés à la maison.*
3. *Chaque fois que vous pouvez utiliser le mot « frais » dans vos menus, utilisez-le !*
4. *La consommation de crevettes a presque doublé dans les dix dernières années.*
5. *L'habitude semble être l'élément déterminant dans le choix de ce que les Américains sont susceptibles de commander au restaurant.*
6. *Un adulte sur deux s'intéresse beaucoup aux salades.*
7. *Beaucoup de consommateurs ont réduit leur consommation de sel et de sucre.*
8. *Pour la consommation de fruits et de légumes, les hommes semblent être en retard par rapport aux femmes.*
9. *3% des Britanniques sont complètement végétariens.*
10. *Aux États-Unis, plus de 30% des dépenses de nourriture sont consacrées aux repas au restaurant.*
11. *En Asie, l'explosion des unités de restauration rapide a eu pour conséquence l'augmentation du nombre des enfants ayant un excès de poids.*
12. *Les « espaces restaurants » deviennent une composante ordinaire des nouveaux centres commerciaux britanniques.*
13. *Beaucoup d'unités de restauration rapide utilisent de la vaisselle jetable.*
14. *La concurrence est féroce en ce qui concerne les aires de service des autoroutes.*
15. *Les restaurateurs investissent des millions de livres pour construire de nouvelles unités ou améliorer celles qui existent le long des grands axes routiers.*
16. *Un tiers des ouvertures réalisées par McDonald's sont maintenant des unités de restauration au volant situées hors des villes.*
17. *Environ 80% des Britanniques ont utilisé la vente à emporter l'année dernière, 20% au moins une fois par semaine.*
18. *Dans les boutiques « fish and chip » en Grande-Bretagne, le consommateur achète au comptoir un morceau de poisson frit et des frites.*

1. Beef is coming back into fashion.
2. In America there is a return to regional and home cooked food.
3. Whenever you can use the word « fresh » in your menus, use it !
4. The consumption of shrimp has nearly doubled in the past ten years.
5. Familiarity seems to be the key to what Americans are likely to order in restaurants.
6. One out of two adults expresses a strong interest in salad.
7. A lot of consumers have cut down on salt and sugar.
8. As far as fruit and vegetable consumption is concerned, men seem to be lagging well behind women.
9. 3% of the British are fully vegetarians.
10. In the US, more than 30% of food expenses are devoted to eating out.
11. In Asia, the explosion of fast food outlets has been followed by a rise in the number of overweight children.
12. Food courts are becoming a regular feature of Britain's new shopping developments.
13. Many fast food outlets rely on disposable tableware.
14. Competition for motorway service areas is fierce.
15. Caterers are investing millions of pounds to build new outlets or upgrade existing ones along major roads.
16. A third of all openings by McDonald's are now drive-thrus, with out-of-town locations.
17. About 80% of British people used take-aways last year, with 20% using them at least once a week.
18. In British fish and chip shops, the customer buys a piece of fried fish and chips over the counter.

Passé	Présent
formely - *autrefois*	nowadays - *à notre époque*
in those days - *à cette époque*	these days - *de nos jours*
back in the 70s	at the present time
- *dans les années 70*	- *de nos jours*
« Those were the days ! » - *« c'était le bon temps ! »*	

to account for	*rendre compte, expliquer*
to avoid	*éviter*
to benefit from	*bénéficier de*
budget-conscious	*préoccupé de son budget*
calorie intake	*consommation de calories*
career [kə'rɪə]	*carrière*
competition	*concurrence*
confidence	*confiance*
consumption	*consommation*
convenience food	*aliments prêts à l'emploi*
craze	*folie, mode*
to cut down on	*réduire la consommation de*
demand for	*demande en*
to develop	*se développer*
diet ['daɪət]	*régime*
diet conscious	*préoccupé de son régime*
display	*présentation*
disposable	*jetable*
drive through *(US : drive thru)*	*unité de restauration au volant*
to eat out	*manger au restaurant*
eating habit	*habitude alimentaire*
emergence	*apparition*
establishment	*établissement*
ethnic restaurant	*restaurant typique*
fast food	*restauration rapide*
fat	*gras (nom)*
fatty	*gras (adjectif)*
feature	*caractéristique*
fed up with (to be)	*en avoir assez de*
food court	*espace restaurant*
food industry	*industrie alimentaire*
franchising	*système de franchise*
frozen	*surgelé*
to fry [fraɪ]	*frire*
to grill	*faire cuire au gril*
guilty	*coupable*
to have access to	*avoir accès à*
home delivery	*livraison à domicile*
hospitality	*accueil*
household	*foyer*
income	*revenu*
increasingly	*de plus en plus*
item	*article*
to lag behind	*être à la traîne*
life span	*durée de vie*
to merchandise	*mettre sur le marché*

middle class	*petite-bourgeoisie*
motorway *(US : highway)*	*autoroute*
motorway service area	*aire de service sur autoroute*
to originate	*commencer*
on the premises	*sur place*
outlet	*point de vente*
overweight	*de poids excessif*
to poach [pəutʃ]	*pocher*
poll	*sondage*
popular with	*apprécié de*
product mix	*gamme de produits*
profit	*bénéfice*
profit-conscious	*préoccupé de bénéfices*
research [rɪ'sɜːtʃ]	*recherche*
rolling cart	*table roulante*
sale [seɪl]	*vente*
shopping development (US : shopping mall)	*centre commercial*
shrimp	*crevette*
skimmed milk *(US : skim milk)*	*lait écrémé*
so called	*connu sous le nom de*
to specialize in	*se spécialiser dans*
to steam	*faire cuire à la vapeur*
survey	*étude*
take away *(US : take out)*	*vente à emporter*
theme [θiːm] restaurant	*restaurant à thème*
trend	*tendance*
to upgrade	*améliorer*
vacuum bagged (packed)	*sous vide*
vegetarian	*végétarien*
vegan	*végétalien*
to watch	*surveiller*
well-to-do	*riche*
working class	*classe ouvrière*
to wrap	*envelopper*

I - Compléter les phrases soit avec *used to*, soit avec *to be used to* + *ing*[1] à la forme, négative ou non, et au temps qui conviennent :

1. Dining out . . . . (be) reserved for the upper classes.
2. I'll have a soft drink, I . . . . (drink).
3. Americans . . . . (eat) in fast food outlets for several decades.
4. Fish and chip shops . . . . . . (be) popular mostly among the working class.
5. This caterer . . . . . . (deliver) only to regular customers ; now anybody can ask to be delivered at home.

II - Compléter avec une des prépositions suivantes : *with, for, from, in, of* :

1. The demand . . . . . convenience food is rising.
2. Home delivery is popular . . . . . working women.
3. The British are increasingly fed up . . . . . fried food.
4. The pace of modern life accounts . . . . . our new eating habits.
5. Most people eat away . . . . . home at lunch time.
6. Ethnic restaurants specialize . . . . . exotic dishes.
7. The food industry has benefited . . . . . the new trends.
8. This shop offers a wide range . . . . . fish.

III - Traduire :

1. *La tendance est que davantage de gens mangent hors de leur domicile* (proposition infinitive).
2. *Les consommateurs de nos jours se préoccupent davantage de leur budget et de leur régime* (adjectifs composés).
3. *Des unités de restauration rapide telles que les crêperies offrent une solution de rechange aux « fast food ».*
4. *Beaucoup de gens réduisent leur consommation de sucre et de sel.*
5. *Un adulte sur quatre aime manger du potage au restaurant.*

---

1. **used to** + infinitif indique une situation passée en contraste avec le présent. Ne s'emploie qu'à cette forme.
to be used to + **ing** peut s'employer à tous les temps et indique qu'on est habitué à faire quelque chose.

I - Compléter soit avec *used to* soit avec *to be used to* :

1. Dining out *used to be* reserved for the upper classes.
2. I'll have a soft drink, I'*m not used to drinking*.
3. Americans *have been used to eating* in fast food outlets for several decades.
4. Fish and chip shops *used to be* popular mostly among the working class.
5. This caterer *used to deliver* only to regular customers ; now anybody can ask to be delivered at home.

II - Compléter avec une des prépositions données :

1. The demand *for* convenience food is rising.
2. Home delivery is popular *with* working women.
3. The British are increasingly fed up *with* fried food.
4. The pace of modern life accounts *for* our new eating habits.
5. Most people eat away *from* home at lunch time.
6. Ethnic restaurants specialize *in* exotic dishes.
7. The food industry has benefited *from* the new trends.
8. This shop offers a wide range *of* fish.

III - Traduire :

1. The trend is for more people to eat away from home.
2. Consumers these days are more budget-conscious and diet-conscious.
3. Fast food outlets such as pancake houses provide an alternative to hamburger restaurants.
4. Many people cut down on their consumption of sugar and salt.
5. One out of four adults likes to eat soup in the restaurant.

■ The « Beefeaters » of the Tower of London

The Tower is, in some parts, the oldest building in London. The « white tower » dates back to 1067 when William, Duke of Normandy, decided to settle in London after his invasion of England. It was mostly used as a prison with such famous prisoners as the Burghers of Calais.

The yeomen of the guard are still dressed in the Tudor[1] uniform, red or blue, according to the circumstances, with a round hat and the initials of the sovereign (ER = Elisabeth Regina) up on their breasts. The reason why they are called « Beefeaters » is still the subject of a controversy. However it may well be because they had the opportunity to eat beef, which was not common diet in those days.

Les « mangeurs de bœuf » de la Tour de Londres

La Tour de Londres est, en partie, le plus vieux bâtiment de Londres. La « tour blanche » date de 1067, date à laquelle William, duc de Normandie, décida de s'installer à Londres après son invasion de l'Angleterre. Elle fut surtout utilisée comme prison avec des prisonniers aussi célèbres que les bourgeois de Calais.

Les hallebardiers de la garde royale sont toujours habillés de l'uniforme Tudor, rouge ou bleu selon les circonstances, avec le chapeau rond et les initiales du souverain sur la poitrine (...). Les raisons pour lesquelles on les appelle « mangeurs de bœuf » sont encore sujettes à controverse. Néanmoins cela peut très bien être parce qu'ils avaient l'occasion de manger du bœuf, qui n'était pas une nourriture courante à cette époque-là.

■ A few traditional sayings about food :

— The world is my oyster
  Le monde m'appartient   (oyster - *huître*)
— Half a loaf is better than no bread
  Un tiens vaut mieux que deux tu l'auras   (loaf - *miche*)
— What is sauce for the goose is sauce for the gander
  Ce qui est bon pour l'un est bon pour l'autre
                  (goose - *oie* ; gander - *jars*)

---

1. The Tudors reigned over England from 1485 to 1603. The most famous sovereigns were Henry VIII and Elisabeth I.

DOSSIER 12

THE KITCHEN
LA CUISINE

A • **DIALOGUE** / *DIALOGUE*

B • **RECORDS** / *DOCUMENTS* :

C • **EXERCISES** / *EXERCICES ET CORRIGÉ*

D • **FINAL TIPS**

J. = Journalist   **S.** = Pierre Salter

Interviewing a chef (US)

An American journalist is interviewing the chef of one of the most popular restaurants in New York.

J. — Mr Salter, you were born and trained in France. What made you decide to take up a job in the New World ?

S. — When I was offered[1] the job of chef, I couldn't speak English, so I decided to stay for a year or two to learn the language. Later on, I was given[1] the opportunity to become sole proprietor.
I have run the restaurant for 20 years since then[2].

J. — A lot of chefs nowadays are treated like movie stars or artists while you are always in your restaurant cooking.

S. — I'm not interested in traveling and promoting cookbooks. I feel I would be cheating people who come to our restaurant. A few years ago[2], they offered me a lot of money to go on television and advertise a cake mix but I would have felt[3] dishonest about doing it even if it meant making a lot of money. Besides I believe cooks are craftmen and not artists. We have to be ready twice a day, at noon and 6 o'clock, no matter what.

J. — People have had a lot of trends thrown at them, including American regional cooking. Do you think there is now a revived interest in French basics ?

S. — Well, I think there always was interest. Of course there is a certain evolution : I was a little influenced by *cuisine nouvelle* as I am by the current trend in health consciousness. However, I always keep things simple : I wouldn't mix raspberries with herrings and I think the main emphasis should be put on fresh ingredients. I don't believe in creations ; cooking took 2,000 years to come to the point where it is.

---

1. Les verbes tels que **give**, **offer**, **show**, **teach**, etc., ont deux sujets de passif possibles, le plus utilisé étant le complément d'attribution.
2. **for** et **ago** indiquent une période de temps, **since** indique un moment précis (voir notes des exercices).
3. Conditionnel passé (**would** + **have** + participe passé).

J. = Journaliste   **S.** = Pierre Salter

Interview d'un chef (US)

Un journaliste américain interroge le chef de l'un des restaurants les plus connus de New York.

J. — Monsieur Salter, vous êtes né et avez fait votre apprentissage en France. Qu'est-ce qui vous a décidé à venir travailler dans le Nouveau Monde ?

S. — Quand on m'a offert cet emploi de chef, je ne savais pas parler anglais, aussi ai-je décidé de rester une année ou deux pour apprendre la langue. Plus tard, on m'a donné la possibilité de devenir seul propriétaire.
Depuis ce jour, il y a 20 ans, je tiens ce restaurant.

J. — Beaucoup de chefs sont aujourd'hui traités comme des vedettes de cinéma ou comme des artistes, alors que vous, vous êtes toujours dans votre restaurant à faire la cuisine.

S. — Cela ne m'intéresse pas de voyager et de faire la promotion de livres de cuisine. J'aurais l'impression de tromper les gens qui viennent dans notre restaurant. Il y a quelques années, on m'a offert beaucoup d'argent pour faire de la télévision et assurer la promotion d'une préparation à gâteaux mais je me serais senti malhonnête de le faire, même si cela voulait dire gagner beaucoup d'argent. D'autre part, je crois que les cuisiniers sont des artisans et non des artistes. Nous devons être prêts deux fois pas jour, à midi et à 6 heures, quelles que soient les circonstances.

J. — On jette à la figure des gens toutes sortes de modes, y compris la cuisine régionale américaine. Pensez-vous qu'il y ait maintenant un renouveau d'intérêt pour la cuisine française de base ?

S. — Eh bien, je crois qu'il y a toujours eu un intérêt. Bien sûr, il y a une certaine évolution : j'ai été influencé par la nouvelle cuisine de même que je le suis par la tendance actuelle à manger diététique. Néanmoins, je reste toujours simple : je ne mélangerais pas des framboises et des harengs et je crois que l'accent doit être mis sur la fraîcheur des ingrédients. Je ne crois pas aux créations ; la cuisine a mis 2 000 ans pour arriver là où elle est arrivée.

B1. Kitchen staff (GB)

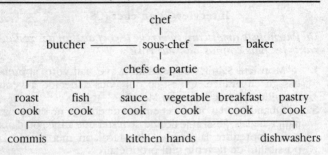

B2. Kitchen equipment

• An average sized kitchen will include tables and counters where cooks and commis can work and stoves and ranges on which the actual cooking is done.

• There will be equipment such as machines for peeling, slicing, grinding and mixing. Ovens will be used for baking and ranges for grilling and frying. More sophisticated equipment will include convection ovens, microwave ovens, steam injection ovens, and steam cookers.

• Among kitchen utensils are carving knives, ladles, peelers, tin openers, bottle openers, whisks, graters, sieves, strainers, mincers, mixers, saucepans, frying pans, pots, lids, deep fryers, kettles, dishes, grill racks, grates, griddles, carving boards. There may be a pantry, a larder, with refrigerators and freezers, a vegetable preparation area and a washing up area with dishwashers and bins.

B3. Kitchen planning (voir page 291)

The kitchen must be adjacent to the dining room and convenient for delivery from back door to store to kitchen. The vegetable store, larder and dry stores should face east or north.
Floors must be hard-wearing, easy to clean, non slippery and non absorbent to grease. Hoods should fit exactly over the equipment area so that staff are not working in a pocket of hot air.

12 La cuisine

B. DOCUMENTS

B1. Le personnel de cuisine

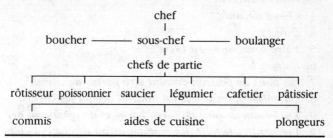

```
                              chef
                               |
        boucher ———————— sous-chef ———————— boulanger
                               |
                        chefs de partie
    ┌───────────┬───────────┬──────────┬──────────┬───────────┐
rôtisseur poissonnier    saucier    légumier   cafetier    pâtissier
    ┌───────────────────────┬─────────────────────────────────┐
  commis              aides de cuisine                    plongeurs
```

B2. Le matériel de cuisine

• Une cuisine de taille moyenne comprendra des tables et des postes de travail où les cuisiniers et les commis peuvent travailler ainsi que des cuisinières et des fourneaux où la cuisson s'effectue.

• On y trouvera du matériel tel que des machines à éplucher, trancher, moudre et mélanger. Les fours seront utilisés pour cuire et les fourneaux pour griller et frire. Un matériel plus élaboré comprendra des fours à convection, des enceintes à micro-ondes, des fours à vapeur et des cuiseurs à vapeur.

• Parmi les ustensiles de cuisine on trouve : couteaux à découper, louches, couteaux économes, ouvre-boîtes, limonadiers, fouets, râpes, tamis, chinois, hachoirs, mixeurs, casseroles, poêles, marmites, couvercles, friteuses, bouilloires, plats, grils, grilles, plaques de cuisson, planches à découper. Il peut y avoir un office, un garde manger, avec réfrigérateurs et congélateurs, une zone de préparation pour les légumes et une zone de plonge avec lave-vaisselle et poubelles.

B3. Organisation de la cuisine

La cuisine doit être contiguë à la salle à manger et prévue pour que les produits livrés à l'arrière arrivent facilement à la réserve et à la cuisine. La réserve à légumes, le garde-manger et l'économat doivent être orientés à l'est ou au nord.

Les sols doivent être résistants, faciles à nettoyer, non glissants et ne pas absorber les graisses. Les hottes doivent couvrir exactement les plans de cuisson de telle sorte que le personnel ne travaille pas dans une ambiance surchauffée.

1. *Un faux filet à point, un !*
2. *Faites marcher !*
3. *Chaud devant !*
4. *Direct !*
5. *Votre commande est prête !*
6. *Enlevez !*
7. *Les plats de poisson doivent être garnis de citron.*
8. *On enlèvera les arêtes du poisson devant les clients.*
9. *J'ai besoin de plus de persil haché et d'oignons en dés.*
10. *Préchauffez le four dix minutes avant de placer le plat à l'intérieur.*
11. *Le congélateur a besoin d'être dégivré.*
12. *J'ai besoin de quelqu'un pour décharger le lave-vaisselle immédiatement.*
13. *Ce qui est essentiel dans un bon plan de cuisine c'est la facilité à déplacer les produits et les plats rapidement et en toute sécurité en suivant le circuit le plus court possible.*
14. *La cuisson et la préparation doivent être maintenues séparées dans la mesure du possible.*
15. *L'humidité excessive dans une cuisine réduit l'énergie du personnel, endommage le décor et rend les sols glissants et dangereux.*
16. *Les chambres froides fournissent davantage d'espace et, avec moins de coins et de recoins, sont plus faciles à nettoyer.*
17. *Pour servir jusqu'à 350 personnes dans les salles de restaurant et de banquet, la brigade est passée de 16 à 42 membres.*
18. *Les rôtisseries, où une bonne partie de la cuisine se fait en public, ont eu beaucoup de succès dans les années 70 mais sont toujours très appréciées.*
19. *Dans les pizzerias, on peut voir les chefs manier la pâte à pizza près du four.*
20. *Les chefs japonais spécialisés dans le sushi sont placés à la vue des clients qui veulent les voir trancher le poisson cru avec adresse.*

1. I need one sirloin, medium !

2. On the fire !

3. Get out !

4. Nothing before !

5. Your order is up !

6. Pick up !

7. Fish dishes should be garnished with lemon.

8. The fish will be boned in front of the guests.

9. I need more chopped parsley and diced onions.

10. Preheat the oven ten minutes before you place the dish inside.

11. The freezer needs de-icing.

12. I need someone to unload the dishwasher at once.

13. The essence of any kitchen layout is the ability to move materials and meals quickly and safely along the shortest possible route.

14. Cooking and preparation should be kept separate as far as possible.

15. Excessive moisture in a kitchen saps staff energy, damages decor and makes floors slippery and dangerous.

16. Walk-in refrigerators provide more space and, with fewer nooks and crannies, are easier to clean.

17. To cope with the restaurants plus banqueting for up to 350, the brigade has grown from 16 to 42.

18. Carveries, with much of the cooking on display, boomed in the 70s but are still going strong.

19. In pizzerias, chefs can be seen throwing pizza dough near the oven.

20. Japanese sushi chefs stand in view of customers who want to see them skilfully slicing raw fish.

to bake [beɪk]	*faire cuire au four*
baker	*boulanger*
basics	*techniques de base*
bin	*poubelle* (US : garbage can)
to bone	*enlever les arêtes*
bottle opener	*ouvre-bouteilles, limonadier*
bratt pan	*marmite fixe*
breakfast cook	*cafetier*
broth	*bouillon*
butcher	*boucher*
to cheat [tʃiːt]	*tromper, tricher*
chef [ʃef]	*chef cuisinier*
to chop [tʃɒp]	*hacher*
commis	*commis*
convection oven	*four à convection*
cook	*cuisinier*
cook book	*livre de cuisine*
counter	*comptoir*
craftsman	*artisan*
current	*actuel*
deep freezer	*surgélateur*
deep fryer	*friteuse*
to de-ice *(US : defrost)*	*dégivrer*
delivery	*livraison*
to dice [daɪs]	*mettre en dés*
dish	*plat*
dish washer	*lave-vaisselle, plongeur*
dough [dəʊ]	*pâte à pain*
dry store	*économat, réserve d'épicerie*
to fit	*s'adapter*
freezer	*congélateur*
to fry [fraɪ]	*frire*
frying pan	*poêle à frire*
to garnish	*garnir*
grate [greɪt]	*grille (four)*
grater	*râpe*
griddle	*plaque de cuisson*
to grill	*griller*
grill rack	*gril*
to grind [graɪnd]	*moudre*
hard-wearing	*résistant*
herring	*hareng*
hood [hʊd]	*hotte*
extractor hood	*hotte aspirante*
kettle	*bouilloire*

kitchen	*cuisine*
kitchen hands	*aides de cuisine*
ladle [leɪdl]	*louche*
larder	*garde-manger*
lay out	*disposition*
lid	*couvercle*
material	*produit, matière*
microwave oven	*four à micro-ondes*
mincer	*hachoir*
to mix	*mélanger*
moisture	*humidité*
mop	*serpillière*
onion	*oignon*
oven ['ʌvn]	*four*
pantry	*office*
parsley	*persil*
pastry cook	*pâtissier*
to peel [piːl]	*éplucher*
peeler	*couteau économe*
pot	*marmite*
proprietor	*propriétaire*
to preheat	*préchauffer*
range	*fourneau*
raspberry	*framboise*
refrigerator, fridge	*réfrigérateur*
roast cook	*rôtisseur*
sauce cook	*saucier*
saucepan	*casserole*
to shell	*écosser* (pois)
sieve [siːv]	*tamis*
sirloin	*faux-filet*
skilful	*adroit*
to slice	*couper en tranches*
slippery	*glissant*
steam cooker	*cuiseur à vapeur*
steam injection oven	*four à injection*
store	*magasin*
stove	*cuisinière*
tin opener	*ouvre-boîtes*
truffle	*truffe*
to unload	*décharger*
vegetable cook	*légumier*
vegetable store	*réserve à légumes*
to wash up	*laver la vaisselle*
whisk	*fouet*

Kitchen utensils and appliances
Ustensiles et appareils de cuisine

basting spoon ['beɪstɪŋ 'spuːn]	*cuillère pour arroser les rôtis*
bottle opener	*ouvre-bouteilles*
bratt pan	*marmite fixe*
can opener	*ouvre-boîtes*
carving knife	*couteau à découper*
colander	*passoire*
cold room	*chambre froide*
convection oven	*four à convection*
counter	*comptoir, plan de travail*
deep freezer	*surgélateur*
deep fryer	*friteuse*
dishwasher	*lave-vaisselle*
draining board	*égouttoir*
dripping pan	*lèchefrite*
filter	*filtre*
forcing bag	*poche à douille*
freezer	*congélateur*
frying pan	*poêle à frire*
grate	*grille de four*
grater ['greɪtə]	*râpe*
gridiron	*gril*
griddle	*plaque de cuisson*
hood ['hʊd]	*hotte*
hot plate	*plaque chauffante*
kettle	*bouilloire*
knife sharpener	*affûtoir*
ladle ['leɪdl]	*louche*
lid	*couvercle*
micro wave oven	*enceinte à micro-ondes*
mincer	*hachoir*
mixer	*mixer*
nozzle ['nɒzl]	*douille*
oven ['ʌvn]	*four*
pan	*casserole*
pastry trimmer	*roulette à pâtisserie*
peeler	*couteau économe*

Ustensiles et appareils de cuisine (suite)

plate warmer	*chauffe-plats*
pointed strainer	*chinois*
pot	*marmite*
pail ['peɪl]	*seau*
rack	*claie, râtelier*
range	*fourneau*
refrigerator [rɪ'frɪdʒəreɪtə]	*réfrigérateur*
refuse bin	*poubelle*
rolling pin	*rouleau à pâtisserie*
round strainer	*passoire fine*
service hatch	*passe-plats*
sieve ['sɪːv]	*tamis*
sink	*évier*
steam cooker	*cuiseur à vapeur*
steam injection oven	*four à injection*
stove	*cuisinière*
tap	*robinet*
timer ['taɪmə]	*minuteur*
tin opener	*ouvre-boîtes*
toaster	*grille-pain*
waste bag	*sac à ordures*
whisk	*fouet*

C. EXERCICES

I - Compléter les phrases à l'aide des verbes entre parenthèses au prétérit ou au present perfect [1] **:**

1. This floor needs mopping, it (not be mopped) for two days.
2. Since the kitchen was upgraded, much time (be saved) every day.
3. The hotel (spend) £1.2 million on new kitchen equipment last year.
4. The present owner (buy) the establishment 10 years ago.
5. Much has been forgotten about the basics of cooking, since nouvelle cuisine (appear).

II - Compléter les phrases avec *for, since*, ou *ago* à l'endroit requis [2] **:**

1. I have preheated the oven five minutes.
2. I switched on the oven five minutes.
3. I preheated the oven five minutes, before I placed the cake inside.
4. The refurbishment of the kitchen, work has been more efficient.
5. We have not used truffles in our cooking the 70s.

III - Traduire en tenant compte des indications données entre parenthèses :

1. *Je suis né au Royaume-Uni et ne l'ai pas quitté depuis.*
2. *On m'a offert un emploi de pâtissier dans l'un des meilleurs restaurants de la ville* (passif).
3. *La tendance actuelle est de revenir aux techniques de base de la cuisine française.*
4. *Cela dépend du temps que vous allez y passer* (how).
5. *Il faut mettre l'accent sur la fraîcheur des ingrédients utilisés* (passif).

---

1. Le *prétérit* s'emploie lorsque l'action est passée ; le *present perfect* s'emploie lorsque l'action se prolonge jusqu'au présent.
2. **since** indique le moment où l'action a commencé ; **ago** la période écoulée depuis la fin de l'action ; **for** la période de temps pendant laquelle l'action se passe (peut s'employer à tous les temps).

I - Compléter les phrases à l'aide des verbes entre parenthèses :

1. This floor needs mopping, it has not been mopped for two days.
2. Since the kitchen was upgraded, much time has been saved every day.
3. The hotel spent £1.2 million on refurbishment last year.
4. The present owner bought the establishment ten years ago.
5. Much has been forgotten about the basics of cooking, since nouvelle cuisine appeared.

II - Compléter les phrases à l'aide de *for, since*, ou *ago* :

1. I have preheated the oven for five minutes.
2. I switched on the oven five minutes ago.
3. I preheated the oven for five minutes before I placed the cake inside.
4. Since the refurbishment of the kitchen, work has been more efficient.
5. We have not used truffles in our cooking since the 70s.

III - Traduire :

1. I was born in the United Kingdom and have not left it since then.
2. I was offered a job as pastry cook in one of the best restaurants in the town.
3. The current trend is to go back to French basics.
4. It depends on how long you are going to spend doing it.
5. The emphasis has to be put on the freshness of the ingredients.

■ **A few sayings** - *Quelques proverbes*

— Too many cooks spoil the broth
  Trop de participants nuisent à la qualité de l'ouvrage[1]

— What's cooking ?
  Qu'est-ce qui se mijote ?

— His goose is cooked !
  Son compte est bon ![2]

— It's as easy as shelling peas !
  C'est simple comme bonjour ![3]

■ **A « tongue twister »**
  Une phrase très difficile à prononcer[4]

  Peter Piper picked a peck of pickled pepper.
  A peck of pickled pepper Peter Piper picked ;
  If Peter Piper pecked a peck of pickled pepper,
  Where is the peck of pickled pepper Peter Piper picked ?

  Peter Piper a pris un petit morceau de poivron au vinaigre.
  Un morceau de poivron au vinaigre Peter Piper a pris ; si Peter
  Piper a pris un morceau de poivron au vinaigre, où se trouve
  le morceau de poivron au vinaigre que Peter Piper a pris ?

  Now, your turn !...
  Maintenant, à vous !

---

1. Mot à mot : *trop de cuisiniers gâchent le bouillon.*
2. Mot à mot : *son oie est cuite.*
3. Mot à mot : *c'est aussi facile que d'écosser les petits pois.*
4. Mot à mot : *qui tord la langue.*

DOSSIER 13

FOOD PROCESSING AND COOKING
CUISSON ET PRÉPARATION DES ALIMENTS

A • **DIALOGUE** / *DIALOGUE*

B • **RECORDS** / *DOCUMENTS* :
   B1. **Definitions** - *Définitions*
   B2. **Key sentences** - *Phrases types*
   B3. **Vocabulary** - *Vocabulaire*

C • **EXERCISES** / *EXERCICES ET CORRIGÉ*

D • **FINAL TIPS**

A. DIALOGUE

J. = Journalist   **D.** = John Droog

Interviewing a hospital's controller of catering services (GB)

J. — Mr Droog, the District Health Authority has just invested £3 million in the cookchill plant based in the hospital. How many meals do you produce a day ?

D. — The unit produces 10,000 meals per week. First, the storage area : the bulk store has two deep freezes kept at – 18° C, mainly containing meat and fish and three cold rooms, two at 4° C for dairy produce, while the other is maintained at a slightly higher temperature for thawing. The next area is the preparation area.

J. — I can see the staff are wearing red neckerchiefs.

D. — Yes, this is colour coding. The floor is red too, while in the production and the packaging section, the colour code is blue ; this is part of our stringent hygiene standards. The area is split into four distinct sections : raw meat, raw poultry, raw fish and fresh fruit and vegetables. There is also an area for pastry preparation and a diet bay for special diets. Let's go into the production area, now !

J. — What are those huge containers ?

D. — Bratt pans, used for stews, they can hold 25 gallons. There are also high pressure steamers for vegetables, combination ovens for roasts and pastry and fryers for sauté potatoes.

J. — What happens to the food once it has been cooked ?

D. — Well, it is taken into the packing department over there. The cooked food is packaged in ovenable boards, the lids are sealed down automatically and labelled for content, stacked in a trolley and pushed into blast chillers. These machines bring up to 350 lb of food down to 0-3° C in roughly 50 minutes. Food is then stored at 3° C until the day when it is regenerated.

J. — How long can the food be stored ?

D. — Storage life should not exceed 5 days including both the day of cooking and the day of consumption. The DHSS [1] guidelines are very strict on that point.

---

1. Department of Health and Social Security.

J. = Journaliste   **D.** = John Droog

Interview du responsable des services de restauration d'un hôpital (GB)

J. — Monsieur Droog, le service de santé de la région vient d'investir 3 millions de livres dans la nouvelle unité de production en liaison réfrigérée de l'hôpital. Combien de repas produisez-vous par jour ?

D. — L'unité produit 10 000 repas par semaine. D'abord, la zone de stockage : le garde-manger a deux congélateurs à – 18° contenant surtout de la viande et du poisson et trois chambres froides, deux à 4° pour les produits laitiers alors que l'autre est maintenue à une température légèrement supérieure pour la décongélation. La zone suivante est la zone de préparation.

J. — Je vois que le personnel porte des foulards rouges.

D. — Oui, c'est un code. Le sol aussi est rouge, alors que dans les secteurs de production et d'emballage, la couleur est bleue. Ceci fait partie de nos normes strictes d'hygiène. La zone est divisée en quatre secteurs distincts : viande crue, volaille crue, poisson cru et fruits et légumes frais. Il y a aussi une zone pour la préparation de la pâtisserie et une cuisine diététique pour les régimes spéciaux. Allons maintenant dans la zone de production.

J. — Quels sont ces énormes récipients, là-bas ?

D. — Des marmites fixes qu'on utilise pour la cuisson mijotée ; elles peuvent contenir 100 litres. Il y a aussi des marmites à vapeur pour les légumes, des fours combinés pour les rôtis et la pâtisserie et des friteuses pour les pommes de terre sautées.

J. — Que deviennent les aliments, une fois cuits ?

D. — Eh bien, ils partent dans la zone d'emballage, là-bas. Les aliments cuits sont emballés dans des plateaux enfournables, les couvercles sont scellés automatiquement et étiquetés selon le contenu, placés sur des chariots et entrés dans des cellules de réfrigération rapide. Ces machines descendent jusqu'à 170 kilos de nourriture à 0-3° en environ 50 minutes. Les aliments sont ensuite conservés à 3° jusqu'à ce qu'ils soient remis en température.

J. — Combien de temps les aliments peuvent-ils être conservés ?

D. — Le temps de conservation ne doit pas dépasser 5 jours, y compris le jour de cuisson et le jour de consommation. Les consignes du ministère de la Santé sont très strictes à ce sujet.

■ **Cooking methods**

• **Baking :** cooking in an oven. Cakes are baked.

• **Roasting :** cooking before a fire on a spit or cooking in an oven. Joints of meat are roasted.

• **Grilling :** cooking over a quick fire on a gridiron. Meats are grilled.

• **Frying :** cooking in fat ; in deep fat frying, the food is immersed in the fat ; in sautéing, only a little fat is used.

• **Braising :** the meat is first browned in fat, then covered and cooked in a small amount of liquid or its own juice.

• **Stewing :** the meat is cooked slowly in liquid ; the food should simmer and not boil.

• **Poaching :** cooking in a liquid just below boiling point ; eggs and fish are often poached.

• **Steaming :** cooking in steam ; vegetables are often steamed.

■ **Preparation techniques**

• **Cookchill :** the food is cooked, then chilled down to 0-3° C and stored at a low temperature (see dialogue).

• **Sous-vide, or vacuum-packing :** food is put in a pouch, the air is drawn out and the bag is heat-sealed ; the absence of air eliminates the problems of dehydration and shrinkage. An extension of the method is to replace the removed air with gas.

• **Deep-freezing :** deep-frozen food can be stored for a long time and can be cooked from frozen or defrosted first. It can only be used for a restricted range of dishes as it often alters the texture and taste of the food.

• **Dehydrating :** food is turned into a dry mix. Soups are often dehydrated.

• **Canning :** food is cooked and hermetically sealed in metal containers.

• **Bottling :** a traditional way of preserving fruit in jars.

■ Modes de cuisson

• **Cuisson au four** : les gâteaux sont cuits au four.

• **Rôtissage** : cuisson sur une broche devant un feu ou cuisson au four. Les viandes sont rôties.

• **Cuisson au grill** : cuisson sur un feu vif et sur un grill.

• **Friture** : cuisson dans un corps gras ; pour la cuisson en bain de friture, les aliments sont plongés dans le corps gras ; lorsqu'on fait sauter, on n'utilise qu'un peu de corps gras.

• **Braisage** : la viande est d'abord revenue dans un corps gras, puis couverte et cuite dans une petite quantité de liquide ou cuite dans son propre jus.

• **Cuisson mijotée** : la viande est cuite lentement dans un fond ou une sauce. Les aliments doivent mijoter et non bouillir.

• **Pochage** : cuisson dans un liquide à la limite de l'ébullition. Les œufs et le poisson sont souvent pochés.

• **Cuisson à la vapeur** : les légumes sont souvent cuits à la vapeur.

■ Techniques de préparation

• **Préparation à l'avance de plats conservés en liaison réfrigérée** : les aliments sont cuits, puis réfrigérés à 0-3° et conservés à basse température (voir dialogue).

• **Sous vide** : les aliments sont placés dans une poche en plastique, l'air en est extrait et le sac est thermoscellé. L'absence d'air élimine les problèmes de déshydratation et de perte de volume. Une variante consiste à remplacer l'air extrait par un gaz.

• **Congélation** : les aliments congelés peuvent être conservés pendant longtemps et peuvent être cuits congelés ou décongelés. Ne peut s'utiliser que pour une gamme restreinte de produits car elle altère la texture et le goût des aliments.

• **Déshydratation** : les aliments sont transformés en produits secs. Les soupes sont souvent déshydratées.

• **Mise en conserve** : les aliments sont cuits et placés dans des récipients métalliques hermétiquement fermés.

• **Mise en bocaux** : méthode traditionnelle de conservation des fruits.

1. *Mélangez le contenu du paquet avec de l'eau et versez dans une casserole.*

2. *Videz le contenu dans une casserole et réchauffez-le doucement en remuant de temps en temps.*

3. *Videz le contenu non utilisé, couvrez-le et gardez-le au frais.*

4. *Ce paquet gardera sa fraîcheur pendant 24 heures s'il est conservé dans un endroit frais.*

5. *Une fois l'emballage aluminium ouvert, le vide disparaît et le paquet devient souple et pliable.*

6. *Afin de conserver un maximum de fraîcheur après ouverture, repliez hermétiquement l'emballage aluminium et conservez au frais.*

7. *Une fois le contenu décongelé, ne recongelez pas et utilisez dans les 24 heures.*

8. *Le poisson est nettoyé et mis en filet dès qu'il est pêché.*

9. *Le saumon frais est salé à sec, laissé 12 heures en salaison, rincé et placé sur des claies pour être fumé à froid.*

10. *On estime que les restaurateurs dépensent 22 millions de livres par an en soupes instantanées dont la plupart sont déshydratées.*

11. *Le refroidissement doit commencer dès que possible après la fin de la cuisson et de la mise en portion.*

12. *L'épaisseur des aliments ne doit pas dépasser 2 cm.*

13. *Si la température dépasse 5°, les aliments doivent être consommés dans les douze heures.*

14. *Si la température dépasse 10° les aliments doivent être jetés.*

15. *La cuisson à la vapeur assure une meilleure rétention des éléments nutritifs et du goût.*

16. *Tous les articles doivent être étiquetés avec la date limite de consommation.*

17. *Le système fournit un emballage hermétique qui est hygiénique et facile à manipuler.*

18. *Prédéterminez les temps de mise sous vide et de fermeture qui conviennent aux aliments à emballer.*

19. *Placez la poche contenant les aliments dans le compartiment avec l'ouverture sur la barre à sceller.*

1. Mix the contents of the packet into water and pour into a pan.

2. Empty the contents into a saucepan and heat gently, stirring occasionally.

3. Empty the unused contents, cover and keep cool.

4. This pack will keep fresh for 24 hours if stored in a cool place.

5. Once the foil is cut open, the vacuum is released and the pack becomes soft and pliable.

6. To retain maximum freshness after opening, fold the foil over tightly to seal and store in the refrigerator.

7. When the contents are thawed, do not refreeze ; use within 24 hours.

8. The fish is cleaned and filleted as soon as it is caught.

9. Fresh salmon is dry salted, left for 12 hours to cure, rinsed, then put on racks to be cold smoked.

10. Caterers are estimated to spend £22m a year on ready-made soups, of which most are dehydrated.

11. Chilling should begin as soon as possible after completion of cooking and portioning.

12. Food thickness should not exceed 2 inches.

13. If the temperature exceeds 5° C, food should be consumed within 12 hours.

14. If the temperature exceeds 10° C, the food should be discarded.

15. Steam cooking means better nutrient and taste retention.

16. All items should be labelled with their expiry dates.

17. The system produces an air tight package which is hygienic and easy to handle.

18. Pre-set vacuum and sealing times to suit the food to be packed.

19. Place the food in pouch into chamber with open end located on sealing bar.

to bake [beɪk]	*cuire au four*
blast chiller	*cellule de refroidissement rapide*
to boil	*bouillir*
to braise	*braiser*
bratt pan	*marmite fixe*
to brown	*faire revenir* (viande)
bulk store	*garde-manger*
to can	*mettre en conserve*
to chill	*refroidir*
to chop [tʃɒp]	*bacher*
cold room	*chambre froide*
combination oven	*four combiné*
to consist of	*se composer de*
to consist in (doing)	*consister à (faire)*
consumption	*consommation*
container	*récipient*
content	*contenu*
cookchill unit	*unité de production en liaison réfrigérée*
to cure [kjʊə]	*saler et fumer*
dairy produce	*produits laitiers*
deep fat	*bain de friture*
to deep freeze (froze, frozen)	*congeler*
to defrost	*décongeler*
to dehydrate	*déshydrater*
dehydration	*déshydratation*
diet [daɪət] bay	*cuisine diététique*
to discard	*jeter*
to exceed	*dépasser*
food [fu:d]	*aliments, nourriture*
food poisoning	*intoxication alimentaire*
frier	*friteuse*
to fry	*frire*
gallon	*4,5 litres* (GB), *3,6 litres* (US)
glaze	*glaçage*
gridiron	*grill*
to grill	*griller*
guidelines	*instructions*
to heat seal	*thermo-sceller*
hospital	*hôpital*
hygiene standard	*norme d'hygiène*
instant	*à préparation rapide, instantanée*

jar [dʒɑ:]	*bocal*
joint ['dʒɔint] of meat	*pièce de viande*
to label	*étiqueter*
lb (= pound)	*livre (≃ 450 g)*
leaf	*feuille*
lid	*couvercle*
manufacturer	*fabricant*
to market	*mettre sur le marché, commercialiser*
to moisten [mɔisn]	*mouiller*
neckerchief	*foulard*
nutrient	*élément nutritif*
ovenable boards	*plateaux enfournables*
packing, packaging	*emballage, conditionnement*
to poach [pəutʃ]	*pocher*
pouch [pautʃ]	*poche*
poultry	*volaille*
to produce	*produire*
production unit	*unité de production*
to puncture ['pʌŋktʃə]	*perforer*
raw [rɔ:]	*cru*
to reduce	*réduire*
to regenerate	*remettre en température*
to roast ['rəust]	*rôtir*
to salt [sɔ:lt]	*saler*
to sauté	*faire sauter*
to seal [si:l]	*sceller*
to season ['si:zn]	*assaisonner*
shallot	*échalotte*
shrinkage	*réduction, perte de volume*
to simmer	*mijoter*
to smoke	*fumer*
spit	*broche*
to steam	*cuire à la vapeur*
steamer	*marmite à vapeur*
to stew	*faire mijoter*
storage area	*zone de stockage*
to store	*conserver*
stock	*fond (de sauce)*
stringent	*strict*
to sweat [swet]	*faire suer (échalotte)*
to thaw [θɔ:]	*décongeler*
trolley	*chariot*
vacuum ['vækjum] packing	*sous vide*

175

I - Transformer les deux phrases données en une seule à l'aide du present perfect simple ou progressif[1]. Utiliser le sujet donné entre parenthèses :

1. Chefs use sous-vide cooking. They began to use it ten years ago (chefs ...).
2. Cookchill is used in the UK. It started being used more than ten years ago (cookchill ...).
3. The water is boiling. It began boiling five minutes ago (the water ...).
4. The stew is simmering. It began simmering two hours ago (the stew ...).
5. The new product is marketed in Europe. They began marketing it six months ago (the new product ...).

II - Transformer les phrases suivantes en utilisant le verbe *to consist in* :

1. In cookchill, you cook and then chill the food down to 3° C.
2. In sous-vide, you cook and then pack the food in oxygen free pouches.
3. In dehydration, you turn the food into a dry mix.
4. In canning, you seal the food in metal containers.
5. In bottling, you preserve fruit and vegetables in jars.

III - Traduire :

1. *La société vient d'investir deux millions de dollars dans une nouvelle unité de production.*
2. *Combien de repas produisez-vous par semaine ?*
3. *Nous utilisons aussi le codage par couleur dans la zone d'emballage.*
4. *Combien de temps cela prend-il pour sceller la poche avec les aliments à l'intérieur ?*
5. *On estime que l'emballage sous vide conserve mieux le goût des aliments que la congélation.*

---

1. Pour l'emploi du present perfect et du prétérit, voir les exercices du dossier 12. On utilisera le present perfect progressif, à l'actif, pour toute action effectivement en cours.

I - Transformer les deux phrases données en une seule :

1. Chefs have used sous-vide cooking for ten years.
2. Cookchill has been used in the UK for more than ten years.
3. The water has been boiling for five minutes.
4. The stew has been simmering for two hours.
5. The new product has been marketed in Europe for ten years.

II - Transformer les phrases en utilisant *to consist in* :

1. Cookchill consists in cooking and then chilling the food down to 3° C.
2. Sous-vide consists in cooking and then packing the food in oxygen-free pouches.
3. Dehydration consists in turning the food into a dry mix.
4. Canning consists in sealing the food in metal containers.
5. Bottling consists in preserving fruit and vegetables in jars.

III - Traduire :

1. The company has just invested two million [1] dollars in a new production unit.
2. How many meals do you produce a week ?
3. We also use colour-coding in the packaging department (We use colour-coding ... too).
4. How long does it take to seal the pouch with all the ingredients inside ?
5. Vacuum packing is estimated to preserve the taste of food better than deep freezing.

18-8° C	8-0° C	0-3° C	3-6° C
to deep-freeze	to freeze	to chill	to cool
surgeler	*congeler*	*réfrigérer*	*refroidir*

---

1. Jamais d'**s** à **million**, **thousand**, **hundred**, etc., sauf dans le cas de **millions of ...**

■ **A recipe using sous vide**

Turbot filled with crab and fresh herbs with a red wine sauce

60 g crab meat	20 cl red wine
15 g herbs	5 cl fish stock
2 cl cream	5 cl veal stock
2 cl white wine	60 g spinach, seasoned
120 g turbot	and sautéed in butter
20 g celery, chopped	1 leaf basil
1 shallot, chopped	1 sprig dill
50 g butter	1 leaf tarragon

Combine crab meat with herbs, a little cream and white wine to moisten. Make an incision on side of turbot and fill with crab meat mixture. Place turbot in a cooking pouch without seasoning. Set machine to vacuum 4 and seal at 8. Steam at 75° C for 10-12 minutes. Sweat celery and shallots in a little of the butter, add red wine and reduce to a glaze, add fish stock and veal stock. Reduce, pass and monté with butter. Place spinach on the plate, arrange fish on top. Spoon sauce around the fish. Place fresh herbs on fish.

Turbot farci de crabe et de fines herbes sauce au vin rouge

60 g de chair de crabe	*20 cl de vin rouge*
15 g de fines herbes	*5 cl de fond de poisson*
2 cl de crème	*5 cl de fond de veau*
2 cl de vin blanc	*60 g d'épinards, assaisonnés*
120 g de turbot	*et sautés dans du beurre*
20 g de céleri haché	*1 feuille de basilic*
1 échalotte hachée	*1 brin de fenouil*
50 g de beurre	*1 feuille d'estragon*

Mélanger le crabe et les fines herbes, mouiller avec la crème et le vin blanc. Inciser le flanc du turbot et remplir avec le mélange. Placer le turbot dans une poche de cuisson sans assaisonnement. Mettre la machine sur vide 4 et sceller à 8. Cuire à la vapeur à 75° pendant 10 à 12 minutes. Faire suer les échalottes et le céleri dans une partie du beurre, ajouter le vin rouge et laisser réduire, ajouter le fond de poisson et le fond de veau. Réduire, passer et monter avec le beurre. Placer les épinards sur l'assiette, disposer le poisson dessus. Verser la sauce autour du poisson. Placer des fines herbes sur le poisson.

DOSSIER 14

HYGIENE AND NUTRITION
HYGIÈNE ET NUTRITION

Hygiene and nutrition

A. DIALOGUE

C. = Chef   **CM.** = Commis

Hygiene guidelines (GB)

A young commis has just been recruited and the chef de partie is briefing him on kitchen hygiene.

C. — As you know, food poisoning is a constant worry for caterers and we are very strict here on hygiene standards.

So I'm going to tell you briefly what we expect of our staff, as far as hygiene is concerned. First of all, I hope you are not a cigarette addict [1], as smoking is prohibited in all food preparation areas.

CM. — That's a real piece of luck for me, I've just stopped smoking and I find it hard sometimes to refrain from smoking with smokers around.

C. — Then, we ask you to keep your nails short and clean, to wash your hair frequently and to keep it [2] covered when at work. You'll have to wash your hands throughout the working day, before handling food, after handling raw food, after handling refuse, after blowing your nose and after using the toilet.

CM. — That goes without saying !

C. — Never scratch your ears, rub your eyes, sniff or sneeze in the kitchen. Never pick your nose. Sore throats and skin infections should be reported so as to prevent germs spreading [3] to others.

CM. — Suppose I burn or cut my fingers ?

C. — In case of minor injury, we have a first aid box. Robert Jones is in charge of it, he will show you the contents and how to use it. It is essential that you keep cuts and burns covered with a waterproof dressing.

CM. — What about clothing ?

C. — We provide you with [4] a clean uniform everyday ; you should never wear it outside the food premises even if you are just popping over the road to the bank or taking a breath of fresh air. All these measures prevent contamination.

CM. — I'll do my best to comply with the regulations, Sir.

---

1. **to be addicted to** : *être intoxiqué par* ; cf. **drug addict**.
2. **hair** : *les cheveux*, mot singulier ; **hairs** : *poils*.
3. **to prevent** + **ing** ou **to prevent from** + **ing**.
4. **to provide someone with** : *fournir qqch. à qqn*.

C. = Chef   **CM.** = Commis

Conseils d'hygiène (GB)

Un jeune commis vient d'être recruté et le chef de partie lui donne des instructions sur l'hygiène en cuisine.

C. — Comme tu le sais, l'intoxication alimentaire est un souci croissant pour les restaurateurs et nous sommes très stricts ici sur les normes d'hygiène.

Je vais te dire brièvement ce que nous attendons de notre personnel en matière d'hygiène. D'abord, j'espère que tu n'es pas un gros fumeur car il est interdit de fumer dans les locaux où on prépare des aliments.

CM. — C'est une chance pour moi, je viens d'arrêter de fumer et j'ai du mal quelquefois à m'empêcher de fumer quand il y a des fumeurs autour de moi.

C. — Ensuite, nous te demandons de garder tes ongles courts et propres, de te laver les cheveux fréquemment et de les garder couverts quand tu travailles. Il faudra que tu te laves les mains tout au long de la journée de travail, avant de manipuler des aliments, après avoir manipulé des aliments crus, après avoir manipulé des ordures, après t'être mouché et après être allé aux toilettes.

CM. — Cela va sans dire !

C. — Ne te gratte jamais les oreilles, ne te frotte pas les yeux, ne renifle pas ou n'éternue pas dans la cuisine. Ne te mets jamais les doigts dans le nez. Les maux de gorge et les problèmes de peau doivent être signalés afin d'éviter que les microbes ne soient transmis aux autres.

CM. — Et si je me brûle ou si je me coupe les doigts ?

C. — En cas de blessure légère, nous avons une boîte à pharmacie. C'est Robert Jones qui en est responsable, il te montrera le contenu et comment l'utiliser. Il est essentiel que tes brûlures et tes coupures soient toujours recouvertes d'un pansement étanche.

CM. — Et les vêtements ?

C. — Nous te fournissons chaque jour un uniforme propre. Tu ne dois jamais le porter en dehors des locaux où se trouvent les aliments, même si tu fais juste un saut à la banque de l'autre côté de la rue ou si tu vas respirer un peu d'air. Toutes ces mesures empêchent la contamination.

CM. — Je ferai de mon mieux pour respecter le règlement, monsieur.

B1. Cleaning premises

• Floors need washing everyday with a clean mop, hot water and an appropriate detergent.
• Walls, ceilings and windows need washing with detergent every few weeks.
• Drains and waste disposals need sluicing with disinfectant everyday.
• Ventilation units need to be cleaned every few months to ensure efficiency.
• Areas where refuse is stored should be washed with a disinfectant. If refuse is stored outside, the area should be hosed down regularly and kept tidy. The lid should always be kept on bins.

B2. Causes of food poisoning

Bacteria, also known as germs, are to be found in raw food, humans, animals and birds, insects (flies, cockroaches), soil and dust. They are killed by thorough cooking, by heat processing (canning, pasteurisation).
The three most common are :
— Salmonella, responsible for 80% of the reported outbreaks.
— Clostridium Perfringens (15%).
— Staphylococcus Aureus (5%).
These germs are microscopic and therefore cannot be seen with the naked eye.

B3. Americans and cholesterol

Following the advice of the US government's National Cholesterol Education Programme, Americans have purged their refrigerators of fatty foods, convinced that eating light can prevent heart disease. Food manufacturers are attracting customers by calling their products « Cholesterol free ». Unfortunately, heart disease is a hideously complex phenomenon and diet is just one of a panoply of risk factors which also include heredity, smoking, high blood pressure and obesity. Besides, cholesterol is produced naturally in the body and is vital to the functioning of human cells.

Hygiène et nutrition

B. DOCUMENTS

B1. Nettoyage des locaux

• Les sols doivent être lessivés chaque jour avec une serpillière propre, de l'eau chaude et un détergent approprié.
• Les murs, les plafonds et les fenêtres doivent être lessivés avec un détergent toutes les deux ou trois semaines.
• Les canalisations et les broyeurs d'ordures doivent être nettoyés avec un désinfectant tous les jours.
• Les dispositifs de ventilation doivent être nettoyés tous les deux ou trois mois pour rester efficaces.
• Les endroits où sont entreposées les ordures doivent être nettoyés avec un désinfectant. Si les ordures sont entreposées à l'extérieur, l'endroit doit être nettoyé au jet régulièrement et bien entretenu. Il faut toujours laisser le couvercle sur les poubelles.

B2. Les causes d'intoxication alimentaire

Les bactéries, qu'on appelle aussi microbes, se trouvent dans les aliments crus, chez les humains, les animaux et les oiseaux, les insectes (mouches, cafards), dans les souillures et la poussière. Elles sont détruites par une cuisson minutieuse, par la chaleur (mise en boîte, pasteurisation).
Les trois bactéries les plus connues sont :
— La salmonelle, responsable de 80% des cas signalés.
— Le clostridium perfringens (15%).
— Le staphylocoque doré (5%).
Ces germes sont microscopiques et ne se voient donc pas à l'œil nu.

B3. Les Américains et le cholestérol

Suivant les conseils du programme national d'éducation sur le cholestérol du gouvernement américain, les Américains ont débarrassé leurs réfrigérateurs d'aliments gras, convaincus que manger léger peut prévenir les maladies cardiaques. Les fabricants de produits alimentaires attirent les clients en donnant à leurs produits l'appellation « sans cholestérol ». Malheureusement, les maladies cardiaques sont un phénomène terriblement complexe et le régime n'est qu'un élément d'une panoplie de facteurs de risque qui comprennent aussi l'hérédité, le tabac, la tension artérielle et l'obésité. De plus, le cholestérol est produit naturellement dans le corps et est vital pour le fonctionnement des cellules humaines.

1. *Défense de cracher.*
2. *Il est interdit de fumer dans les locaux.*
3. *Les animaux sont interdits dans les locaux où se manipulent les aliments.*
4. *Ne pas laisser de débris de nourriture dans la cuisine la nuit.*
5. *Racler tout reste de nourriture avant de laver.*
6. *Si un article demande à être astiqué, il faut le faire une fois qu'il est sec.*
7. *En utilisant le lave-vaisselle, suivre les conseils du fabricant pour le pré-rinçage, le lavage et le rinçage.*
8. *Les planches à hacher doivent être grattées après toute utilisation.*
9. *Boucher les orifices car les rongeurs, souris et rats, peuvent s'introduire par le plus petit espace.*
10. *Couvrir et entreposer les aliments pour les protéger des insectes, des mouches, des cafards, des fourmis, etc.*
11. *Si nécessaire, demander l'aide d'une société de lutte antiparasitaire.*
12. *Le célèbre restaurant sera poursuivi en justice pour ne pas avoir respecté les lois sur l'hygiène.*
13. *Les maladies cardiaques causent une mort sur quatre en Grande-Bretagne.*
14. *Utiliser des huiles végétales plutôt que des graisses animales chaque fois que c'est possible.*
15. *Si chacun faisait plus attention, un grand nombre de morts pourraient être évitées.*
16. *Dans une boutique de produits diététiques, on peut acheter du pain fait à partir de farine de grain moulu à la meule.*
17. *Les plats basses calories sont faits pour plaire au client préoccupé de diététique ainsi qu'à celui qui est préoccupé de régime.*
18. *La consommation de bœuf a baissé de 13% pendant les dix dernières années, en grande partie à cause des inquiétudes des consommateurs au sujet des excès de graisses, de cholestérol et de calories.*
19. *Des chercheurs américains ont fait des études au cours desquelles ils ont trouvé un lien entre les régimes riches en calories et pauvres en protéines et la somnolence.*

Hygiène et nutrition

1. No spitting.

2. Smoking is prohibited on the premises.

3. No pets are allowed in food preparation areas.

4. Do not leave food scraps in the food rooms at night.

5. Scrape off any food residue before washing up.

6. If any article requires polishing, this should be done after it has dried.

7. When using the dishwasher, follow the manufacturer's instructions for pre-rinsing, washing and rinsing.

8. Chopping boards should be scraped down at the end of each session.

9. Block up entry points as rodents, mice and rats, can get through even the smallest gap.

10. Cover and store food correctly to protect it from insects, flies, cockroaches, ants, a.s.o.

11. If necessary, seek assistance from a pest control company.

12. The famous restaurant will be prosecuted for breaking hygiene laws.

13. Heart disease causes one in every four deaths in Britain.

14. Use vegetable oils rather than animal fats whenever possible.

15. If everyone took more care, many of the deaths could be prevented.

16. In health food shops, you can buy bread made from stone ground flour.

17. Low calorie dishes are designed to suit the health conscious as well as the diet conscious patron.

18. Beef consumption has declined by 13% during the past decade, largely because of consumer worries about excess fat, cholesterol and calories.

19. American researchers conducted studies in which they found a link between high carbohydrate, low protein diets and drowsiness.

B5. VOCABULARY

addict [ə'dɪkt]	*intoxiqué*
allergy	*allergie*
ant [ænt]	*fourmi*
asthma	*asthme*
bacterium *(pl.* bacteria*)*	*bactérie*
to ban	*interdire*
bin	*poubelle*
to bite (bit, bit) [baɪt] one's nails	*se ronger les ongles*
to blow (blew, blown) one's nose	*se moucher*
blood [blʌd] pressure	*tension artérielle*
to brief	*donner des instructions*
to burn (burnt, burnt)	*brûler*
calorie	*calorie*
carbohydrate [kɑ:bəʊ'haɪdreɪt]	*féculent*
cell	*cellule*
chopping board	*planche à hacher*
clean	*propre*
cockroach ['kɔkrəʊtʃ]	*cafard*
contents	*contenu*
to cut (cut, cut)	*couper*
disinfectant [dɪsɪn'fektənt]	*désinfectant*
detergent [dɪtə:dʒənt]	*détergent*
diet ['daɪət]	*régime*
drain	*canalisation*
dressing	*pansement*
drowsiness ['draʊzɪnis]	*somnolence*
dust	*poussière*
ear [ɪə]	*oreille*
fatty	*gras*
first aid box	*boîte à pharmacie*
floor	*sol*
fly	*mouche*
food poisoning	*intoxication alimentaire*
germ [dʒə:m]	*microbe*
guidelines	*conseils, instructions*
hair ['heə]	*cheveux*
hairs	*poils*
to handle	*manipuler*
heart [hɑ:t] disease	*maladie cardiaque*
health	*santé*
health food	*produits diététiques*
hives [haɪvz]	*urticaire*
hose	*tuyau d'arrosage*

to hose down	*nettoyer au jet*
hygiene ['haɪdʒɪːn]	*hygiène*
immune system	*système immunitaire*
injury ['ɪndʒərɪ]	*blessure*
lid	*couvercle*
measure [meʒə]	*mesure*
mop	*serpillière*
mouse *(pl. mice)*	*souris*
nail	*ongle*
obesity	*obésité*
outbreak	*éruption, cas* (maladie)
pest	*parasite*
pet	*animal familier*
to pick one's nose	*mettre les doigts dans son nez*
to polish	*astiquer*
premises	*locaux*
to prevent	*empêcher*
protein	*protéine*
to provide	*fournir*
rat [ræt]	*rat*
raw [rɔː]	*cru*
to refrain from	*s'empêcher de*
refuse ['refjuːs]	*ordures*
regulation	*règlement*
to report	*signaler*
rodent	*rongeur*
to rub	*frotter*
scrap	*débris*
to scrape ['skreɪp] off	*gratter* (avec une lame)
to scratch	*gratter* (avec les doigts)
skin infection	*problème de peau*
to sluice ['sluːs]	*laver à grande eau*
to sneeze ['sniːz]	*éternuer*
to sniff	*renifler*
soil [sɔɪl]	*souillures, sol*
sore throat ['sɔːθrəʊt]	*mal de gorge*
to spit (spit, spit)	*cracher*
to spread (spread, spread) [spred]	*répandre, se répandre*
stone ground (to grind, ground, ground)	*moulu à la meule*
tidy	*rangé, net*
to wash up	*faire la vaisselle*
waste disposal	*broyeur d'ordures*
waterproof	*imperméable*

I - Formuler les interdictions correspondant aux phrases suivantes, à l'aide de *never* (ex. : *never answer back !*) :

1. You mustn't bite your nails !
2. You mustn't pick your nose !
3. You mustn't scratch your ears !
4. You mustn't blow your nose !
5. You mustn't smoke in the kitchen !

II - Compléter les phrases à l'aide des éléments entre parenthèses en prenant garde à la construction des verbes (voir dialogue) :

1. The firm ... (its employees / working clothes / to provide).
2. Strict hygiene ... (contamination / to spread / to prevent).
3. Any restaurant must ... (hygiene regulations / to comply).
4. The catering manager will tell you who ... (special diets / to be in charge of).
5. In public areas, everyone should ... (to smoke / to refrain).

III - Traduire :

1. *La loi interdit les animaux familiers dans les locaux où on prépare les aliments.*
2. *Tes cheveux sont trop longs, il faudra te les faire couper.*
3. *Nous faisons de notre mieux pour empêcher les microbes de se propager.*
4. *Les inspecteurs ont découvert qu'une cuisine sur cinq ne respectait pas les règles d'hygiène.*
5. *La consommation de pain a baissé de façon spectaculaire ces dix dernières années.*

Interdictions	
No admittance !	*Défense d'entrer !*
No litter !	*Défense de laisser des ordures !*
No smoking !	*Défense de fumer !*
No dogs allowed	*Interdit aux chiens !*
Parking prohibited	*Défense de stationner !*

C. CORRIGÉ

I - Formuler les interdictions :

1. Never bite your nails !
2. Never pick your nose !
3. Never scratch your ears !
4. Never blow you nose !
5. Never smoke in the kitchen !

II - Compléter les phrases à l'aide des éléments entre parenthèses :

1. The firm provides its employees with working clothes.
2. Strict hygiene prevents contamination from spreading.
3. Any restaurant must comply with hygiene regulations.
4. The catering manager will tell you who is in charge of special diets.
5. In public areas, everyone should refrain from smoking.

III - Traduire :

1. The law bans pets [1] from food preparation areas.
2. Your hair is too long, you will have to have it cut [2].
3. We do our best to prevent germs [1] from spreading.
4. The inspectors [1] found out that one in five kitchens did not comply with hygiene regulations.
5. The consumption of bread has fallen dramatically in the past ten years.

---

1. Lorsqu'il s'agit d'une catégorie (les animaux familiers, les microbes...), on n'utilise pas l'article **the**. Lorsqu'il s'agit d'éléments bien définis (les inspecteurs qui ont effectué cette enquête et non tous les inspecteurs d'hygiène), on l'utilise.
2. *faire faire* : **have** + participe passé (lorsque le complément subit l'action, ici les cheveux sont coupés ; **to cut**, **cut**, **cut**).

■ **Safety with**

LIFTING and CARRYING

Lifting goods that are too heavy or lifting incorrectly can cause injury.

Make sure that you lift and carry correctly by observing the following basic rules.

★ Never attempt to lift a load that is too heavy.
★ Maintain an upright position whenever possible.
★ Always keep a straight back.
★ Distribute the weight evenly.
★ Keep the load near to the body.
★ If necessary, use protective gloves or apron to prevent injury from splinters, nails and other hazards.
★ Make sure that you can see both what you are doing and where you are going.
★ Use special lifting gear when necessary.

If it's Too Big or Too Heavy - GET HELP!

Consignes de sécurité pour soulever et porter

Vous pouvez vous blesser en soulevant des objets trop lourds ou en les soulevant mal. Prenez garde à les soulever et à les porter correctement en observant les règles essentielles suivantes :

- *N'essayez jamais de soulever une charge trop lourde*
- *Restez aussi droit que possible*
- *Gardez toujours le dos droit*
- *Répartissez le poids de façon uniforme*
- *Gardez la charge près du corps*
- *Ne balancez jamais une charge*
- *Si nécessaire, utilisez des gants ou un tablier de protection pour éviter d'être blessé par des échardes, des clous, et autres éléments dangereux*
- *Prenez garde à bien voir à la fois ce que vous faites et où vous allez*
- *Utilisez un matériel spécial de portage si nécessaire. Si c'est trop gros ou trop lourd, allez chercher de l'aide !*

DOSSIER 15

INDUSTRIAL AND INSTITUTIONAL CATERING
LA RESTAURATION COLLECTIVE

A • **DIALOGUE** / *DIALOGUE*

B • **RECORDS** / *DOCUMENTS* :

B1. **Definitions** - *Définitions*

B2. **Food at the Bar**
Comment se restaurer au barreau

B3. **Food service equipment**
Matériel de restauration

B4. **Key sentences** - *Phrases types*

B3. **Vocabulary** - *Vocabulaire*

C • **EXERCISES** / *EXERCICES ET CORRIGÉ*

D • **FINAL TIPS**

A. DIALOGUE

I. = Interviewer   **R.** = Frances Reynolds

Introducing a new vending system (GB)

Frances Reynolds is the catering manager at a famous biscuit-making company.

I. — Mrs Reynolds, you introduced a new vending system in the night catering service for staff two months ago. Now that this testing period is over, do you consider this has been a success ?

R. — I can't deny the fact that, initially, night workers objected to what they felt was a « robotisation » of their restaurant. After a while, though, they agreed that the new system was a definite improvement over the old one.

I. — What originally made you decide to rethink the night catering service ?

R. — Although the company subsidizes its staff catering facilities, the service had been running at a loss and the problem was becoming more acute because of a continuing reduction in [1] the number of people working nights [2]. The alternative would have been to close down the service but this would have been bad for the company's reputation.

I. — Could you describe the new system ?

R. — It took me two years' research [3] to finally choose six machines with revolving shelves to dispense meals, snacks and sandwiches, two hot drink units [4] and ten microwave ovens enabling customers to reheat their meals. On the day of service, the cookchilled food is plated, cling-wrapped and labelled with price, reheating time and sell-by date.

I. — I expect this has greatly reduced the wagebill.

R. — Yes, it has been reduced by [1] 40%, thus justifying the initial investment. Two chefs are responsible for [1] food production during the daytime while two workers keep the machines stocked up at night. In addition the system is flexible enough to allow for everchanging numbers on the night shift.

I. — Thank you for answering my questions and well-done, Mrs Reynods !

---

1. Notez l'emploi des différentes prépositions.
2. **to work nights :** sens adverbial.
3. Ce cas possessif inhabituel s'emploie pour indiquer la durée et la distance (ex. **a two miles' walk**).
4. Dans les mots composés, seul le dernier mot prend la marque du pluriel.

I. = Interviewer   **R.** = Frances Reynolds

Installation d'un nouveau système de distribution automatique (GB)

Frances Reynolds est responsable de la restauration chez un fabricant de biscuits bien connu.

I. — Madame Reynolds, vous avez, il y a deux mois, installé un nouveau système de distribution automatique dans le service de restauration de nuit du personnel. Une fois passé la période d'essai, considérez-vous que c'est un succès ?

R. — Je ne peux nier qu'au début les employés de nuit se sont opposés à ce qu'ils pensaient être une « robotisation » de leur restaurant. Après un certain temps, néanmoins, ils ont admis que le nouveau système était une amélioration certaine par rapport à l'ancien.

I. — Qu'est-ce qui, à l'origine, vous a décidée à repenser le service de restauration de nuit ?

R. — Bien que la société subventionne la restauration de son personnel, le service était déficitaire et le problème s'accentuait du fait d'une réduction continue du nombre de gens travaillant la nuit. L'autre solution aurait été de fermer le service mais ceci aurait été préjudiciable à la réputation de la société.

I. — Pouvez-vous décrire le nouveau système ?

R. — Il m'a fallu deux ans de recherches pour finalement choisir six machines à étagères tournantes qui distribuent repas, encas et sandwiches, deux distributeurs de boissons chaudes et dix fours à micro-ondes permettant aux clients de réchauffer leurs repas. Le jour-même, les aliments préparés à l'avance sont mis sur assiette, enveloppés d'un film protecteur et étiquetés avec le prix, le temps de réchauffage et la date limite de vente.

I. — Je suppose que ceci a grandement réduit la charge salariale.

R. — Oui, elle a été réduite de 40%, justifiant ainsi l'investissement initial. Deux chefs sont responsables de la production pendant la journée alors que deux employés approvisionnent les machines la nuit. D'autre part, le système est suffisamment souple pour prendre en compte l'évolution constante du nombre d'employés de nuit.

I. — Merci d'avoir répondu à mes questions et bravo, madame Reynolds !

B1. Definitions

• **Industrial catering** : Services industries' employees. Staff restaurants are often run with self-service counters. The food service can be run by the companies themselves or contracted out.

• **Institutional catering** : Dining facilities in schools, colleges, hospitals, hostels and other institutions. To be kept running, some services have to be subsidized.

• **Commissaries** (US) : Central production kitchens. The objective is to systematize and industrialize the preparation of food aimed at different units. Costs are reduced and quality control increased.

B2. Food at the Bar (GB)

When the Old Bailey, the central criminal court in London, was built in 1907, no provision was made for catering for the public. But in 1972, a new wing was opened which houses the Lord Mayor's and Scheriffs'[1] dining room, where the 19 judges take lunch, the Bar Mess[2] for barristers, and two further restaurants to serve jurors and other « civilian » visitors, such as witnesses and the families of men and women on trial. Contract caterer Ring & Brymer has catered at the Old Bailey for more than 20 years.

Adapted from **Caterer & Hotelkeeper**

B3. Food service equipment (US)

Seen at a Food Service Exhibition in Las Vegas :
A countertop ice-dispenser. May be filled manually or will accept an ice-maker. For up to 600 lb. of automatic ice production a day. Options include water valve and up to 8 fast-flow beverage valves.

---

1. Le lord maire est maire de la Cité de Londres (City). Le Bureau de la Cíté comprend, entre autres membres, deux shérifs et a la responsabilité de la police, des écoles, des marchés, des ponts, etc.
2. Vient du vieux français *mes* (mets).

B1. Définitions

• **Restauration d'entreprise** : Elle s'adresse aux employés des entreprises. Les restaurants du personnel fonctionnent souvent en self-service. Le service de restauration peut être géré par les sociétés elles-mêmes ou sous-traité.

• **Restauration de collectivité** : Service de repas dans les écoles, les universités, les hôpitaux, les auberges de jeunesse et autres institutions. Pour continuer à fonctionner, certains services doivent être subventionnés.

• **Cuisines centrales** : Leur objectif est de systématiser et d'industrialiser la préparation d'aliments destinés à différentes unités de restauration. Les coûts sont réduits et le contrôle de qualité augmente.

B2. Comment se restaurer au barreau (GB)

Quand l'Old Bailey [1], le tribunal criminel central de Londres, fut construit en 1907, rien ne fut prévu pour que le public puisse se restaurer. Mais, en 1972, on construisit une nouvelle aile qui abrite, d'une part, la salle à manger du lord maire et des shérifs et où déjeunent les 19 juges et, d'autre part, le restaurant du barreau pour les avocats ainsi que deux autres restaurants pour les jurés et autres visiteurs « civils », tels que les témoins et les familles des prévenus. La société de restauration Ring & Brymer fournit les repas servis à l'Old Bailey depuis plus de 20 ans.

B3. Matériel de restauration (US)

Vu dans une exposition de matériel de restauration à Las Vegas : Distributeur de glaçons à placer sur un comptoir. Peut se remplir manuellement ou peut contenir une machine à glaçons. Peut fournir automatiquement jusqu'à 300 kg de glaçons par jour. Parmi les différentes options, une valve à eau et jusqu'à 8 valves à boisson à débit rapide.

---

1. Le vieux mot **bailey** signifiait *mur d'enceinte* à l'époque médiévale ; il s'agit ici du mur d'enceinte de la Cité.

1. *Les trois cuisiniers font trois périodes de travail par jour.*
2. *Les repas sont fournis au public en libre-service.*
3. *Les repas doivent être servis à partir de chariots chauffants.*
4. *Les distributeurs peuvent fonctionner 24 heures sur 24.*
5. *Le prix des repas est calculé de façon à couvrir les coûts.*
6. *Le chiffre d'affaires du restaurant a augmenté de 25%.*
7. *Un système de libre-service dissocié doit être installé dans le courant de l'année.*
8. *Les repas livrés par l'entreprise de restauration sont conservés dans des cellules réfrigérées.*
9. *Le personnel préfère le principe plus individualisé et plus souple du buffet où il peut se servir lui-même.*
10. *Un bon restaurant du personnel peut être un avantage en nature intéressant.*
11. *Les services de restauration des hôpitaux ont mis l'accent sur les activités lucratives.*
12. *Avec l'aide d'un diététicien, le responsable de la restauration a mis au point un menu avec code de couleur qui fournit des informations diététiques.*
13. *Chaque plat est codifié à l'aide de carrés de couleur qui indiquent les éléments à faible teneur en sel, en matières grasses, en sucre et à forte teneur en fibres.*
14. *Dans le navire, un comptoir de service relie le carré à la cuisine principale.*
15. *Les écoliers veulent bien faire la queue dans la mesure où ils peuvent écouter de la musique.*
16. *En Grande-Bretagne, l'offre de contrats au secteur privé est un sujet délicat depuis des mois.*
17. *Le secteur de la restauration « sociale » est en grande partie à la merci de la politique gouvernementale et du budget des entreprises.*
18. *Le secteur des collectivités risque d'être touché par les réductions budgétaires imposées par le gouvernement.*
19. *La sous-évaluation des quantités nécessaires restreint la gamme de repas disponibles, alors que la surévaluation est source de gaspillage.*
20. *Cela ne sert à rien de prendre de l'expansion si on ne peut pas satisfaire ses clients.*

1. The three cooks work three shifts a day.

2. The public is catered for on a self-service basis.

3. The food has to be served from heated trolleys.

4. Vending machines can provide a 24-hour service.

5. Food is priced to cover costs.

6. The restaurant's turnover has grown by 25%.

7. A free flow cafeteria arrangement is due to be installed later this year.

8. Meals delivered by contractors are stored in refrigerated compartments.

9. Staff prefer the more personnal and flexible buffet service from which they can help themselves.

10. A good staff restaurant can be a valuable fringe benefit.

11. Hospital caterers have put the emphasis on profit-making activities.

12. With the help of a dietician, the catering manager has compiled a colour-coded menu for healthy eating.

13. Each dish is marked with coloured squares which represent low-salt, low-fat, low-sugar or high-fibre items.

14. On the ship, a serving counter connects the mess to the main galley.

15. School children don't mind queueing as long as there is music for them to listen to.

16. In Great-Britain, private tendering has been an emotive issue for months.

17. The welfare catering sector is largely at the mercy of government policies and industry's budget.

18. The institutional area is likely to be affected by government spending cutbacks.

19. Underestimating the quantities needed restricts the range of meals available while overstating causes wastage.

20. There's no point in expanding if you don't keep your customers happy.

to bite	*mordre*
to cater for	*fournir des repas (ou des services) à*
catering service	*service de restauration*
to chew ['tʃuː]	*mâcher*
to cling wrap	*envelopper d'un film protecteur*
to close down	*fermer (usine, restaurant)*
commissary *(US)*	*cuisine centrale*
to contract out	*confier à une société extérieure*
contract caterer	*société de restauration*
dietician [daɪetɪʃəˈn]	*diététicien*
to dispense	*distribuer*
dispenser	*distributeur*
exhibition	*exposition, foire*
to foster	*encourager*
fringe benefit	*avantage en nature*
galley	*cuisine de bateau, d'avion*
growth	*augmentation, croissance*
ice-dispenser	*distributeur de glaçons*
industrial catering	*restauration d'entreprise*
to install [ɪnˈstɔːl]	*installer*
institutional catering	*restauration de collectivité*
to help oneself	*se servir*
high-fibre ['faɪbə]	*riche en fibres*
to label ['leɪbl]	*étiqueter*
layer ['leɪə]	*couche*
low-fat	*pauvre en matières grasses*
low-salt	*pauvre en sel*
low-sugar	*pauvre en sucre*
to object to	*s'opposer à*
to overstate	*surévaluer*
plant	*usine*
to plate	*mettre sur assiette*
profit-making	*à but lucratif*
to reheat	*réchauffer*
revolving	*tournant (par ex. étagère)*
to refurbish	*rénover*
to run at a loss	*fonctionner à perte, être en déficit*
schoolchildren	*écoliers*

self-service counter	*comptoir libre-service*
sell-by date	*date limite de vente*
shelf *(pl.* shelves*)*	*étagères*
to spill	*renverser*
shift	*période de travail, équipe*
slice	*tranche*
to slice	*trancher*
staff	*personnel*
to stock up	*regarnir*
to subsidize ['sʌbsɪdaɪz]	*subventionner*
supplier	*fournisseur*
to tender	*faire une offre* (de contrat)
trolley	*chariot*
turnover	*chiffre d'affaires* (U.S., revenue)
to underestimate	*sous-évaluer*
vending system	*distribution automatique*
vending machine	*distributeur*
wastage	*gaspillage*
welfare	*à but social* (littéralement : *pour le bien commun*)

Augmentations/diminutions

to increase	to decrease
to rise	to fall
to go up	to go down
to grow	

to fall **by** 10%
an increase **in** price
an increase **of** 10%

I - Compléter les phrases avec un pluperfect progressif à l'aide des éléments entre parenthèses[1] :

1. When they decided to refurbish the staff restaurant, the service (to run at a loss).
2. Since 1970, the same caterer (to cater) for the company.
3. Before they turned to outside contractors, they (to have problems) covering the costs.
4. Before the new act, the government (to subsidize) school catering.
5. Since the robotisation of the plant, the number of workers (to fall) steadily.

II - Compléter à l'aide d'une des prépositions suivantes : *of, in, by* :

1. The company's turnover increased . . . . . 10% last year.
2. We are expecting a growth . . . . . 5% next year.
3. The increase . . . . . . the number of workers has forced the management to reconsider its policy.
4. Since we changed suppliers, the costs have fallen . . . . . 5%.
5. The growth . . . . . profits will foster new investments.

III - Traduire :

1. *Nous avons installé un nouveau distributeur de glace il y a deux semaines.*
2. *À l'origine, le personnel était opposé au nouveau système.*
3. *Nous aurions fermé l'usine si les pertes avaient augmenté.*
4. *Cela ne dérange pas les écoliers de faire la queue.*
5. *Des repas sont servis au public* (to cater for) *24 heures sur 24.*

---

1. Pluperfect progressif : **had** + **been** + verbe + **ing** ; dans ces phrases le pluperfect se traduirait par un imparfait (transposition dans un contexte passé du present perfect).

La restauration collective
C. CORRIGÉ

I - Compléter les phrases avec un pluperfect progressif :

1. When they decided to refurbish the staff restaurant, the service had been running at a loss.
2. Since 1970, the same caterer had been catering for the company.
3. Before they turned to outside contractors, they had been having problems covering the costs.
4. Before the new act, the government had been subsidizing school catering.
5. Since the robotisation of the plant, the number of workers had been falling steadily.

II - Compléter à l'aide d'une préposition :

1. The company's turnover increased *by* 10% last year.
2. We are expecting a growth *of* 5% next year.
3. The increase *in* the number of workers has forced the management to reconsider its policy.
4. Since we changed suppliers, the costs have fallen *by* 5%.
5. The growth *in* profits will foster new investments.

III - Traduire :

1. We installed a new ice-dispenser two weeks ago.
2. Originally, the staff objected to the new system.
3. We would have closed the plant down if the losses had increased.
4. Schoolchildren don't mind (don't object to) queuing.
5. The public is catered for 24 hours a day.

■ **A few sayings** - *Quelques dictons*

What you mustn't do - *Ce qu'il ne faut pas faire* :

— Bite off more than you can chew
  Avoir les yeux plus gros que le ventre
  Mot à mot : *mordre plus que vous ne pouvez mâcher*

— Bite the hand that feeds you
  Mordre la main qui vous nourrit

— Cry over spilled milk
  Pleurer sur les pots cassés
  Mot à mot : *pleurer sur le lait renversé*

— Spill the beans
  Vendre la mèche
  Mot à mot : *renverser les haricots*

What you can't do - *Ce que vous ne pouvez pas faire* :

— Have your cake and eat it
  Avoir le beurre et l'argent du beurre
  Mot à mot : *avoir votre gâteau et le manger*

■ **What's a « sandwich » ?**

Two slices of bread originally with a layer of sliced meat (usually beef or ham) and later any comestible placed between.
Named after John Montagu, 4th Earl of Sandwich (1718-1792), who was so keen on gambling that he refused to stop at meal times. He once spent twenty four hours at the gaming table without other food than beef sandwiches.

Deux tranches de pain avec, au milieu, à l'origine une couche de tranche de viande (généralement du bœuf ou du jambon) et plus tard n'importe quel mets.
Le nom vient de John Montagu, 4ᵉ comte de Sandwich (1718-1792), qui aimait tellement les jeux d'argent qu'il refusait de s'arrêter à l'heure des repas. Un jour, il passa vingt-quatre heures à la table de jeu sans autre nourriture que des sandwiches de bœuf.

DOSSIER 16

TRAVEL CATERING
LA RESTAURATION DANS LES TRANSPORTS

A • **DIALOGUE** / *DIALOGUE*

B • **RECORDS** / *DOCUMENTS* :

   B1. **Catering on the trains**
      La restauration ferroviaire

   B2. **Catering on the ferries**
      La restauration sur les ferries

   B3. **Smoking on board planes**
      Fumer à bord des avions

   B4. **Key sentences** - *Phrases types*

   B5. **Vocabulary** - *Vocabulaire*

C • **EXERCISES** / *EXERCICES ET CORRIGÉ*

D • **FINAL TIPS**

A. DIALOGUE

F. = Flight attendant[1]   **M.** = Martha   **R.** = Ron[2]

In flight catering (US)

On board a plane en route for LA[3].

F. — Good morning, Ladies and Gentlemen, Captain Pierce and his crew welcome you aboard flight 406 to Los Angeles. Our flight will last 3 hours and 40 minutes and during that time, we will be at your disposal, should you need[4] any help or information. Beverages and a hot meal will be served soon.

M. — Well, I'm glad this is a direct flight. Remember when we flew to Mexico and we had to stop over in Las Vegas ? It's such a waste of time[5] and there is nothing to do but sit and wait.

R. — Here comes the stewardess with the refreshments, I'm dying for a drink ! What would you like ? A whisky and soda, as usual ?

M. — Yes, please !

F. — What would you care to drink ?

R. — Two whiskies and sodas... Do we have to pay for these ?

F. — No, sir, in economy class, alcoholic beverages, except champagne, are complimentary...

R. — Here comes the food, bring your folding tray down, Martha.

M. — That is a nice meal ! Steak and hot vegetables, I wonder how they manage to keep all this at the right temperature.

R. — The food is placed in special insulated containers and transported on trolleys before being loaded aboard the plane's galley.

M. — Very efficient, indeed. Well, let's relax and enjoy our meal !

---

1. Moins « sexiste » que **stewardess**.
2. Diminutif de Ronald. Les Américains préfèrent les diminutifs aux noms complets : **Bill** pour **William**, **Jack** pour **John**, etc.
3. LA ['el'eɪ] : Los Angeles.
4. **should** est ici auxiliaire du subjonctif et indique une hypothèse (au cas où).
5. Notez l'ordre des mots par rapport au français (*une telle perte*).

H. = Hôtesse   **M.** = Martha   **R.** = Ron

Restauration en vol (US)

Sur le vol de Los Angeles.

H. — Bonjour, mesdames et messieurs, le commandant Pierce et son équipage vous souhaitent la bienvenue à bord du vol 406 à destination de Los Angeles. Notre voyage durera 3 heures 40 minutes et pendant ce temps, nous serons à votre disposition pour toute aide et tout renseignement. Des boissons et un repas chaud vous seront servis dans quelques instants.

M. — Eh bien, je suis content que ce soit un vol direct. Tu te rappelles quand nous sommes allés à Mexico et que nous avons dû faire escale à Las Vegas, on perd tellement de temps, et il n'y a rien à faire sinon rester assis et attendre.

R. — Voici l'hôtesse avec les boissons, je meurs d'envie de boire quelque chose ! Qu'est-ce que tu veux ? Un whisky avec de l'eau gazeuse, comme d'habitude ?

M. — Oui, s'il te plaît !

H. — Que désirez-vous boire ?

R. — Deux whiskies avec de l'eau gazeuse... Devons-nous vous les payer ?

H. — Non, monsieur, en classe économique les boissons alcoolisées, sauf le champagne, sont offertes...

R. — Voilà le repas, rabats ta tablette, Martha.

M. — Ça, c'est un beau plateau ! Du steak et des légumes chauds, je me demande comment ils se débrouillent pour garder tout ça à la bonne température.

R. — Les repas sont placés dans des compartiments isothermes et transportés sur des chariots avant d'être chargés à bord de l'avion.

M. — C'est vraiment très efficace ! Eh bien, installons-nous et bon appétit !

B1. Catering on the trains

On some British trains a new upmarket service called Cuisine 2000 includes such international fare as halibut fillet in Loire wine and saffron sauce and Viennese sponge crêpe. Thanks to cookchill, the food is parcooked before being loaded on board and finished off in new kitchens with air convection ovens. As on planes, travellers will soon be able to phone ahead to book a vegeterian or diet metal, giving a credit card number and 24 hours' notice.

B2. Catering ont the ferries

On cross Channel ferries, it's a rush against the clock : they have to look after the needs of up to 1,300 people in 75 minutes. There is a lot of speed involved as, after an hour, people get ready to leave and drive off. In the ship's galley, the chief cook and his staff start their working day at 9:30 a.m., so they have less than an hour to prepare for the arrival of the first passengers for the 10:30 sailing. The joints of meat have been defrosted during the previous shift and so, as they get the breakfasts ready for the outward trip, the roasts are cooking for the lunches to be enjoyed on the return journey.

B3. Smoking on board planes

Please do not smoke in the no-smoking sections. For safety reasons, we insist that you refrain from smoking in the aisles and doorways. Smoking in the toilets is strictly forbidden. In smoking sections you may smoke only when seated and when the no-smoking signs are extinguished. Please avoid smoking pipes or cigars so as not to inconvenience your fellow-passengers.

B1. La restauration ferroviaire

Sur certains trains britanniques, un nouveau service haut de gamme appelé Cuisine 2000 offre des spécialités internationales telles que les filets de flétan sauce au vin de Loire et au safran ou la crêpe viennoise. Grâce à la méthode de préparation à l'avance, les plats sont cuits en partie avant d'être montés à bord et sont terminés dans des cuisines nouvellement équipées avec fours à convection. Comme dans les avions, les voyageurs pourront bientôt téléphoner à l'avance pour réserver un menu végétarien ou de régime, en donnant leur numéro de carte de crédit et avec un délai de 24 heures.

B2. La restauration sur les ferries

Sur les ferries qui font la traversée de la Manche, c'est la course contre la montre : ils doivent répondre aux besoins de 1300 personnes en 75 minutes. Ceci implique une grande rapidité car, au bout d'une heure, les gens s'apprêtent à quitter le navire avec leurs véhicules. Dans la cuisine du bateau, le cuisinier-chef et son équipe commencent leur journée de travail à 9 h 30 et ont donc moins d'une heure pour préparer l'arrivée des premiers passagers de la traversée de 10 h 30. Les pièces de viande ont été décongelées pendant la période de travail précédente et donc, pendant qu'ils préparent les petits déjeuners pour l'aller, la viande cuit pour être servie au retour.

B3. Fumer à bord des avions

Veuillez ne pas fumer dans les zones non-fumeurs. Pour des raisons de sécurité, nous vous demandons instamment de ne pas fumer dans les couloirs et près des portes. Il est strictement interdit de fumer dans les toilettes. Dans les zones fumeurs vous ne pouvez fumer que lorsque vous êtes assis et que les signaux « interdiction de fumer » sont éteints. Veuillez vous abstenir de fumer la pipe et le cigare de façon à ne pas incommoder les autres voyageurs.

1. *Préparez vos cartes d'accès à bord !*
2. *Attachez vos ceintures et éteignez vos cigarettes !*
3. *L'avion a décollé à l'heure.*
4. *Veuillez vous rendre à la zone de livraison des bagages !*
5. *S'il vous plaît, mademoiselle, nous aimerions commander des cocktails.*
6. *Les repas sont servis à des heures aussi régulières que possible en tenant compte des temps de vol et des différences de fuseaux horaires.*
7. *On vous servira un menu spécial, pour raison médicale ou religieuse, si vous l'avez commandé en réservant votre place.*
8. *Aux heures des repas un enfant bénéficie du même menu que les adultes sauf si vous avez demandé, à la réservation, un menu spécial jeunes enfants.*
9. *Les sièges doivent être maintenus en position verticale pour tous les décollages et les atterrissages.*
10. *Profitez de votre voyage pour acheter à un prix inférieur au prix de vente habituel des alcools, du tabac, des montres, des briquets et des parfums.*
11. *Certaines compagnies aériennes offrent à leurs passagers en classe affaires un service de voiturier à l'aéroport international d'Heathrow.*
12. *La salle à manger principale du bateau située sur le pont supérieur peut recevoir les 740 passagers en un seul service.*
13. *Avant que le bateau ne commence son voyage inaugural, un déjeuner et un dîner de gala ont été préparés pour des invités de marque sous la direction d'un chef célèbre.*
14. *Dans la plupart des trains, les passagers ne sont plus servis dans un wagon restaurant mais à leur place.*
15. *Les repas sont servis dans des plats en aluminium présentés sur des plateaux.*
16. *Un choix de salades est servi sur un chariot.*
17. *Des chocolats anglais de fabrication artisanale sont servis avec le café ou une sélection de thés.*
18. *Une importante proportion de voyageurs ont des notes de frais.*
19. *Parfois, les clients trouvent les parts trop petites.*

16 La restauration dans les transports

B4. KEY SENTENCES

1. Have your boarding passes ready !

2. Fasten your seat belts and extinguish your cigarettes.

3. The plane took off on schedule.

4. Please proceed to the baggage claim area !

5. Excuse me, stewardess, we'd like to order cocktails.

6. Meals are served as normally as possible, taking into consideration flying times and time zone differences.

7. A special diet, required for health or religious reasons, is served if ordered when you booked your seat.

8. At meal times, a child enjoys the same food as adults unless a special meal for young children was required when you booked.

9. Seat backs must be in the upright position for all take-offs and landings.

10. Take advantage of your flight to buy at below store price spirits, tobacco, watches, lighters and perfumes.

11. Some airlines offer valet parking to their business class passengers at Heathrow airport.

12. The ship's main dining room on the upper deck can accommodate the 740 passengers at one sitting.

13. Before the ship began its maiden voyage [1], a gala luncheon and dinner for VIPS was prepared under a famous chef's supervision.

14. On most trains, passengers are no longer served in a dining car, but in their seats instead.

15. Food is served in foil dishes presented on trays.

16. A selection of salads is served from a trolley.

17. English hand-made chocolates come with coffee or a choice of teas.

18. A large proportion of travellers are on expense accounts.

19. Customers occasionally resent the small size of helpings.

---

1. **maiden :** *virginal* ; les bateaux sont du genre féminin.

aboard [ə'bɔːd]	*à bord de*
aisle ['aɪl]	*couloir, passage*
announcement	*annonce* (au haut parleur)
asset	*atout*
average	*moyen*
on average	*en moyenne*
boarding pass	*carte d'accès à bord*
baggage claim	*livraison des bagages*
compartments	*compartiments*
complimentary	*offert, gratuit*
crew ['kru:]	*équipage* (navire, avion)
current	*actuel*
deck	*pont de navire*
upper : *supérieur*	lower : *inférieur*
to defrost	*décongeler*
to delay	*retarder*
diet ['daɪət]	*régime*
dining car	*wagon restaurant*
doorway	*embrasure de porte*
efficient	*efficace*
English Channel ['tʃænəl]	*la Manche*
expense account	*note de frais*
to extinguish	*éteindre*
fare ['feə]	*chère*
to fasten ['fɑːsn]	*attacher*
fellow passenger	*compagnon de voyage*
to finish off	*terminer* (cuisson)
flight	*vol*
flight attendant	*hôtesse, steward*
to fly, flew, flown	*voler*
foil ['fɔɪl]	*papier aluminium*
to forbid, forbade, forbidden	*interdire*
galley	*cuisine* (navire, avion)
halibut	*flétan*
helping	*part*
to inconvenience	*incommoder*
insulated	*isolé, isotherme*
joint ['dzɔɪnt] of meat	*pièce de viande à rôtir*
kipper	*hareng fumé et salé*
to land	*atterrir*
to load	*charger*
notice	*notification, délai*
on board	*à bord*

to overcook	*trop cuire*
to parcook	*cuire en partie*
to refrain from	*s'abstenir de*
refreshments	*boissons*
to resent	*être contrarié par*
roast	*rôti*
route *(GB :* ['ru:t]*, US :* ['raʊt]*)*	*trajet, ligne, itinéraire*
to rush	*se dépêcher*
safety	*sécurité*
saffron	*safran*
to sail	*naviguer*
schedule *(GB :* ['ʃedju:l]*, US :* ['skedju:l]*)*	*horaire*
seat belt	*ceinture de sécurité*
seated	*assis*
seconds ['sekəndz]	*deuxième part* (quand on vous resert)
speed	*vitesse*
stewardess	*hôtesse*
to stop over	*faire escale*
stopover	*escale*
to take advantage of	*tirer profit de, profiter de*
to take off	*décoller*
time zone	*fuseau horaire*
to travel	*voyager*
traveller *(US :* traveler*)*	*voyageur*
tray	*plateau*
trolley	*chariot*
upmarket	*haut de gamme*
upright position	*position verticale*
voyage ['vɔɪdʒ]	*voyage par mer*
waste	*perte, gaspillage*

Voyager

a trip	*un voyage* (déplacement)
a journey	*un voyage* (temps passé en transport)
a voyage	*un voyage par mer*
travels	*les voyages* (s'emploie surtout au pluriel)
travelling (US : traveling)	*les voyages*
have you had a good trip ?	*avez-vous fait bon voyage ?*

C. EXERCICES

I - Formuler des hypothèses en remplaçant *suppose* par *should* (voir note 4 du dialogue) :

1. Suppose you need assistance, we are here to help you.
2. Suppose your child requires a special diet, you must request it when booking.
3. Suppose the departure is delayed, you will be informed by an announcement.
4. Suppose you find the helpings too small, you will be offered seconds at no extra cost.
5. Suppose the meat is overcooked, all you have to do is say so.

II - Remplacer *really* par *such* et adapter la phrase en conséquence (voir note 5 du dialogue) :

1. Really, it's a waste of time !
2. Really, it's a long flight !
3. Really, Captain Cook is a good pilot !
4. Really, it's a good idea !
5. Really, they gave us good advice !

III - Traduire :

1. *Bienvenue à bord du vol 506 à destination de New York !*
2. *Il n'y a rien à faire pendant une escale.*
3. *Je meurs d'envie de boire quelque chose !*
4. *Les passagers pourront bientôt téléphoner à l'avance pour réserver un menu de régime.*
5. *Vous n'avez le droit d'incliner* (to recline) *votre siège qu'après le décollage de l'avion.*

I - Formuler des hypothèses en remplaçant *suppose* par *should* :

1. Should you need assistance, we are here to help you.
2. Should your child require a special diet, you must request it when booking.
3. Should the departure be delayed, you will be informed by an announcement.
4. Should you find the helpings too small, you will be offered seconds at no extra cost.
5. Should the meat be overcooked, all you have to do is say so.

II - Remplacer *really* par *such* :

1. It's such a waste ot time !
2. It's such a long flight !
3. Captain Cook is such a good pilot !
4. It's such a good idea !
5. They gave us such good advice !

III - Traduire :

1. Welcome aboard flight 506 to New York !
2. There's nothing to do during a stopover.
3. I'm dying for a drink !
4. Passengers will soon be able to phone ahead to book a diet meal.
5. You may only recline your seat after the plane's takeoff.

■ **An advertisement** - *Une publicité*

Tempted by Corsair ?
A personal welcome. Your favourite seat by the window. A glass
or two of the finest champagne. Before your beautifully served
meal from what is fast recognised as one of the greatest cuisines
in the world. Accompanied by fine wines from our country's
most respected vineyards. It's like your own private restaurant
in the air. One you visit every time you travel Navigator Class.
With the airline from the country that made travelling fashion-
able. And the one that knows good food. Tempted ?

Corsair vous tente ?
*Un accueil personnalisé. Votre place préférée près de la
fenêtre. Un verre ou deux du meilleur champagne. Avant votre
splendide repas préparé, de l'avis général, à partir d'une des
meilleures cuisines du monde. Accompagné de bons vins
venant des vignobles les plus appréciés de notre pays. C'est
votre restaurant privé dans les airs. Celui que vous fréquentez
chaque fois que vous voyagez en Classe Navigateur. Avec la
compagnie aérienne du pays qui a mis les voyages à la mode.
Et celle qui s'y connaît en bonne cuisine. Ça vous tente ?*

■ **A quotation** - *Une citation*

« This is one of the lessons of travel — that some of the
strangest races dwell next door to you at home. »

Robert Louis Stevenson [1]

*Une des leçons apportées par les voyages est que les races
les plus étranges demeurent souvent près de chez vous.*

---

1. Écrivain écossais (1850-1894) connu pour ses voyages et les récits
qu'il en fit, en particulier un voyage dans les Cévennes à dos d'âne.

DOSSIER 17

PURCHASING AND STORAGE
ACHATS ET STOCKAGE

A • **DIALOGUE** / *DIALOGUE*

B • **RECORDS** / *DOCUMENTS* :

   B1. **The buyer** - *L'acheteur*

   B2. **Suppliers** - *Les fournisseurs*

   B3. **Meat purchases** - *Les achats de viande*

   B4. **Key sentences** - *Phrases types*

   B5. **Vocabulary** - *Vocabulaire*

   B6. **Additional vocabulary**
   Vocabulaire complémentaire
   • **Groceries and spices** - *Épicerie et épices*
   • **Herbs** - *Herbes aromatiques*
   • **Vegetables** - *Légumes*
   • **Fruit** - *Fruits*
   • **Dairy produce** - *Produits laitiers*
   • **Poultry and game** - *Volailles et gibier*
   • **Meat cuts and joints** - *Morceaux et pièces de viande*
   • **Fish and shell fish** - *Poissons et crustacés*

C • **EXERCISES** / *EXERCICES ET CORRIGÉ*

D • **FINAL TIPS**

I. = Interviewer   **C.** = Food & Beverage Controller

Interviewing the food and beverage controller of a big hotel (GB)

I. — Mr Downing, you are the food and beverage controller in this hotel, what are you responsible for [1] exactly ?

C. — First, I work with the chef ; together, we establish and fix portion sizes. I also forecast the number of covers on a weekly basis.

I. — I suppose you also [2] work in close cooperation with the purchasing agent ?

C. — Yes, so that he can purchase in the most cost-effective manner, I need to do the costing and precosting of food and to check the profitability of the various products. I supervise the receiving and storing of food as well [2].

I. — Is stock control an important aspect of your job ?

C. — It is, but I find the computerised stock control system that was set up two years ago great help.

I. — To what extent is it an improvement over a manual system ?

C. — First, it is time-saving. For example, we have access to a database of suppliers ; this enables us to see quickly which suppliers are offering the best discounts at any particular time. Then, it is efficient : it monitors internal stock movements between departments within the hotel and handles stock inventory in all its aspects, from order processing and « goods in » to detailed reports on each of the cost and revenue centers in the hotel.

I. — On the whole, has this system brought about a significant improvement ?

C. — Statistics show that computerised stock control systems are enabling restaurant managers to improve gross food profit by [3] as much as five percentage points.

I. — Indeed !

---

1. À la différence du français, la préposition se place souvent à la fin de la question et non devant l'interrogatif ; ceci vaut pour tous les verbes avec préposition.
2. Pour traduire l'idée de « aussi », il existe trois mots principaux : **also**, **too**, **as well** ; **also**, comme la plupart des adverbes, se place devant un verbe à un temps simple et entre auxiliaire et verbe à un temps composé ; **too** et **as well** se placent en fin de phrase.
3. Voir vocabulaire dossier 15.

I. = Interviewer   **C.** = Contrôleur de la restauration

Interview du contrôleur de la restauration d'un grand hôtel (GB)

I. — Monsieur Downing, vous êtes contrôleur de la restauration dans cet hôtel, de quoi êtes-vous responsable exactement ?

C. — D'abord, je travaille avec le chef ; ensemble nous établissons et nous déterminons l'importance des portions. Je prévois aussi le nombre de couverts pour chaque semaine.

I. — Je suppose que vous travaillez aussi en étroite collaboration avec le responsable des achats ?

C. — Oui, pour qu'il puisse travailler dans les meilleures conditions, j'ai besoin d'établir et d'évaluer à l'avance le coût des denrées alimentaires et de vérifier la rentabilité des différents produits. J'assure aussi la réception et le stockage des denrées.

I. — Le contrôle des coûts est-il un aspect important de votre travail ?

C. — Oui, mais je suis bien aidé par le système informatisé de contrôle des stocks qui a été installé il y a deux ans.

I. — Dans quelle mesure celui-ci représente-t-il une amélioration par rapport à un système manuel ?

C. — Il apporte essentiellement un gain de temps. Nous avons, par exemple, accès à une base de données de fournisseurs ; ceci nous permet de voir rapidement quels sont les fournisseurs qui nous offrent les meilleures réductions à un moment donné. Ensuite, il est efficace : il contrôle les mouvements de stock internes entre les différents services de l'hôtel et gère tous les aspects de l'inventaire des stocks, du traitement des commandes et de l'évaluation des produits en stock à l'établissement de rapports détaillés sur chacun des postes de coûts et de revenus de l'hôtel.

I. — Dans l'ensemble, ce système a-t-il apporté une véritable amélioration ?

C. — Les statistiques montrent que les systèmes informatisés de contrôle des stocks permettent aux directeurs de restaurants d'améliorer de un à cinq pour cent leurs bénéfices bruts sur les denrées alimentaires.

I. — En effet !

B1. The buyer (purchasing agent)

Successful purchasing consists in maintaining a balance between quantity, quality and cost. An efficient buyer anticipates delivery problems and preparation time, checks availability, seasonal advantages and disadvantages and allows for price fluctuations. He orders the right items in the right quantities for delivery to the right places at the right time. A key word in buying is « value for money ».

B2. Suppliers

The buyer establishes and coordinates all the contacts with suppliers, he checks all buying orders and invoices.
Bulk purchasing means discount prices and can be achieved directly from local suppliers or through a purchasing company. Hotel consortia have buying services and hotel chains supply subsidiaries.

B3. Meat purchases (voir pages 278-281)

Considering the cost of meat, the buyer must take particular care when ordering it.
The English language uses different words to differenciate the animal and the meat [1] : **beef** for ox meat, **mutton** for sheep meat, **veal** for calf meat, and **pork** for pig meat.
French and American/British methods for cutting up a beef carcass differ to a large extent. However, here are a few examples of beef cuts :
prime cuts : sirloin, fillet, rump, wing ribs ;
medium cuts : top ribs and back ribs, topside ;
coarse cuts : blade-bone, brisket ;
offal : kidney, liver, heart, head, ears, tail.

---

1. Ceci date de l'époque où on parlait français à la cour et chez les nobles et saxon chez les paysans. Ceux-ci employaient le mot saxon pour désigner l'animal et les nobles qui consommaient la viande utilisaient le terme français pour désigner celle-ci.

B1. L'acheteur (responsable des achats)

Une politique d'achats réussie consiste à maintenir un équilibre entre qualité, quantité et coûts. Un acheteur efficace anticipe les problèmes de livraison et le temps de préparation, vérifie les disponibilités, les avantages et les inconvénients saisonniers et tient compte des variations de prix. Il commande les articles adéquats, en quantité adéquate, pour les faire livrer à l'endroit adéquat, au moment adéquat. Le mot clé pour l'acheteur est le « rapport qualité-prix ».

B2. Les fournisseurs

L'acheteur établit et coordonne toute les relations avec les fournisseurs, il vérifie toutes les commandes et les factures.
L'achat en gros permet d'avoir des réductions de prix et peut se faire directement auprès des fournisseurs locaux ou par l'intermédiaire d'une centrale d'achats.
Les chaînes d'hôtels volontaires ont des services d'achat et les chaînes intégrées ont des filiales chargées de l'approvisionnement.

B3. Les achats de viande

Étant donné le coût de la viande, l'acheteur doit être particulièrement vigilant en la commandant.
La langue anglaise utilise un mot différent pour l'animal sur pied et pour la viande.
Les méthodes française et américaine/britannique pour la découpe d'une carcasse de bœuf diffèrent dans une large mesure. Néanmoins, voici quelques exemples de pièces de bœuf :
morceaux de premier choix : aloyau, filet, pointe de cuisse, côtes d'aloyau ;
morceaux de deuxième choix : entrecôte, tende de tranche ;
bas morceaux : paleron, macreuse ;
abats : rognons, foie, cœur, tête, oreilles, queue.

Purchasing and storage

1. *Comment vont les affaires ?*
2. *Les affaires vont bien ; les affaires vont mal.*
3. *Tous les bons acheteurs recherchent le rapport qualité-prix.*
4. *Le marché de détail n'a pas connu une grande expansion ces dernières années.*
5. *Les restaurateurs sont maintenant les principaux clients des entrepôts de vente directe.*
6. *Recherchez les fournisseurs qui peuvent fournir des produits de qualité supérieure aux meilleures conditions.*
7. *Le mobilier est ce qu'il y a de plus compliqué à acheter car il est souvent conçu pour un usage précis.*
8. *Acheter du vin à de grandes sociétés ne vous donne pas accès aux petits producteurs qui ne produisent pas assez.*
9. *Il est intéressant de construire une cave car les établissements ont besoin de garder leur vin dans de bonnes conditions.*
10. *Mettre du vin en réserve prémunit contre les augmentations de prix et la pénurie inattendue de certains crus.*
11. *Les casiers modulables plutôt que les traditionnels casiers en brique sont le mode le plus efficace de stockage du vin.*
12. *Les casiers modulables font gagner de la place et on ne dérange pas les autres bouteilles quand on en retire une.*
13. *On peut acheter les légumes et les fruits au marché de gros mais on économise du temps et des frais de transport en achetant à un grossiste.*
14. *Quand on achète des pommes, il faut d'abord rechercher les traces de choc qui provoquent une détérioration rapide du fruit.*
15. *Les poires se conservent bien en chambre froide où elles peuvent subsister pendant des mois.*
16. *Pour le saumon fumé d'élevage, les prix sont moins élevés pour des filets entiers non tranchés que pour des filets prétranchés remis sur la peau.*
17. *Quiconque achète ou accepte un chevreuil abattu illégalement peut avoir une amende allant jusqu'à 1000 livres.*
18. *Il faut acheter le fromage en quantités telles qu'il sera consommé en quelques jours.*
19. *Il vaut mieux laisser le fournisseur se charger de l'affinage des fromages qui le nécessitent.*

1. How is business ?
2. Business is brisk ! Business is slack !
3. Value for money is the aim of all good buyers.
4. The retail market has not seen much growth in the past few years.
5. Caterers are now the top clients of cash and carry warehouses.
6. Look for suppliers that can supply superior produce or offer more favourable terms.
7. Furnishings are the most complicated items to purchase because they are often custom-designed.
8. Buying wine from larger companies cuts you off from small growers who don't produce enough.
9. It makes sense to build a cellar because establishments need to keep their wine in good condition.
10. Laying down wine guards against price increases and unexpected shortages of certain vintages.
11. Racks, rather than traditional brick bins, are the most efficient way of storing wine.
12. Racks are space-saving and neat and other bottles are not disturbed when a bottle is removed.
13. Vegetable and fruit can be bought from the central market but buying from a wholesaler saves time and transport costs.
14. When buying apples, the first thing to look for is bruising, which makes the apple go off quickly.
15. Pears keep well in a cold store, where they will survive for months.
16. For farm smoked salmon, prices are slightly lower for unsliced whole sides than for presliced sides laid back on the skin.
17. Anyone who receives or buys a deer taken illegally can be fined up to £1,000.
18. Cheese should be purchased in amounts which will be used up within a few days.
19. It is best to leave the maturing process for those cheeses which require it up to the supplier.

apple	*pomme*
available [ə'veɪləbl]	*disponible*
back ribs	*entrecôte*
beef	*viande de bœuf*
bin	*poubelle*
bladebone	*paleron*
brisket	*macreuse*
to bruise ['bru:z]	*cogner, blesser*
bulk buying (purchasing)	*achats en gros*
to buy ['baɪ]	*acheter*
buyer	*acheteur*
calf ['kɑ:f]	*veau*
carcass ['kɑ:kəs]	*carcasse*
cash and carry warehouse	*entrepôt de vente en direct*
cellar	*cave*
central market	*marché de gros*
coarse cuts	*bas morceaux*
cold store	*chambre froide*
to computerize	*informatiser*
to cost	*établir le prix de revient de*
custom-designed	*conçu dans un but précis*
data base	*base de données*
deer ['dɪə]	*chevreuil*
to deliver	*livrer*
delivery	*livraison*
discount	*réduction*
ear [ɪə]	*oreille*
fillet	*filet*
food & beverage controller	*contrôleur de la restauration*
fore ribs	*entrecôte*
furnishings	*mobilier*
gross profit	*bénéfice brut*
to handle	*manipuler, gérer*
heart ['hɑ:t]	*cœur*
head ['hed]	*tête*
hog *(US)*	*porc*
invoice	*facture*
item	*article*
kidney	*rognon*
to keep	*se conserver*
larder ['lɑ:də]	*garde-manger*
to lay down	*mettre en réserve*
liver	*foie*

to mature [mə'tjʊə]	*mûrir* (fruit), *arriver à maturation* (fromage)
meat cuts	*pièces de viande*
medium cuts	*morceaux de second choix*
to monitor	*contrôler le fonctionnement de*
mutton	*viande de mouton*
offal	*abats*
to order	*commander*
order	*commande*
ox	*bœuf*
pear [peə]	*poire*
pig	*cochon*
pork	*viande de porc*
to precost	*établir à l'avance le coût de*
presliced	*prétranché*
prime cuts	*morceaux de premier choix*
to process an order	*traiter une commande*
to purchase ['pə:tʃɪs]	*acheter*
purchase	*achat*
purchasing agent	*acheteur*
purchasing company	*centrale d'achats*
rack	*casier modulable*
to receive [rɪ'si:v]	*assurer la réception de*
retail market	*marché de détail*
retailer	*détaillant*
rump	*pointe de culotte*
seasonal	*saisonnier*
sheep [ʃi:p]	*mouton*
shortage	*pénurie*
sirloin ['sə:lɔɪn]	*aloyau*
stock control	*contrôle des stocks*
to store	*stocker*
storage	*stockage*
subsidiary [səb'zɪdɪərɪ]	*filiale*
to supply	*fournir, approvisionner*
supplier	*fournisseur*
tail	*queue*
top ribs	*entrecôte*
unsliced	*non tranché*
value for money	*rapport qualité-prix*
veal [vi:l]	*viande de veau*
wings ribs	*côtes d'aloyau*
wholesaler ['həʊlseɪlə]	*grossiste*
wholesale market	*marché de gros*
warehouse	*entrepôt*

Groceries and spices - *Épicerie et épices*

aniseed	*grains d'anis*
baking powder	*levure chimique*
candied peel	*écorces confites*
caraway	*cumin*
castor sugar	*sucre semoule*
cayenne pepper	*poivre de Cayenne*
cereals ['sɪərɪəlz]	*céréales*
chicory	*chicorée*
cinnamon ['sɪnəmən]	*cannelle*
cloves	*clous de girofle*
cocoa ['kəukəu]	*cacao*
coffee ['kɒfɪ]	*café*
coffee beans	*grains de café*
coriander	*coriandre*
corn flakes	*flocons de maïs*
currants	*raisins secs de Corinthe*
curry powder	*curry*
dried fruit	*fruits secs*
frying oil	*huile de friture*
ginger ['dʒɪndʒə]	*gingembre*
icing sugar	*sucre glace*
jelly ['dʒelɪ]	*gelée*
juniper	*genévrier*
lump sugar	*sucre en morceaux*
malt vinegar	*vinaigre de malt*
mince meat	*fruits secs au cognac*
mustard ['mʌstəd]	*moutarde*
noodles	*nouilles*
nutmeg	*noix de muscade*
oat flakes	*flocons d'avoine*
olive oil	*huile d'olive*
paprika	*paprika*
pepper	*poivre*
pepper corn	*grain de poivre*
pickles	*conserves au vinaigre*
pickled onions	*oignons au vinaigre*
pickled gherkins ['gə:kɪnz]	*cornichons au vinaigre*
poppy seed	*graine de pavot*
preserved foods	*conserves*
prunes ['pru:nz]	*pruneaux*
raisins	*raisins secs de Malaga*
rice ['rɑɪs]	*riz*
saffron	*safran*
salt ['sɔ:lt]	*sel*

Épicerie et épices (suite)

semolina	*semoule*
soya oil	*huile de soja*
spaghetti	*spaghettis*
starch ['stɑːtʃ]	*fécule*
sugar ['ʃʊgə]	*sucre*
sultanas	*raisins secs de Smyrne*
tapioca	*tapioca*
tea	*thé*
vegetable oil	*huile végétale*
whole pepper	*poivre en grains*
wine vinegar	*vinaigre de vin*
yeast ['yiːst]	*levain*

Herbs - *Herbes aromatiques*

angelica	*angélique*
basil ['bæzl]	*basilic*
bayleaf	*laurier*
celery seed	*graine de céleri*
chervil [tʃəːvɪl]	*cerfeuil*
chives [tʃaɪvz]	*ciboulette*
dill	*aneth*
fennel	*fenouil*
garlic ['gɑːlik]	*ail*
horseradish	*raifort*
marjoram	*marjolaine*
mint	*menthe*
oregano	*origan*
parsley	*persil*
rosemary	*romarin*
sage ['seɪdʒ]	*sauge*
sorrel	*oseille*
tarragon	*estragon*
thyme ['taɪm]	*thym*

Vegetables - *Légumes*

artichoke ['ɑːtɪtʃəʊk]	*artichaut*
asparagus [əsˈpærəgəs]	*asperges*
aubergine (*US* : egg plant)	*aubergine*
broad beans	*fèves*
beetroot	*betterave*
broccoli	*brocoli*

Légumes (suite)

Brussels sprouts	*choux de Bruxelles*
cabbage	*chou*
carrot	*carotte*
cauliflower	*chou-fleur*
celery	*céleri*
chicory	*chicorée*
courgette (*US* : zucchini)	*courgette*
cress	*cresson*
cucumber ['kju:kʌmbə]	*concombre*
endive	*endive*
French beans	*haricots verts*
green pepper	*poivron*
leek ['li:k]	*poireau*
lettuce ['letɪs]	*salade*
marrow	*courge*
mushroom	*champignon*
onion	*oignon*
pea ['pi:]	*pois*
potato	*pomme de terre*
pumpkin	*potiron*
radish	*radis*
runner beans	*haricots d'Espagne*
salsify ['sælsɪfɪ]	*salsifi*
shallot	*échalote*
spinach ['spɪnɪdʒ]	*épinard*
sweet corn	*maïs sucré*
swede ['swi:d]	*rutabaga*
tomato (*GB* : [tə'mɑːtəʊ], *US* : [tə'meɪtəʊ])	*tomate*
turnip	*navet*

Fruit - *Fruits*

almond ['ɑ:mənd]	*amande*
apple ['ɑ:pl]	*pomme*
apricot ['eɪprɪkɒt]	*abricot*
avocado [ævə'kɑːdəʊ]	*avocat*
banana [bə'nɑːnə]	*banane*
blackberries	*mûres*
blackcurrants	*cassis*
blueberries	*myrtilles*
cashew nut	*noix de cajou*
cherries ['tʃerɪz]	*cerises*
clementine ['klemməntaɪn]	*clémentine*

Fruits (suite)

cranberries	*canneberges ; airelles*
date ['deɪt]	*datte*
fig	*figue*
gooseberries	*groseilles à maquereaux*
grapefruit	*pamplemousse*
grapes	*raisins*
greengage [gri:ngeɪdʒ]	*reine-claude*
hazelnut	*noisette*
lemon	*citron*
lichee	*litchi*
lime	*citron vert*
mandarin	*mandarine*
mango	*mangue*
medlar	*nèfle*
melon ['melən]	*melon*
mulberries	*mûres* (du mûrier noir)
nectarine	*brugnon*
olive	*olive*
orange ['ɒrɪndʒ]	*orange*
passion fruit ['pæʃnfru:t]	*fruit de la passion*
peach ['pi:tʃ]	*pêche*
peanut	*cacahuète*
pear ['peə]	*poire*
pecan nut	*noix de pécan*
pineapple	*ananas*
plum	*prune*
pomegranate ['pɒməgrænɪt]	*grenade*
quince	*coing*
raspberries	*framboises*
red currants	*groseilles rouges*
rhubarb ['ru:bɑ:b]	*rhubarbe*
strawberries	*fraises*
tangerine	*mandarine*
walnut	*noix*
water melon	*pastèque*
white currants	*groseilles blanches*
whortleberries	*airelles*

Dairy produce - *Produits laitiers*

boiled egg	*œuf coque*
butter	*beurre*
cheese [tʃi:z]	*fromage*
cheese spread	*fromage à tartiner*

Produits laitiers (suite)

clotted cream	*crème fraîche en grumeaux*
condensed milk	*lait condensé*
cream [kri:m]	*crème*
cream cheese	*fromage à la crème*
curd	*caillé*
curdled milk	*lait caillé*
dried milk	*lait en poudre*
egg	*œuf*
evaporated milk	*lait concentré*
free range eggs	*œufs fermiers*
fried eggs	*œufs sur le plat*
full cream milk	*lait entier*
goat cheese	*fromage de chèvre*
graded eggs	*œufs calibrés*
hard boiled eggs	*œufs durs*
hard cheese	*fromage à pâte dure*
mature cheese	*fromage bien fait*
new laid eggs	*œufs frais*
omelette	*omelette*
pasteurized milk	*lait pasteurisé*
powdered milk	*lait en poudre*
salted butter	*beurre salé*
scrambled eggs	*œufs brouillés*
shell	*coquille*
semi-skimmed milk	*lait demi-écrémé*
skimmed milk	*lait écrémé*
soft boiled eggs	*œufs mollets*
soft cheese	*fromage à pâte molle*
soft cream cheese	*fromage à la crème*
Ultra Heat Treatment	*traitement à ultra haute température*
white	*blanc (d'œuf)*
yolk	*jaune (d'œuf)*
whipping cream	*crème fraîche à fouetter*

Poultry and game - *Volailles et gibier*

capercaillye [ˌkæpə'keɪlɪ]	*coq de bruyère*
capon ['keɪpən]	*chapon*
chicken	*poulet*
cock	*coq*
coot	*foulque*
curlew	*courlis*
duck	*canard*

Volailles et gibier (suite)

duckling	*caneton*
fallow deer ['fæləʊ'dɪə]	*daim*
feathered game	*gibier à plume*
fowl ['faʊl]	*volaille*
free range chicken	*poulet fermier*
furred game	*gibier à poil*
goose *(pl. geese)*	*oie*
grouse ['graʊz]	*tétras rouge d'Écosse*
guinea fowl	*pintade*
hare	*lièvre*
hazel hen	*gélinotte*
hen	*poule*
lapwing	*vanneau*
lark	*alouette*
partridge	*perdreau*
pheasant	*faisan*
pigeon ['pɪdʒən]	*pigeon*
plover	*pluvier*
quail ['kweɪl]	*caille*
roedeer ['rəʊ'dɪə]	*chevreuil*
snipe	*bécassine*
teal	*sarcelle*
thrush	*grive*
turkey ['tɜːkɪ]	*dinde*
venison ['venɪsən]	*venaison*
water birds	*gibier d'eau*
wild boar	*sanglier*
wild duck	*canard sauvage*
wild rabbit	*lapin de garenne*
woodcock	*bécasse*
wood pigeon	*ramier, palombe*

Meat cuts and joints - *Morceaux et pièces de viande*
(voir pages 278-281)

bacon ['beɪkən]	*lard*
black pudding	*boudin*
blood ['blʌd]	*sang*
bone	*os*
brain	*cervelle*
breast ['brest]	*poitrine*
cheek	*joue*
chitterlings ['tʃɪtəlɪŋz]	*andouillette*
chop ['tʃɒp]	*côte*
crown of lamb	*carré d'agneau*

Morceaux et pièces de viande (suite)

cutlet	*côtelette*
fat	*gras*
fillet ['fɪlɪt]	*filet*
foot *(pl.* feet*)*	*pied*
frog	*grenouille*
frog legs	*cuisses de grenouille*
gammon	*quartier arrière de porc fumé*
ham	*jambon*
heart ['hɑːt]	*cœur*
kidney	*rognon*
knuckle ['nʌkl]	*jarret (de veau)*
lamb [læm]	*agneau*
lard ['lɑːd]	*lard gras*
lean [liːn]	*maigre*
leg	*gigot*
liver	*foie*
loin ['lɔɪn]	*longe (de veau)*
marrow	*moelle*
mutton ['mʌtn]	*mouton*
offal ['ɒfəl]	*abats*
prime back	*côtes (de porc)*
pork ['pɔːk]	*porc*
rasher of bacon	*tranche de lard*
saddle	*selle (de mouton)*
sausage ['sɒsɪdʒ]	*saucisse*
shoulder	*épaule*
silver side	*sous-noix (de veau)*
small back	*filet (de porc)*
snails	*escargots*
spleen ['spliːn]	*rate*
suet ['sʊɪt]	*graisse*
sweetbreads	*ris de veau*
tail	*queue*
tongue ['tʌŋ]	*langue*
top rump	*noix pâtissière (de veau)*
top side	*noix (de veau)*
tripe ['traɪp]	*tripes*
veal ['viːl]	*veau*

Fish and shellfish - *Poissons et crustacés*

anchovy ['æntʃəvɪ]	*anchois*
bass	*bar*
brill	*barbue*
carp	*carpe*

Poissons et crustacés (suite)

cockle	*coque*
cod	*cabillaud*
clam	*grosse palourde, clam*
crab	*crabe*
crawfish	*langouste*
crayfish (freshwater)	*écrevisse (eau douce)*
cuttlefish	*seiche*
dab	*limande*
dogfish	*roussette*
eel ['iːl]	*anguille*
flounder	*carrelet*
haddock	*églefin*
hake ['heɪk]	*colin*
halibut ['hælɪbət]	*flétan*
herring	*hareng*
lobster	*homard*
mackerel	*maquereau*
mullet ['mʌlɪt]	*mulet*
mussel	*moule*
oyster ['ɔɪstə]	*huître*
perch ['pɜːtʃ]	*perche*
pike ['paɪk]	*brochet*
pilchard ['pɪltʃəd]	*pilchard*
plaice	*plie*
pollack	*lieu*
prawn ['prɔːn]	*langoustine*
rock fish (monk)	*baudroie, lotte de mer*
salmon	*saumon*
sardine	*sardine*
scallops	*coquilles Saint-Jacques*
sea bream ['siː briːm]	*daurade*
shrimp	*crevette*
skate ['skeɪt]	*raie*
sole ['səʊl]	*sole*
squid ['skwɪdː]	*calamar*
sprat	*sprat*
sturgeon	*esturgeon*
swordfish ['sɔːdfɪʃ]	*espadon*
trout ['traʊt]	*truite*
tuna ['tjʊnə]	*thon*
turbot ['tɜːbət]	*turbot*
turtle ['tɜːtl]	*tortue*
whelk	*buccin*
winkle	*bigorneau*
whiting	*merlan*

I - Formuler les questions correspondant aux réponses suivantes en utilisant les éléments donnés entre parenthèses (voir note 1 du dialogue) :

1. I am responsible for the buying of goods (what - you).
2. He is in charge of the food & beverage department (which department - he).
3. The British are mostly interested in Bordeaux wines (what sort of wine - the British).
4. The cellar was filled with modern racks (what - the cellar).
5. We will look at the wine-list when we find the time (what - you).

II - Replacer dans la phrase le mot donné entre parenthèses :

1. We like to buy from local suppliers (also).
2. We decided to redesign the cellar (as well).
3. Stock control has been computerized (also).
4. The chef wants sirloin of beef (too).
5. I work in close cooperation with the buyer (as well).

III - Traduire :

1. *De quoi êtes-vous responsable, exactement ?*
2. *Je travaille en étroite collaboration avec le contrôleur de la restauration.*
3. *Notre système de contrôle des stocks a été informatisé il y a cinq ans.*
4. *Dans quelle mesure les saisons influencent-elles le prix des denrées alimentaires ?*
5. *Ce que recherche surtout un bon acheteur, c'est le rapport qualité-prix.*

I - Formuler les questions correspondant aux réponses :

1. What are you responsible for ?
2. Which department is he in charge of ?
3. What sort of wine are the British mostly interested in ?
4. What was the cellar filled with ?
5. What will you look at ?

II - Replacer dans la phrase le mot entre parenthèses :

1. We *also* like to buy from local suppliers.
2. We decided to redesign the cellar *as well*.
3. Stock control has *also* been computerized.
4. The chef wants sirloin of beef *too*.
5. I work in close cooperation with the buyer *as well*.

III - Traduire :

1. What, exactly, are you responsible for ?
2. I work in close cooperation with the food & beverage controller.
3. Our stock control system was computerized five years ago.
4. To what extent do seasons influence the price of food ?
5. What a good buyer mostly looks for is value for money.

to produce	*produire*
producer	*producteur*
product	*produit*
produce	*produit(s) alimentaire(s)*
	(cf. produce of France)

■ **Covent Garden**

Covent Garden Market, London's Central Market for fruit and vegetables, was established in 1661. It was sold in 1913 to the city by its owner the Duke of Bedford. In 1974, the market was transferred to Nine Elms Lane, on the South bank of the Thames. Nowadays, it is one of London's most popular areas ; boutiques have taken the place of fruit and vegetable stalls and street musicians and performers entertain tourists and passers-by in the open air.

Le marché de Covent Garden, le marché de gros de Londres pour les fruits et les légumes, a été fondé en 1661. Il a été vendu en 1913 à la ville par son propriétaire le duc de Bedford. En 1974, le marché a été transféré à Nine Elms Lane, sur la rive sud de la Tamise. Aujourd'hui, c'est l'un des endroits les plus recherchés de Londres ; des boutiques ont remplacé les étals de fruits et de légumes et musiciens et acteurs de rue distraient les touristes et les passants en plein air.

■ **A few sayings** - *Quelques dictons*

— A rotten apple spoils the barrel
  Une pomme pourrie gâche tout le tonneau
  = il suffit d'un seul mauvais élément pour tout gâcher

— Life is a bowl of cherries
  La vie est une partie de plaisir

■ **A quotation** - *Une citation*

« Cauliflower is nothing but cabbage with a college education. »

Mark Twain [1]

Le chou-fleur n'est qu'un chou qui a eu une formation universitaire.

---

1. Écrivain américain (1835-1910).

DOSSIER 18

ACCOUNTS AND PROFITS
COMPTABILITÉ ET BÉNÉFICES

A • **DIALOGUE** / *DIALOGUE*

B • **RECORDS** / *DOCUMENTS* :

C • **EXERCISES** / *EXERCICES ET CORRIGÉ*

D • **FINAL TIPS**

I. = Interviewer   **G.** = William Greene

Interview of a consultant (GB)

I. — Mr Greene, you are one of the most experienced hotel and restaurant consultants in the business. What are, according to you, the best ways for a restaurant or hotel to improve their profits ?

G. — There are two fundamental points : one is to improve sales without spending [1] large sums on advertising and promotion, the other is to make savings on existing costs.

I. — How can sales be improved, then ?

G. — It helps to sometimes put yourself in a guest's shoes and approach a hotel or restaurant in the way he does. This will make your realise, for example, how negative the signs outside can be and that you'd do better to have a sign saying « welcome » than « keep off the verge ».

I. — And, of course, there are the little things.

G. — Yes, things like providing a well organised car park or cleaning the front or rear window of your guests' cars. This will give you an edge over your competitors. Another crucial point is the need for useful marketing information such as occupancy rates, average length of stay and sources of business. The percentage of no-shows is also an important statistic if your policy is to overbook.

I. — What about improving actual selling ?

G. — Of course, this is essential but can only be achieved if an action plan with specific targets is worked out.

I. — You mentioned savings, a bit earlier. In what areas is it easier to save money ?

G. — A large share of the money spent on energy by the catering industry is wasted every year. Energy efficient equipment and improved practice are keys to savings. Cutting down the telephone bill is also an easy target to achieve, not to mention the stationery bill...

I. — To cut a long story short, Mr Greene, the key to increased profits is better management.

G. — You're right.

---

1. Comme toutes les prépositions, **without** est suivi du gérondif.

I. = Interviewer   **G.** = William Greene

Interview d'un expert-conseil (GB)

I. — Monsieur Greene, vous êtes l'un des experts en hôtellerie et restauration les plus confirmés qui soient. Quels sont, selon vous, les meilleurs moyens pour un restaurant ou un hôtel d'augmenter ses bénéfices ?

G. — Il y a deux points essentiels. L'un consiste à augmenter les ventes sans dépenser de grosses sommes en publicité et promotion, l'autre à faire des économies sur les coûts existants.

I. — Alors, comment peut-on améliorer les ventes ?

G. — Il est quelquefois utile de se mettre à la place d'un client et d'aborder un hôtel ou un restaurant comme il le fait. Vous vous rendrez compte alors, par exemple, combien les panneaux extérieurs peuvent donner une impression négative et que vous feriez mieux d'installer un panneau disant « bienvenue » que « interdiction de se garer le long de la bordure ».

I. — Et, bien sûr, il y a les attentions délicates.

G. — Oui, comme la mise à disposition d'un parking bien organisé ou le lavage de la vitre avant ou arrière des voitures de vos clients. Cela vous donne un avantage sur vos concurrents. Un autre point essentiel est que vous avez besoin de renseignements de marketing utiles tels que les taux d'occupation, la durée moyenne de séjour et les origines de la clientèle. Le pourcentage de défections est aussi une statistique importante si votre politique est de faire de la surréservation.

I. — Et comment augmenter le volume réel des ventes ?

G. — Bien sûr, ceci est essentiel mais ne peut se faire que si un plan d'action avec des cibles précises est établi.

I. — Vous avez parlé d'économies, il y a un instant, dans quels domaines est-il plus facile de faire des économies ?

G. — Une bonne partie des sommes dépensées en énergie par les restaurants est gaspillée tous les ans. Pour faire des économies il faut surtout un matériel à faible consommation d'énergie et de meilleures habitudes. Une cible facile à atteindre est aussi la réduction de la facture du téléphone, sans parler des fournitures de bureau...

I. — En résumé, Monsieur Greene, la solution pour augmenter les bénéfices c'est de mieux gérer.

G. — Vous avez raison.

18

Accounts and profits

B. RECORDS

B1. The accounting department

In many hotels, accounting operations are computerized but in small establishments they are still done by hand.

At the head of the department is **the chief accountant** who is in charge of the entire bookkeeping system and supervises the controlling and auditing of the records. His assistants will include a **general cashier** who handles the cash, keeps the cash records and makes up the bank deposits and a **bookkeeper** who uses general ledgers to prepare daily, weekly and monthly statements. **The auditor (controller)** is directly responsible to him. He checks and balances the books and makes up complete statements (he may be part of the permanent staff or a professional who, for a fee, periodically verifies the accounts, records and financial statements). **The credit manager** works with the auditor or the accountant and implements the hotel's credit policy, he inspects and supervises guests' credit, collects all accounts and handles complaints.

B2. The balance sheet of a hotel

It is a statement of **assets** on one side and **liabilities** on the other. The assets include **current assets** (cash, marketable securities, receivables, inventories) and **fixed assets** (land, buildings, lease-holds, furnishings and equipment).

The liabilities include **current liabilities** (notes payable, accounts payable, current maturities of long term debt) and **long term liabilities** (mortgages, etc.).

B3. Comparing the profitabilities of 2 operations (A & B)

From the following chart, one may conclude that selling food is more profitable than selling liquor.

		A	B		A	B
Sales	food	$40,000	$60,000	Gross margin	$64,000	$66,000
	liquor	$60,000	$40,000	Wages	$20,000	$20,000
	Total	$100,000	$100,000	Net margin	$44,000	$46,000
Costs	food	$12,000	$18,000	Overheads	$20,000	$20,000
	liquor	$24,000	$16,000			
	Total	$36,000	$34,000	Balance	$24,000	$26,000

B1. Le service comptabilité

Dans beaucoup d'hôtels, la comptabilité est informatisée mais dans les petits établissements, elle se fait encore à la main.

À la tête du service, se trouve le **chef comptable** qui est responsable de la tenue de la comptabilité et supervise le contrôle et la vérification des écritures. Ses assistants sont le **caissier** qui manipule l'argent, conserve les pièces comptables et fait les dépôts en banque, ainsi que l'**aide-comptable** qui utilise les grands livres généraux pour préparer les états quotidiens, hebdomadaires et mensuels.

Le **contrôleur** est directement responsable devant le chef comptable. Il arrête et solde les livres et établit des rapports complets (il peut faire partie du personnel permanent ou être membre d'une profession libérale et, moyennant honoraires, vérifier périodiquement les comptes, documents comptables et rapports de gestion).

Le **directeur du crédit** travaille en collaboration avec le contrôleur ou le chef comptable et met en œuvre la politique de crédit de l'hôtel, il examine et surveille la solvabilité des clients, recouvre les créances et s'occupe des réclamations.

B2. Le bilan d'un hôtel

C'est un état de l'**actif** d'un côté et du **passif** de l'autre.

L'actif comprend **les éléments circulants** (espèces, valeurs réalisables, créances et stocks) et **les éléments fixes** (terrains, immeubles, baux, mobilier et matériel).

Le passif comprend **les dettes exigibles** (factures à payer, comptes fournisseurs, remboursements d'emprunts) et **les dettes à long terme** (emprunts immobiliers, etc.).

B3. Comparaison de la rentabilité de 2 opérations (A & B)

Du tableau suivant, on peut conclure qu'il est plus rentable de vendre des repas que de l'alcool.

Sales	*ventes*	costs	*coûts*	wages	*salaires*
gross margin	*marge brute*		net margin	*marge nette*	
overheads	*frais généraux*	balance	*solde*		

1. *Faites signer les chèques par le directeur général et par le contrôleur.*
2. *Ensuite, faites-les expédier aux différents fournisseurs.*
3. *Vous êtes responsable du codage de toutes les factures sous la rubrique appropriée du livre de comptes.*
4. *Soyez sélectif dans votre choix des personnes à qui vous accordez du crédit.*
5. *Assurez-vous que les factures soient envoyées dès que possible.*
6. *Toutes les écritures nécessaires seront classées et détruites en temps utile.*
7. *Vous pouvez économiser beaucoup d'argent simplement en surveillant l'équilibre entre les quantités achetées et les quantités utilisées.*
8. *Dans la plupart des faillites, une mauvaise gestion est une des causes d'échec.*
9. *Ou bien les sociétés qui font faillite ne réagissent pas à temps ou bien elles ne se rendent même pas compte que les choses changent.*
10. *C'est en tenant compte des économies d'énergie pendant la phase de conception d'un bâtiment qu'on fait les économies les plus importantes.*
11. *La première chose que fera un expert en énergie sera d'évaluer les besoins et la consommation en énergie.*
12. *Ceci met en évidence la quantité d'énergie nécessaire et celle qui est gaspillée.*
13. *Globalement, les bénéfices, le nombre de couverts servis et la dépense moyenne par consommateur sont tous en hausse, de façon spectaculaire.*
14. *Les bars à vin ont maintenu leur forte croissance.*
15. *Le revenu net avant impôt a connu une sérieuse baisse l'année dernière.*
16. *Les salaires et les charges qui s'y rapportent continuent d'être la principale dépense de fonctionnement dans le service de restauration.*
17. *Alors qu'il y a quelques décennies la plupart des secteurs de la profession travaillaient les coûts, la profession travaille surtout maintenant les marchés.*
18. *Le rapport entre le revenu net et le total des actifs est un moyen de mesurer la rentabilité des investissements.*

1. Get the checks signed by the General Manager and the Controller.

2. Then, have them mailed to individual suppliers.

3. You are responsible for coding all invoices to the appropriate General Ledger account.

4. Be selective about who you give credit to.

5. Ensure invoices are sent out as soon as possible.

6. All necessary records will be filed and destroyed in due time.

7. You can save a lot of money simply by keeping a check on how much you buy compared to how much you use.

8. In most insolvencies, poor management is one cause.

9. The companies that fail either don't react in time or don't even realise things are changing.

10. The biggest savings come from thinking about energy conservation during the design stage of a building.

11. The first thing an energy consultant will do is carry out an energy audit.

12. This identifies how much energy is consumed and where it is being wasted.

13. Overall, profits, the number of covers served and the average spending per customer are all up dramatically.

14. Wine bars have maintained their strong growth.

15. Net income before income tax showed very severe drops last year.

16. Payroll and related expenses continue to be the major operating expense in the food and beverage department.

17. While, a few decades ago, most sectors of the industry were cost-oriented, the industry is now predominantly market-oriented.

18. Ratio of net income to total assets is one way of measuring return on investments.

account [ə'kaʊnt]	*compte*
account(ing) department	*service de la comptabilité*
assets	*crédit, actifs*
to audit ['ɔ:dɪt]	*vérifier* (comptes)
auditor	*contrôleur*
average ['ævərɪdʒ]	*moyen*
to balance books	*solder les comptes*
balance sheet ['bæləns'ʃi:t]	*bilan*
bank deposit	*dépôt en banque*
bookkeeper	*aide-comptable*
bookkeeping	*comptabilité*
cash	*espèces*
cashier	*caissier*
cash records	*pièces comptables*
to check	*vérifier, arrêter* (comptes)
cheque *(US :* check*)* ['tʃek]	*chèque*
chief accountant ['tʃi:f ə'kaʊntənt]	*chef comptable*
computerized	*informatisé*
conservation	*économies d'énergie*
to consume [kən'sju:m]	*consommer*
consultant [kən'sʌltənt]	*expert-conseil*
to control	*contrôler*
controller	*contrôleur*
cost	*coût*
credit manager	*directeur du crédit*
current assets	*éléments circulants*
current liabilities	*dettes exigibles*
debt ['det]	*dette*
energy efficient	*qui utilise l'énergie au mieux*
expense	*dépense*
to fail	*échouer*
fee ['fi:]	*honoraire*
to file ['faɪl]	*classer*
fixed assets	*éléments fixes*
general ledgers	*grands livres généraux*
gross margin	*marge brute*
growth	*croissance*
to handle	*manipuler, s'occuper de*
to implement ['ɪmplɪmənt]	*mettre en œuvre*
income	*revenu*
income tax	*impôt sur le revenu*
insolvency	*insolvabilité*
inventory	*stock*
investment	*investissement*
invoice	*facture*

leasehold ['li:shəuld]	*bail*
liabilities [laɪəˈbɪlɪtɪz]	*débit, passif*
long term	*à long terme*
to mail *(US)*	*expédier par la poste*
management	*gestion*
marketable	*négociable, réalisable*
maturities	*remboursement* (d'emprunt)
mortgage ['mɔ:gɪdʒ]	*emprunt immobilier*
net margin	*marge nette*
no-show	*défection*
occupancy rate	*taux d'occupation*
to overbook	*faire de la surréservation*
overheads	*charges*
payable ['peɪəbl]	*dû*
payroll	*registre du personnel, salaires*
percentage	*pourcentage*
policy	*politique* (menée par une entreprise)
politics	*la politique*
profit	*bénéfice* (financier)
profit margin	*marge bénéficiaire*
ratio ['reɪʃɪəu]	*rapport*
receivables [rɪˈsi:vəbl]	*créances exigibles*
records ['rekɔ:dz]	*écritures, documents comptables*
responsible for/to	*responsable de/devant*
return	*rapport, rentabilité*
sale	*vente*
to save	*économiser*
saving	*économie*
security	*valeur*
short term	*à court terme*
statement	*état, rapport*
target ['tɑ:gət]	*cible, but*
to waste [weɪst]	*gaspiller*

insolvent	*insolvable*
insolvency	*insolvabilité*
bankrupt	*en faillite*
bankruptcy	*faillite*
to go bankrupt	*faire faillite*
to be on the verge of bankruptcy	
être au bord de la faillite	

Accounts and profits

C. EXERCICES

I - Transformer la deuxième partie de la phrase en utilisant *without* + *ing* (voir note 1 du dialogue) :

1. You can improve your sales, even if you don't spend huge sums on advertising.
2. The manager has decided to increase the profits, even if we don't increase the sales.
3. You can hardly realise what a customer needs, if you don't put yourself in his shoes.
4. Few businesses can be run these days, if they don't have access to a computer.
5. Don't grant credit, if you haven't checked the guest's references thoroughly.

II - Compléter avec la préposition voulue :

1. A lot can be saved ..... energy.
2. Small attentions can give an edge .... the competitors.
3. There is a strong need ..... marketing information.
4. Mr Greene is responsible ..... the whole department.
5. The company's turnover has fallen ..... 5%.
6. Mr Jones is in charge ..... the accountancy.

III - Traduire :

1. *Vous feriez mieux d'essayer de faire des économies d'abord.*
2. *Le chiffre d'affaires dépend beaucoup du taux d'occupation des chambres.*
3. *Il vous faudra mettre au point un plan d'action précis.*
4. *Le contrôleur est responsable devant le chef comptable.*
5. *La rentabilité des investissements a été satisfaisante cette année.*

I - Transformer la deuxième partie de la phrase en utilisant *without* + *ing* :

1. You can improve your sales without spending huge sums on advertising.
2. The manager has decided to increase the profits without increasing the sales.
3. You can hardly realise what a customer needs without putting yourself in his shoes.
4. Few businesses can be run these days without having access to a computer.
5. Don't grant credit without having checked the guest's references thoroughly.

II - Compléter avec la préposition voulue :

1. A lot can be saved *on* energy.
2. Small attentions can give an edge *over* the competitors.
3. There is a strong need *for* marketing information.
4. Mr Greene is responsible *for* the whole department.
5. The company's turnover has fallen *by* 5%.
6. Mr Jones is in charge *of* the accountancy.

III - Traduire :

1. You'd better try to make savings first.
2. The turnover depends a lot on the occupancy rate.
3. You will have to work out a specific action plan.
4. The controller is responsible to the chief accountant.
5. The return on investment has been satisfactory this year.

turnover (US : revenue)	*chiffre d'affaires*
inventory turnover	*rotation des stocks*
staff turnover	*renouvellement du personnel*
apple turnover...	*chausson aux pommes*

Accounts and profits

D. FINAL TIPS

■ **An excerpt from a contemporary novel**

Warren Trent is the proprietor of a New Orleans hotel, the St Gregory. Curtis O'Keefe, the owner of a big hotel chain, has had his eye on the St Gregory for some time. He is now making an offer to Warren Trent, taking advantage of the latter's financial difficulties.

« Your personal holdings in this hotel amount to fifty one percent of all shares, giving you control... You refinanced the hotel in '39 — a four million dollar mortgage. Two million dollars of the loan is still outstanding and due in its entirety this coming Friday. If you fail to make repayment, the mortgagees take over... My proposal... is a purchase price for this hotel of four million dollars. »

Hotel, by Arthur Haley, 1965.

Extrait d'un roman contemporain

Warren Trent est propriétaire d'un hôtel à La Nouvelle-Orléans, le St Gregory. Curtis O'Keefe, propriétaire d'une importante chaîne d'hôtels, a des vues sur le St Gregory depuis un certain temps. Il est maintenant en train de faire une proposition à Warren Trent, profitant des difficultés financières de ce dernier.

« Vos avoirs propres dans cet hôtel s'élèvent à cinquante et un pour cent du capital, vous donnant ainsi le contrôle de l'entreprise... Vous avez réinjecté des fonds dans l'hôtel en 1939 — un emprunt de quatre millions de dollars. Vous devez encore deux millions de dollars sur ce prêt qui arrive à échéance dans sa totalité vendredi prochain. Si vous ne réussissez pas à rembourser, les créanciers prennent le contrôle de l'hôtel... Ma proposition... c'est un prix d'achat pour cet hôtel de quatre millions de dollars. »

DOSSIER 19

ADVERTISING AND MARKETING
PUBLICITÉ ET MARKETING

B. = Bob Nelson   **J.** = Jack Spingle

Opening a restaurant in London

Bob Nelson and Jack Spingle, his associate, are going to open a restaurant in Soho [1] and are now thinking of launching a campaign for their new venture.

B. — Now that we have settled all the material details, we must decide how we shall organise the opening of L'Escargot and make a success of it.

J. — It is imperative that we should launch a well organised advertising campaign : contact food critics, announce the opening of the restaurant in the press, distribute leaflets in the neighbourhood so as to inform as many people as possible.

B. — And what about having a one month preview ?

J. — What do you mean, exactly ?

B. — For the first few weeks of trading, there would be a 30% discount on food and drink. It would enable us to try out the staff and, in addition, it would give us time to compensate for any problems that might arise at the beginning.

J. — Why not invite friends and friends of friends instead and charge them half price ?

B. — That would be a good alternative, however, we must bear in mind that if things go wrong, people will still think badly of the restaurant, however little they have paid.

J. — The simplest, then, would be to give vouchers to get people to return [2]. Everyone attending a launch party would be given [3] a voucher entitling them to a bottle of house wine if they returned for a meal.

B. — I think we should ask James Manson, the restaurant reviewer, for [4] his opinion. He is a friend of yours isn't he ?

J. — Yes, you're right. Let's do that !

---

1. Quartier du centre de Londres connu pour ses restaurants et sa vie nocturne.
2. **to get people to return**, **to have people return :** deux façons de traduire *faire revenir*.
3. Passif ; voir dossier 12, note 1 du dialogue.
4. Noter la construction : **to ask someone *for* something**.

B. = Bob Nelson   **J.** = Jack Spingle

Ouverture d'un restaurant à Londres

Bob Nelson et Jack Spingle, son associé, vont ouvrir un restaurant à Soho et pensent maintenant à lancer une campagne pour leur nouvelle entreprise.

B. — Maintenant que nous avons mis au point tous les détails matériels, il nous faut décider comment nous allons organiser l'ouverture de L'Escargot et en faire une réussite.

J. — Il nous faut absolument lancer une campagne de publicité bien organisée : contacter les critiques gastronomiques, annoncer l'ouverture du restaurant dans la presse, distribuer des dépliants dans le voisinage, afin d'informer le maximum de gens.

B. — Et si nous organisions une période d'avant-première d'un mois ?

J. — Que veux-tu dire exactement ?

B. — Pendant les premières semaines [1], il y aurait une réduction de 30% sur la nourriture et la boisson. Cela nous permettrait de mettre le personnel à l'épreuve et nous donnerait le temps de remédier à tous les problèmes qui pourraient surgir au début.

J. — Pourquoi ne pas plutôt inviter des amis et des amis d'amis et leur faire payer moitié prix ?

B. — Ce serait une bonne solution de rechange [2], néanmoins, nous devons garder à l'esprit le fait que si les choses vont mal, les gens auront quand même une mauvaise opinion du restaurant, même s'ils n'ont pas payé grand-chose [3].

J. — Alors, le plus simple serait de donner des bons pour faire revenir les gens. À tous ceux qui seraient présents à une soirée de lancement on donnerait un bon leur donnant droit à une bouteille du vin de la maison s'ils reviennent pour un repas.

B. — Je crois que nous devrions demander son avis à James Manson, le journaliste gastronomique. C'est un de tes amis [4], n'est-ce pas ?

J. — Oui, tu as raison. C'est ce qu'il faut faire !

---

1. Mot à mot : *les premières semaines de commerce.*
2. Sens différent du français (= *deux solutions*).
3. Mot à mot : *aussi peu cher qu'ils ont payé* ; **however** peut être suivi d'un adjectif ou d'un adverbe.
4. Mot à mot : *un ami des tiens.*

B1. Definitions

■ **Marketing** is the management process responsible for identifying, anticipating, and satisfying customer requirements. A marketing system contains four main factors :

• **Consumer orientation** is an attempt to assess past or present needs, and to ascertain what motivates and changes opinions and purchasing decisions.

• **Market research** is a collection, recording and analysis of data relevant to a business operation, and is designed to improve the efficiency of supply and demand.

• **Market planning** is designed to establish objectives and politics related to the product, its promotion and its profitability.

• **Market control** ensures that objectives are likely to be achieved. In this, there are two main areas : customer satisfaction rates and financial results.

■ **Advertising** is undertaken by the use of different media : newspapers and magazines, radio and television, direct mail, brochures, and, best of all, word of mouth.

■ **Public relations** help build a company's reputation; The public a firm will wish to influence includes employees, customers, shareholders, financial institutions, government departments, suppliers and, of course, the media. Making contact and keeping in touch is essential, the more people that know you and trust you, the more likely they are to turn to you when necessary.

B2. A famous food critic, Egon Ronay

Egon Ronary is one of the most famous faces of the restaurant world in Britain and is the author of a famous food guide. He says :
« One should not be conscious of the decor, because it should not be a distraction. Decor should be like the best service, it is there, but you are not aware of it. »

Adapted from **Caterer and hotelkeeper**

B1. Définitions

■ **Le marketing** est le processus de gestion qui vise à identifier, anticiper et satisfaire les exigences des clients.

Un système de marketing comprend quatre facteurs principaux :

• **L'étude de la clientèle** est une tentative d'évaluation des besoins passés et présents, de mise au point de ce qui motive et modifie les opinions et les décisions d'achat.

• **L'étude de marché** consiste à rassembler, enregistrer et analyser les données ayant un rapport avec une entreprise commerciale, afin d'améliorer l'efficacité de l'offre et de la demande.

• **Le plan d'action commerciale** a pour but de déterminer les objectifs et la politique liés au produit, sa promotion et sa rentabilité.

• **L'audit marketing** permet de s'assurer que les objectifs ont des chances d'être atteints. Les taux de satisfaction de la clientèle et les résultats financiers sont les deux domaines concernés.

■ **La publicité** se fait par différents moyens : les journaux et revues, la radio et la télévision, l'envoi direct, les brochures, et, mieux encore, le bouche à oreille.

■ **Les relations publiques** permettent de construire la réputation d'une entreprise. Le public qu'une entreprise voudra influencer comprend les employés, les clients, les actionnaires, les institutions financières, les ministères, les fournisseurs et, bien sûr, les médias. Il est essentiel de prendre contact et de rester en relation. Plus il y a de gens qui vous connaissent et vous font confiance, plus ils ont de chances de se tourner vers vous en cas de besoin.

B2. Un critique gastronomique connu, Egon Ronay

Egon Ronay est l'un des visages les plus connus des restaurants de Grande-Bretagne et est l'auteur d'un guide gastronomique célèbre. Il dit :

« On ne doit pas être conscient du décor, car il ne doit pas distraire l'attention. Le décor, c'est comme le service, il est bien là, mais on ne doit pas s'en rendre compte. »

1. *Le journal local fait de la publicité pour ce nouveau pub depuis deux semaines.*
2. *Allons essayer la nouvelle bière !*
3. *Pas moi, je préfère rester fidèle à ma marque habituelle.*
4. *Notre gamme d'aliments surgelés offre un remarquable rapport qualité-prix.*
5. *Les poivrons sont le meilleur moyen de donner du piquant à vos menus.*
6. *McVita est la frite qui se vend le mieux au monde.*
7. *Quels que soient vos besoins, du linge aux rideaux ignifugés, c'est nous les spécialistes.*
8. *L'hôtel fleuron de la chaîne à New York contribue beaucoup à notre réputation à l'étranger.*
9. *La publicité fait partie de notre société de consommation. Il n'y a pas moyen d'y échapper.*
10. *La publicité doit tenir compte du fait que le niveau de formation du consommateur s'élève dans le monde entier.*
11. *Une bonne publicité entraînera une augmentation du chiffre d'affaires.*
12. *Un publicitaire efficace se débrouille toujours pour faire passer le message.*
13. *John Smith est le meilleur conseiller en relations publiques sur le marché.*
14. *Certains hôteliers ne voient pas d'inconvénient à payer d'importantes sommes d'argent aux agences de publicité.*
15. *Quelle que soit la valeur de votre cuisinier, cela ne servira à rien si vous ne la faites pas connaître.*
16. *Il est nécessaire que vous mettiez les médias au courant de ce qui se passe.*
17. *Pour un restaurateur, il est essentiel de construire une réputation et de créer une image de marque pour son établissement.*
18. *Plus la publicité est séduisante, plus elle a de chances d'attirer de nouveaux clients.*
19. *Avant de mettre en œuvre un projet hôtelier, il faut effectuer une étude de marché.*
20. *Pour que la publicité soit efficace, les hôteliers doivent définir leur marché et rédiger leur brochure publicitaire en fonction de ses goûts.*

1. That new pub has been advertised in the local newspaper for two weeks.

2. Let's go and try out the new beer !

3. Not me, I'd rather stick to my usual brand.

4. Our range of frozen food gives outstanding value for money.

5. Peppers are the best way to pep up your menus.

6. McVita is the world's best selling French fry.

7. Whatever your requirements, from linen to flame-retardant curtains, we are the specialists.

8. The chain's flagship [1] hotel in New York is doing much for our reputation abroad.

9. Advertising is a part of our consumer society ; there's no escaping it.

10. Advertising has to take account of the fact that the educational level of the consumer is rising all over the world.

11. Good advertising will result in increased turnover.

12. An efficient adman always manages to get the message across.

13. John Smith is the best PR consultant in the business.

14. Some hoteliers don't mind paying large amounts of money to advertising agencies.

15. No matter how good your cook is, it will come to nothing if you don't let it be known.

16. You need to keep the media informed of what is going on.

17. It is essential for a caterer to build up a reputation and create a good image of his establishment.

18. The more eye-catching the advertisement, the more likely it is to attract customers.

19. Before a hotel project is developed, a market study has to be carried out.

20. For efficient advertising, hoteliers should define their market and then target their brochure to appeal to it.

---

1. **flagship** : *navire amiral* (celui qui porte le drapeau).

to achieve [ət'ʃiːv]	*atteindre* (objectif)
adman	*publicitaire*
to advertise	*faire de la publicité*
advertisement [əd'vɜːtismənt]	*publicité, réclame*
advertising ['ædvətɑɪzɪŋ]	*publicité* (sens technique du terme)
advertising campaign	*campagne publicitaire*
advertising agency	*agence de publicité*
alternative [ɒl'tɜːnətiv]	*solution de rechange*
analysis [ə'næləzis]	*analyse*
to anticipate	*anticiper*
to appeal to	*plaire à*
to arise	*surgir* (problème)
to assess [ə'ses]	*évaluer*
attempt	*tentative*
aware [ə'weə] of	*conscient de*
to bear in mind	*garder présent à l'esprit*
brochure [b'rəʊʃʊə]	*brochure publicitaire*
to carry out	*effectuer*
to charge	*facturer*
consumer	*consommateur*
consumer orientation	*étude de la clientèle*
consumer society	*société de consommation*
data *(sg. rare : datum)*	*données*
demand [dɪmɑːnd]	*demande*
discount	*réduction*
efficiency [ɪ'fiʃənsɪ]	*efficacité*
efficient	*efficace*
to entitle to	*donner droit à*
eye-catching	*séduisant, qui attire l'œil*
flagship	*fleuron*
food critic	*critique gastronomique*
food guide	*guide gastronomique*
to get the message across	*faire passer le message*
to go wrong	*aller mal*
to identify	*identifier*
image ['ɪmɪdʒ]	*image de marque*
to keep in touch	*rester en contact*
to launch	*lancer*
leaflet	*dépliant*

mail	*courrier*
to make up for	*compenser, remédier à*
management	*gestion*
marketing	*marketing*
marketing control	*audit marketing*
marketing planning	*plan d'action commerciale*
marketing research [rɪ'sɜːtʃ]	*étude de marché*
medium *(pl.* media*)*	*moyen, médium*
neighbourhood ['neibəhʊd]	*voisinage*
objective	*objectif*
outstanding	*remarquable*
policy	*politique*
publicity	*publicité* (sens général du terme)
public relations	*relations publiques*
preview	*avant-première, présentation privée*
process	*processus*
profitability	*rentabilité*
to purchase	*acheter*
range	*gamme*
rate	*taux*
requirement [ri'kwaɪəmənt]	*exigence, besoin*
restaurant reviewer	*journaliste gastronomique*
to result in	*entraîner*
to satisfy	*satisfaire*
to settle	*mettre au point*
shareholder	*actionnaire*
staff	*personnel*
to stick to	*rester fidèle à*
supplier	*fournisseur*
to supply	*fournir*
to take account of	*tenir compte de*
to target	*cibler*
to try out	*mettre à l'épreuve*
to trade	*faire du commerce*
to trust	*faire confiance à*
turnover	*chiffre d'affaires*
value for money	*rapport qualité-prix*
venture ['ventʃə]	*entreprise*
voucher ['vautʃə]	*bon*
word of mouth	*bouche à oreille*

I - Mettre les phrases suivantes au passif en prenant comme sujet le complément d'attribution en italiques et en supprimant le sujet (voir note 3 du dialogue et faire attention aux temps) :

1. They will teach *you* the secrets of good advertising.
2. People told *me* that their hotel was going to close down.
3. The waiter has given *them* a voucher for a free bottle of wine.
4. During the preview, they will offer *every customer* a 50% discount.
5. No one had ever shown *him* such an outstanding range of possibilities.

II - Reformuler les phrases comportant un adjectif ou un adverbe en italique à l'aide de *however* (voir note 4 du dialogue en français) :

1. You try *often*, you will never make me change my mind.
2. The restaurant is *small*, it still needs to advertise.
3. The hotel is *famous*, it is still important that it should be listed in guide books.
4. You have read *much* about a country, you will always discover things when you are there.
5. You have studied *hard*, you will not be efficient without practical experience.

III - Traduire :

1. *Il nous reste à voir si nous offrons des bons ou non.*
2. *Et si nous invitions tous les critiques gastronomiques ?*
3. *Si les choses se passent mal, les clients ne reviendront jamais.*
4. *Je préférerais rester fidèle à mon restaurant habituel.*
5. *Ce menu offre un extraordinaire rapport qualité-prix.*

I - Mettre les phrases au passif :

1. You will be taught the secrets of good advertising.
2. I was told that their hotel was going to close down.
3. They have been given a voucher for a free bottle of wine.
4. Every customer will be offered a 50% discount during the preview.
5. He had never been shown such an outstanding range of possibilities.

II - Reformuler les phrases à l'aide de *however* :

1. However often you try, you will never make me change my mind.
2. However small the restaurant is, it still needs to advertise.
3. However famous the hotel is, it is still important that it should be listed in guide books.
4. However much you have read about a country, you will always discover things when you are there.
5. However hard you have studied, you will not be efficient without practical experience.

III - Traduire :

1. It remains to be seen whether [1] we offer vouchers or not.
2. What about [2] inviting all the food critics ?
3. If things go wrong, the customers will never come back.
4. I'd rather stick to my usual restaurant.
5. This menu offers outstanding value for money.

---

1. **whether ... or ...** s'emploie pour exprimer une alternative.
Ex. : **whether you like it or not** : *que cela te plaise ou non*.
2. Autres possibilités : **Shall we invite ... ? How about inviting ... ?** (US)

■ **A few sayings, old and new**
Quelques dictons, anciens et nouveaux

— Build a better mousetrap and the world will beat a path to your door
Construisez un meilleur piège à souris et le monde fera un chemin jusqu'à votre porte

— A happy customer will tell three people, an unhappy one will tell at least thirty
Un client satisfait le dira à trois personnes, un client mécontent le dira à au moins trente personnes

— The proof of the pudding is in the eating
C'est en l'essayant que l'on peut juger de la qualité d'une chose

■ **A voucher for a free glass of wine**
Bon pour un verre de vin gratuit

14 Rupert St. W1 01-434 9201
100 Baker St. W1 01-935 0287
11 Ken. High St. W8 01-937 4111
55 Queensway W2 01-229 0615

London's most remarkable Edwardian dining rooms — perfect for a truly rumbustious night out in traditional surroundings, where your genial maestro sings and plays the piano. Enjoy great English food at eccentrically low prices.

Group bookings 01-408 1001
Telex : 261448

Les salles à manger de style edwardien[1] les plus remarquables de Londres : parfaites pour une soirée vraiment extraordinaire dans un environnement traditionnel où un maestro de génie chante et joue du piano pour vous. Goûtez les plaisirs d'une grande cuisine anglaise à des prix exceptionnellement bas.

---

1. **Edwardian :** époque du roi Édouard VIII (1901-1910).

DOSSIER 20

STAFF AND TRAINING
PERSONNEL ET FORMATION

Staff and training

A. DIALOGUE

M. = Manager   **A.** = Applicant

A job interview in the US

The managerf of a French restaurant is interviewing someone who is applying for a job as a waiter.

M. — Why do you want to be a waiter with us ?

A. — Because I like relationships with guests, I like to see people enjoying themselves and I think I can help them have a better time.

M. — What kind of experience have you had in the restaurant business ?

A. — First, I worked in a fast food place but I never really took to the job as it was too anonymous and people never spent much time in the restaurant ; then a friend of mine asked me to help in his parents' Italian restaurant during the high season but that was only a temporary job, now I want to work on a permanent basis.

M. — What don't you like, as a customer, when you go to a restaurant ?

A. — I hate being [1] rushed, I like to take my time when I'm ordering and I like the waiter to be [2] helpful and to advise me in my choice of dishes. I can't stand waiters who hardly look at you and don't seem to care when they are taking your order, I think customers deserve the best attention.

M. — What would you do to increase your tips [3] ?

A. — I would smile, be polite and eager to please and at the same time try to make customers change their minds when they choose the wrong dish or wine. I think, in the end, they would be thankful and willing to reward me for my professional approach.

M. — Why should we hire you ?

A. — Because I am good-looking, enthusiastic, willing to work and because I am convinced that the position of waiter should be seen as rewarding, not servile. I do believe [4] in what I'm doing.

---

1. Lorsque les verbes **to like**, **to love**, **to dislike**, **to hate**, etc., expriment des réactions habituelles, ils sont suivis du gérondif.
2. Proposition infinitive ; s'emploie avec des verbes exprimant l'ordre, l'interdiction, le désir, l'intention.
3. Aux USA, les serveurs sont rétribués au pourboire (15%).
4. Forme d'insistance.

A. DIALOGUE

D. = Directeur   **C.** = Candidat

Entretien de recrutement aux États-Unis

Le directeur d'un restaurant français pose des questions à un candidat à un poste de serveur.

D. — Pourquoi voulez-vous être serveur chez nous ?

C. — Parce que j'aime les relations avec les clients, j'aime voir les gens s'amuser et je pense que je peux les aider à passer un meilleur moment.

D. — Quel genre d'expérience avez-vous eue dans la restauration ?

C. — D'abord, j'ai travaillé dans la restauration rapide mais je n'ai jamais aimé le travail car c'était trop anonyme et les gens ne passaient jamais beaucoup de temps dans le restaurant. Puis un de mes amis [1] m'a demandé de l'aider dans le restaurant italien de ses parents pendant la saison mais c'était simplement un emploi temporaire, maintenant je veux un emploi fixe.

D. — Que n'aimez-vous pas, en tant que client, quand vous allez au restaurant ?

C. — Je déteste être bousculé par le service. J'aime prendre mon temps quand je commande et j'aime que le garçon soit serviable et me conseille dans le choix de mes plats. Je ne peux supporter les serveurs qui vous regardent à peine et ne semblent pas faire attention quand ils prennent votre commande. Je crois que les clients méritent la plus grande attention.

D. — Que feriez-vous pour augmenter vos pourboires ?

C. — Je sourirais, serais poli et ferais des efforts pour plaire et en même temps j'essaierais d'amener les clients à changer d'avis quand ils choisissent le mauvais plat ou le mauvais vin. Je crois qu'à la fin ils seraient reconnaissants et prêts à me récompenser pour mon professionnalisme.

D. — Pourquoi devrions-nous vous recruter ?

C. — Parce que je présente bien, je suis enthousiaste, prêt à travailler et parce que je suis convaincu que le métier de serveur devrait être considéré comme une fonction gratifiante et non servile. Je crois vraiment à ce que je fais.

---

1. Mot à mot : *un ami des miens.*

B1. A curriculum vitae (voir page 296)

Pierre Masson
20 Rue Léon Jard
75006 PARIS

French nationality
Born 30 April 1978 in Beauvais
Single
Completed military service

EDUCATION

Secondary school
Diploma in Hotel and Catering management (BTS)

PROFESSIONAL EXPERIENCE

Worked as a Hotel Receptionist during the summer of 1995.
Was Assistant Manager for the period of traineeship in a two-star hotel (five months in 1997).
Was personnel manager with the Iris hotel chain for two years (1997 to 1999).

LANGUAGES : fluent English
written and spoken Spanish

HOBBIES : travelling ; tennis (won several competitions)

B2. A letter of application (voir page 297)

Dear Sir,

I was interrested to read your advertisement of a vacancy for a station head-waiter published in the 12 November issue of the magazine *Restaurants*. I would like to apply for this position and enclose a curriculum vitae with details of my education and professional background. I will be happy to supply any further particulars you may require as well as references.

Yours faithfully

Encl. : curriculum vitae

B1. Curriculum vitae

Pierre Masson
20, rue Léon Jard
75006 PARIS

Français
Né le 30 avril 1978 à Beauvais
Célibataire
Dégagé des obligations militaires

ÉTUDES

Lycée
Diplôme de gestion en hôtellerie et restauration (BTS)

EXPÉRIENCE PROFESSIONNELLE

Emploi de réceptionniste pendant l'été 1995.
Emploi d'assistant de direction dans un hôtel deux étoiles
pendant la période de stage (cinq mois en 1997).
Directeur du personnel dans la chaîne Iris pendant deux ans
(de 1997 à 1999).

LANGUES : Anglais courant
          Espagnol écrit et parlé

CENTRES D'INTÉRÊT : les voyages; le tennis (vainqueur de
plusieurs tournois).

B2. Lettre de demande d'emploi

Monsieur,

J'ai lu avec beaucoup d'intérêt l'annonce d'un poste vacant
de chef de rang que vous avez publiée dans le numéro du
12 novembre de la revue *Restaurants*. Je suis candidat à ce
poste et je joins un curriculum vitae détaillé concernant mes
études et mon expérience professionnelle. Je serais heureux
de vous fournir tous les renseignements supplémentaires dont
vous pourriez avoir besoin, de même que des références.

Veuillez agréer…

P.J. : curriculum vitae

1. *Des références seront fournies sur demande.*

2. *J'ai une bonne maîtrise de l'espagnol parlé.*

3. *J'ai travaillé comme chef de réception dans un hôtel quatre étoiles à Londres.*

4. *Le ski, le surf, et la randonnée font partie de mes centres d'intérêt.*

5. *Pour quel genre de travail êtes-vous le plus qualifié ?*

6. *En juin 1981, je suis sorti diplômé d'une célèbre grande école de commerce parisienne.*

7. *J'ai fait des études de gestion hôtelière.*

8. *J'ai passé et obtenu le diplôme en 1982.*

9. *J'aimerais être candidat au poste de responsable des banquets, qui a fait l'objet d'une annonce dans le* Post *du 8 juin.*

10. *Dans l'espoir d'une réponse favorable, j'attends avec impatience de vos nouvelles.*

11. *J'ai reçu une formation sur le tas pendant les mois d'été.*

12. *Je travaille dans cette société depuis cinq ans maintenant et je souhaite élargir mon expérience.*

13. *Les employés à temps plein seront à l'essai pendant trois mois.*

14. *Si on vous fournit un uniforme, vous devez le porter pendant que vous êtes de service.*

15. *Tous les employés auxquels on a fourni des badges avec leur nom doivent les porter pendant qu'ils sont de service.*

16. *Les employés payés à l'heure ont droit à six jours de congé de maladie par an.*

17. *Les prix sur les menus doivent inclure le service et ceci doit être clairement indiqué sur les menus.*

18. *Aux États-Unis, on a besoin du service qui permet de payer les salaires des employés et les autres frais généraux comme le chauffage et l'éclairage.*

19. *Dans les écoles de cuisine américaines, les étudiants peuvent avoir des cours sur n'importe quel sujet depuis la psychologie nécessaire au recrutement des serveurs jusqu'à la meilleure façon de plier des serviettes ou de faire fonctionner les machines pour cartes de crédit.*

Personnel et formation

B3. KEY SENTENCES

1. References will be supplied upon request.

2. I have a good command of spoken Spanish.

3. I worked as a head receptionist in a four-star London hotel.

4. My hobbies include skiing, surfing and hiking.

5. What kind of work are you most qualified to do ?

6. In June 1981, I graduated from a well-known Paris business school.

7. I did a course in Hotel Management.

8. I took and passed the exam in 1982.

9. I would like to apply for the post of banqueting coordinator advertised in *The Post* of June 8th.

10. Hoping for a favourable reply, I look forward to hearing from you.

11. I completed on the job training during the summer months.

12. I have been working with this company for five years now and wish to broaden my experience.

13. Full time employees will be on three months probation.

14. If you are provided with a uniform, you must wear it whilst on duty.

15. All employees provided with name tags should wear these name tags whilst on duty.

16. Hourly employees are entitled to six days paid sick leave per year.

17. Menu prices should be inclusive of service charge and this should be clearly stated on the menu.

18. In the US, they need the service charge to help pay staff's wages and other overheads like heating and lighting.

19. In America's culinary colleges, students may be taught everything from the psychology of hiring waiters to how to fold napkins or operate credit card machines.

advertisement [əd'vɜ:tismənt]	*annonce*
to advise	*avertir*
to apply for	*être candidat à*
application letter	*lettre de demande d'emploi*
background	*passé, expérience*
to broaden	*élargir*
can't stand (I)	*je ne peux supporter*
to care	*se soucier de, faire attention à*
to carry out	*effectuer*
to change one's mind	*changer d'avis*
to complete	*effectuer (stage, etc.)*
curriculum vitae	*curriculum vitae* (aussi, US : resume, data sheet)
to deserve	*mériter*
diploma	*diplôme*
to draw (drew, drawn)	*tirer*
eager [i:gə]	*désireux*
education	*études*
to enclose	*joindre*
enthusiastic [ɪnθu:zi'æstik]	*enthousiaste*
entitled to (to be)	*avoir le droit de*
fluent (to be)	*parler couramment*
to fold	*plier*
further	*supplémentaire*
friendly ['frendlɪ]	*sympathique*
full-time workers	*employés à temps complet*
to graduate (from)	*être diplômé (de)*
heating	*chauffage*
helpful	*serviable*
to hire ['haɪə]	*recruter*
hobby	*centre d'intérêt*
hourly ['aʊlɪ] workers	*travailleurs au salaire horaire*
to include	*inclure*
to increase	*augmenter*
inclusive of	*qui comprend*
lighting	*éclairage*
on duty (≠ off duty)	*de service, au travail (≠ en repos)*
to order	*commander*
overheads	*frais généraux*
particulars	*détails*

to pass (an exam)	*réussir (un examen)*
perk [pɜːk]	*avantage accessoire (en complément du salaire)*
pin	*épingle*
polite	*poli*
position	*emploi*
probation	*à l'essai*
qualified	*qualifié*
to recognize	*reconnaître*
references	*références*
to require	*avoir besoin de*
request	*demande*
to reward	*récompenser*
rewarding	*gratifiant*
to rush (people)	*bousculer (les gens)*
servile [sə'vɑɪl]	*servile*
service charge	*service*
sick leave	*congé de maladie*
staff *(+ pl.)*	*personnel*
to state	*préciser*
station head-waiter	*chef de rang*
to supply	*fournir*
to take an exam	*passer un examen*
temporary	*temporaire*
thankful	*reconnaissant*
tip	*pourboire*
to train	*éduquer*
traineeship	*stage*
training	*formation*
vacancy	*emploi disponible*
wages	*salaire*
waiter	*serveur*
willing	*désireux*

How to express likes and dislikes

Comment exprimer ce que l'on aime et ce que l'on n'aime pas

I enjoy (+ing)		I hate (+ing)	*je déteste*
I'm keen on (+ing)	*j'aime*	I can't stand (+ing)	*je ne peux*
I'm fond of (+ing)		I can't bear (+ing)	*supporter*
I love (+ing)		I resent (+ing)	

I - Transformer la partie en italique des phrases suivantes en utilisant l'amorce entre parenthèses et une proposition infinitive (voir note 2 du dialogue) :

1. *You must* start working to-morrow (the boss wants).
2. *All the employees must* wear a uniform (the management wants).
3. *We must* complete a period of training (our employer would like).
4. My job *must be* a challenging one (I want).
5. *They mustn't* smoke while on duty (the rules forbid).

II - Compléter les phrases au temps qui convient à l'aide du verbe entre parenthèses [1] :

1. I will apply for a job when I (complete my training).
2. I will tell you all the details when you (start working).
3. As soon as my working day (be over), I will go home.
4. Will you please supply two letters of references when you (send your CV).
5. You will be able to start on your job as soon as you (receive confirmation).

III - Traduire (revoir dialogue, documents, phrases types) :

1. *Je déteste être bousculé par le service quand je mange au restaurant.*
2. *J'aime que le serveur me donne de bons conseils.*
3. *Je crois vraiment que le métier de serveur est un métier complexe.*
4. *Je parle couramment l'espagnol et j'ai suivi plusieurs cours de gestion hôtelière.*
5. *Ci-joint un CV avec tous les détails dont vous pourriez avoir besoin.*

---

1. Temps dans les subordonnées de temps (après **when**, **as soon as**, **after**, **while**, etc.) :
Principale au futur :
— subordonnée au présent (F. futur)
— subordonnée au present perfect (F. futur antérieur)
Principale au conditionnel :
— subordonnée au prétérit (F. conditionnel)
— subordonnée au pluperfect (F. conditionnel passé)

I - Transformer la partie en italiques des phrases :

1. The boss wants you to start working to-morrow.
2. The management wants all the employees to wear a uniform.
3. Our employer would like us to complete a period of training.
4. I want my job to be a challenging one.
5. The rules forbid us to smoke while on duty.

II - Compléter les phrases au temps qui convient :

1. I will apply for a job when I have completed my training.
2. I will tell you all the details when you start working.
3. As soon as my working day is over, I will go home.
4. Will you please supply two letters of references when you send your curriculum vitae.
5. You will be able to start on your job as soon as you have received confirmation.

III - Traduire :

1. I hate being rushed by the service when I am eating at the restaurant.
2. I like the waiter to give me good advice.
3. I do believe that a waiter's job is a complex one [1].
4. I am fluent in Spanish and I took several courses in hotel management.
5. Please find enclosed a curriculum vitae with all the particulars you may require.

---

1. **one** sert de support aux adjectifs et évite de répéter un mot déjà employé.

- **Perks* in catering** (US) - *Petits avantages en restauration*

In a US steak house chain, hourly workers receive pins for recognizing given numbers of restaurant customers either by name or some unusual characteristic. Pin categories include the 100 club, the 500 club or the 1000 club, which means they have recognized 100, 500 or 1000 customers.

The management thinks that customers feel special and important when they are recognized and that friendly employees draw the customers back to the restaurant.

Dans une chaîne de restaurant américaine, les employés à l'heure reçoivent des épingles qui indiquent le nombre de clients qu'ils ont reconnus soit par leur nom, soit par un détail caractéristique inhabituel. Les catégories d'épingles comprennent le club des 100, le club des 500 et le club des 1000, ce qui veut dire qu'ils ont reconnu 100, 500 ou 1000 clients. La direction pense que les clients se sentent tout particulièrement importants quand ils sont reconnus et que les employés sympathiques font revenir les clients au restaurant.

* abrév. de **perquisites** : *avantages en nature* ; *pourboires*.

- **A small ad** (GB) - *Petite annonce*

CHURCHGATE
MANOR ✠ HOTEL   HEAD RECEPTIONIST

Is sought to join our luxury 85 bedroom, country house hotel with superb indoor leisure centre situated close to the M11, M25 and London. Candidates should be computer trained (preferably Innsite) well presented, and capable of leading a team of 7. In return we offer top wages, profit scheme and excellent live in accommodation.

Please send full C.V. to : Mrs Frances Fisk, P&T Manager, Churchgate Manor Hotel, Churchgate Street, Old Harlow, Essex. CM17 OJT. Tel : 0279 20246.

FVCN42-572

CHEF DE RÉCEPTION

Nous recherchons un chef de réception pour notre château-hôtel de luxe de 85 chambres comprenant un complexe de loisirs couvert et situé près de la M11, de la M25 et de Londres [1].
Les candidats doivent savoir utiliser un ordinateur, avoir une bonne présentation et être capables de diriger une équipe de 7 personnes. En retour nous offrons un salaire élevé, un intéressement aux bénéfices et un logement sur place d'excellente qualité.

---

1. **M11, M25 :** *autoroutes* (**Motorway**) au N.E. de Londres.

ANNEXES

A *acerbe*, sour
âcre, bitter, harsh
agressif, aggressive
aigre, sour
aimable, pleasant

amer, bitter
âpre, harsh
arôme, aroma
aromatique, aromatic

B *barrique*, barrel, hogshead (contents varying from one region to another, generally 196-250 l.)
bouchon, cork
bouchonné, corky : contamination of bottled wine by a faulty cork
bourbeux, miry
bouquet, bouquet : a rich and complex smell or fragrance that good wine develops through ageing ; (cf. *nez*)
brillant, having brilliance, brilliant, distinguished in all respects
brut, unsweetened, very dry (champagne)

C *capiteux*, heady, intoxicating
caudalies, caudals : a unit sometimes used to measure the duration of the impression given by a wine
cave, cellar, wine vault
cellier, (ground-floor) wine store
cépage, grape, vine ; a species or variety of wine : gamay, cabernet franc, pinot noir, merlot... One vine can give different wines : sauvignon will produce sauternes or pouilly, according to geography, viticulture and vinification.
chai, a professional ground-floor store for wine at a wine grower's or merchant's
chaptalisation, chaptalization : a strictly controlled process by which sugar is added during fermentation.
charnu, fleshy, full-bodied
charpenté, well-balanced, of a rich constitution
clair, clear, transparent
climat, growth or *cru* : in Burgundy, name of certain vineyards
clos, enclosure : an enclosed vineyard
commune, parish
coupage, the practice of blending wines (prohibited for good wines)
corps, body, richness ; fullness of a wine
corsé, strong in taste and alcoholic content, but yet well-balanced, full-bodied

coulant, pleasant and easy to drink
crémant, slightly sparkling [wine] (e.g.[1] ~ d'Alsace)
cru, growth : indicates a vineyard or group of vineyards producing
   wines of the same standard
cuve, vat, very large cask for fermenting wine

D *délicat*, délicate, fine
déséquilibré, unbalanced, lacking in harmony
dépôt(s), deposit(s) : the impurities or dregs that can be found in
   a bottle, and result from natural and normal activity of the wine
doucereux, treacherously sweetish
doux, sweet, rich in sugar
dur, hard, lacking in suppleness

E *égrapper*, separating the grapes from the stalks and stems
épais, thick, common
épanoui, fully, developed, having reached its optimum
   development
équilibré, well-balanced
étoffé, full, rich

F *fade*, tasteless, weak or lacking in character
fermentation malolactique, malolactic fermentation
feuillette, half-hogshead
fin, fine, great
fondu, well-matured of well-blended
fort, strong (in alcoholic content)
foudre, very large capacity vat, for the fermentation and storing
   of wines and spirits
frais, cool(ed), chill(ed)
franc, natural, honest, true
frappé, iced
friand, pleasant, easy to drink
fruité, fruity, with a strong taste of grapes

G *gazeux*, gaseous, fizzy
généreux, generous, rich, full-bodied

---

1. e.g. : for instance, *par exemple*.

273

gouleyant, easy to drink, light and pleasant
goûter, to taste, to try
goûteux, rich in taste
gras, rich in content, fleshy, full-bodied
grossier, coarse, vulgar

H   *harmonieux*, harmonious, well-balanced

J   *jambes*, legs of the wine (cf. *larmes*)
jeune, young, new, "green"
jus, juice(s)

L   *larmes*, tears (as appears inside the glass when the wine has been poured and swirled round)
léger, light
limpide, clear, transparent
liquoreux, heady, sweet and rich in alcohol
long (en bouche), with a persistent and very pleasant after-taste and intense aromatic flavour
loyal, faithful, loyal, honest

M   *mâche* : the lasting and pleasant impression one gets when "chewing" a wine with strong and typical characteristics
maigre, thin, lacking substance and body
magnum, a double-size bottle of wine (1,5 litre)
marchand de vin, vintner, wine merchant
maturation, maturing, ageing
millésime, year, vintage (date) ; only the best years in French classified wines are commercialized
millésimé, a vintage or dated wine
moelleux, mellow, rich and soft ; sweet and smooth
mou, flabby, weak
mousseux, sparkling (e.g. asti spumante)
moût, must
moût de goutte, drop must or juice : unfermented juice which runs off naturally when leaving the grapes whole (i.e. with pips, skins and stalks) in the vat.

moût de presse, press must or juice : obtained naturally by pressing the grapes whole. Depending on whether the juice is separated from the pressings or left in, white or red wine is obtained

mûr, ripe ; mature and mellow

N *nerveux*, vigorous, with good potential for ageing

nez [1], nose (cf. *bouquet, odeur*)

O *odeur*, scent, smell (cf. *nez*), fragrance

œnologie, œnology, enology (the art of winemaking, extended to wine-tasting)

onctueux, mellow, rich and full-bodied

ouillage, ullage, ullaging : systematic refilling of the vat after natural evaporation

P *pâteux*, thick, rather unpleasant, owing to substance clinging to the palate

peau, skin

pépins, pips, stones of the grapes

perlant, slightly gaseous or sparkling (e.g. gaillac)

pétillant, slightly sparkling (e.g. vouvray)

phylloxera, phylloxera, a disease which attacked and destroyed most of the European vines in the late 1800's. It was eventually overcome by reimporting vines from America and replanting them in their native birth-places.

pièce, the contents of a vat

piquant, sharp, prickly

piqué, sour : a wine that has turned off and turned to vinegar

plat, flat, lacking in body

plein, full, rich-bodied and well-balanced

pommadé, thick, falsified

---

1. Par exemple : *frais*, fresh, pleasant

odeur animale, animal smells (e.g. game, musk, venison)

~ *boisée*, wood smell (e.g. cedar)

~ *épicée*, spicy smell (e.g. cinnamon, cloves)

~ *fleurie*, flowery smell (e.g. carnation, violet, verbena, etc.)

~ *fruitée*, fruity smell (e.g. banana, cherry, quince, blackcurrant, etc.)

~ *de pierre à fusil*, flinty smell

primaire, primary   *secondaire*, secondary   *tertiaire*, tertiary

subtil, subtle

pourriture noble, (a kind of) mildewy rot, "noble" rot : a mould on the grape caused by botrytis cinerea, which results in extra natural sugar and is essential for the making of sauternes and for the "late harvests" in Alsace and Jura (cf. *vendanges tardives*).

premier cru, "first growth", referring to the finest (and most expensive) wines

puissant, powerful, rich, well-balanced and likely to last

pulpeux, pulpy, rich in taste, having "mâche"

R *rafles*, vine stalks or stems

raide, stiff, harsh, rather unpleasant

râpeux, rough, raspy owing to excess tannin

récolte, harvest, vintage

riche, rich, full-bodied

robe [1], colour, clarity and transparence of a wine

rond, full and well-rounded, well-matured, well-balanced, having reached its peak

S *sec*, dry

souche, root stock

souple, supple, soft and easy to drink

soutirage, tapping of the wine from a vat or barrel

T *tan(n)in*, tannin : a substance to be found in the skin of various fruit, which has a prominent role in the ageing process

tan(n)ique, tannic : containing an excess of tannin, thus giving a rather harsh taste which will mellow down through ageing

tastevin, wine-taster : a flat cup for taking a mouthful of wine

tendre, light, delicate and pleasant wine, but unlikely to last very long

---

1. Par exemple : *chatoyant*, glistening, rich
grenat, garnet-red
pourpre, crimson, dark-red
rubis, ruby
ambré, amber-yellow
doré, gold(en)-yellow
jaune-vert, greenish yellow
jaune pâle, pale yellow
vieil or, old gold

terne, dull, lacking lustre and brilliance

tirage, bottling

tranquille, still, not sparkling (wines made in Champagne that do not go through the champanization process)

tri(e), sorting

trouble, cloudy

V *velouté*, velvety, soft, supple and mellow in structure

vendange(s), (grape) harvest

vendanges tardives, late harvest(s) : generally in late November (St Catherine's Day) in good years, when "noble rot" has touched the grapes and given extra natural sugar

vert, green or unripe, but may improve through ageing

vif, fresh and lively, but rather light

vigne, vineyard

vigneron, wine-grower, vintner

vignoble, vineyard

vineux, warm, pleasant, with high alcoholic content and good vinosity

Découpe traditionnelle d'un quartier arrière
et d'un quartier avant de bœuf
Traditional english style cutting of a hindquarter
and forequarter of beef

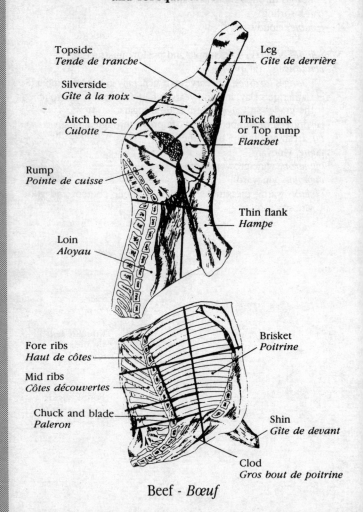

Topside
Tende de tranche

Leg
Gîte de derrière

Silverside
Gîte à la noix

Aitch bone
Culotte

Thick flank
or Top rump
Flanchet

Rump
Pointe de cuisse

Thin flank
Hampe

Loin
Aloyau

Fore ribs
Haut de côtes

Brisket
Poitrine

Mid ribs
Côtes découvertes

Chuck and blade
Paleron

Shin
Gîte de devant

Clod
Gros bout de poitrine

Beef - *Bœuf*

Découpe du veau - **Veal cutting**

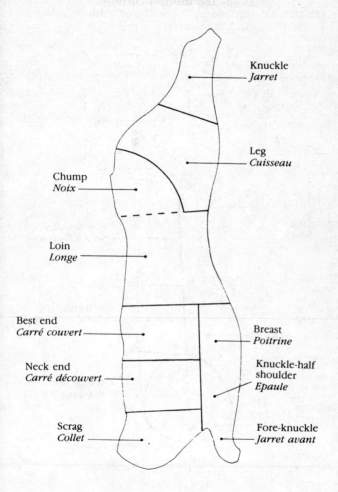

Knuckle
Jarret

Leg
Cuisseau

Chump
Noix

Loin
Longe

Best end
Carré couvert

Neck end
Carré découvert

Scrag
Collet

Breast
Poitrine

Knuckle-half
shoulder
Epaule

Fore-knuckle
Jarret avant

Veal - *Veau*

Découpe de l'agneau et du mouton
Lamb and mutton cutting

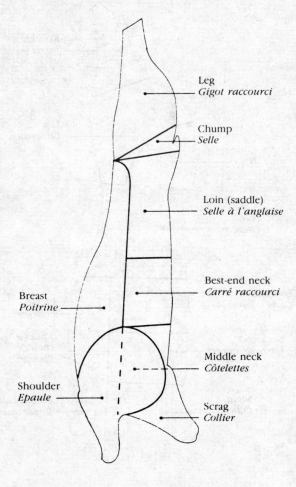

Leg
Gigot raccourci

Chump
Selle

Loin (saddle)
Selle à l'anglaise

Best-end neck
Carré raccourci

Breast
Poitrine

Middle neck
Côtelettes

Shoulder
Epaule

Scrag
Collier

Lamb and Mutton - *Agneau et Mouton*

Découpe du porc - **Pork cutting**

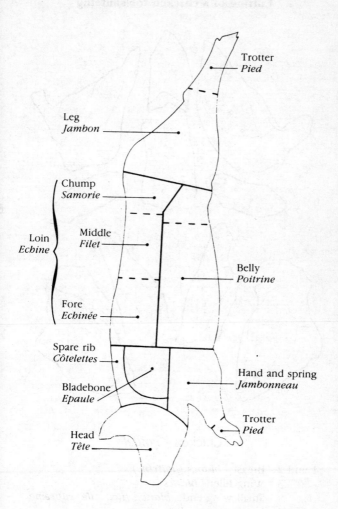

Trotter
Pied

Leg
Jambon

Chump
Samorie

Loin
Echine

Middle
Filet

Belly
Poitrine

Fore
Echinée

Spare rib
Côtelettes

Bladebone
Epaule

Hand and spring
Jambonneau

Head
Tête

Trotter
Pied

Pork - *Porc*

Découpe d'un poulet à sauter
Cutting of a chicken for sauteing

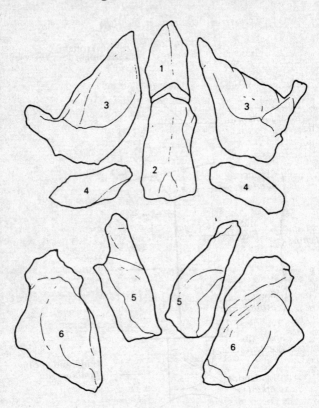

Chicken - *Poulet*

1 and 2 - Breast - *blancs (poitrine)*
     3 - Wing fillet - *blancs*
     4 - Small wing end - *blanc : filet, aile, suprême*
     5 - Leg - *pilon*
     6 - Thigh - *(gras de) cuisse*

Les abats et leur usage dans la restauration
Offals and their uses in catering

• **Lamb and mutton** - *agneau et mouton*

tongue - *langue*	boiling, braising (to boil, *bouillir*, to braise, *braiser*)
brain - *cervelle*	poaching (to poach, *pocher*)
sweetbreads - *ris*	braising, grilling, frying (to grill, *griller*, to fry, *frire, poêler*)
heart - *cœur*	braising
liver - *foie*	frying, grilling
lungs - *poumon, mou*	frying, stewing (to stew, *cuire à l'étuvée*)
kidneys - *rognons*	grilling, sauteing (to saute, *sauter, cuire à cru*)
stomach - *estomac*	tripe, *tripes*
intestines - *intestins*	casing for sausages, etc. *boyaux à saucisses*

• **Pig** - *porc*

head - *tête*	brawn, *fromage de tête, hure*
head cheek - *joue*	smoking, boiling
tongue - *langue*	fresh or pickled*, boiling, braising * *conservé dans le vinaigre*
brain - *cervelle*	poaching
heart - *cœur*	braising
liver - *foie*	braising
lungs - *poumon, mou*	frying, stewing faggots, *boulettes de viande*
kidneys - *rognons*	grilling, stewing
intestines - *intestins*	chitterlings, *andouillettes* sausage casings
fats - *graisse(s)*	lard, *saindoux* drippings, *graisse à cuisson*
blood - *sang*	blood sausages, *boudin*
trotters - *pieds*	poaching

table knife - *couteau de table*

dessert knife - *couteau à dessert*

fish knife - *couteau à poisson*

fish knife - *couteau à poisson*

tea knife - *couteau à thé*

butter knife - *couteau à beurre*

table fork - *fourchette de table*

dessert fork - *fourchette à dessert*

dessert fork - *fourchette à dessert*

fish fork - *fourchette à poisson*

tea fork - *fourchette à thé*

pastry fork - *fourchette à gâteaux*

oyster fork - *fourchette à huîtres*

snail fork - *fourchette à escargots*

vegetable serving fork
fourchette de service pour les légumes

vegetable serving spoon
cuillère de service pour les légumes

dessert spoon - *cuillère à dessert*

soup spoon - *cuillère à soupe*

tea spoon - *cuillère à thé*

tea or coffee spoon - *cuillère à thé ou à café*

coffee spoon - *cuillère à moka*

grapefruit spoon - *cuillère à pamplemousse*

jam spoon - *cuillère à confiture*

table spoon - *cuillère à soupe*

long drink spoon - *cuillère à cocktail*

soup ladle - *louche*

sauce ladle - *cuillère à sauce*

cream ladle - *cuillère à crème*

sugar tongs - *pince à sucre*

cocktail mixing spoon
cuillère à cocktail

ice tongs - *pince à glace*

snail tongs - *pince à escargots*

asparagus eater - *couteau à asperge*

lobster pick - *fourchette à homard*

Type of fish *Type de poisson*	Product *Produit*	Preparation *Préparation*	Salting *Mode de salaison*	Smoking *Type de fumage*
Cod *morue, cabillaud*	Single fillets *filet (simple)*	Filleted *mis en filet*	Brined* often with a dye**	Cold smoked *fumé à froid*
	Cod's roe *œufs de cabillaud*	Removed from female, washed *pris sur la femelle, et lavés*	Dry salted or brined and dyed - *salé à sec ou bien passé à la saumure et coloré*	Cold smoked
Eel - *anguille*	Whole fish *poisson entier*	Gutted only *simplement vidé*	Dry salted and brined	Hot smoked *fumé à chaud*
Haddock - *églefin*	Single fillets	Filleted	Brined often with a dye	Cold smoked
	"Finnans"	Headed, split up belly, flattened and gutted - *sans tête, ouvert, aplati et vidé*	Brined often with a dye	Cold smoked
	Smokies	Whole gutted fish, headed and cleaned - *poisson entier, vidé, sans tête et nettoyé*	Brined	Hot smoked

* brine : *saumure* ; brined : *passé à la saumure*.
** dye : *teinture, colorant* ; dyed : *coloré*.

The main types of smoked fish

Type of fish *Type de poisson*	Product *Produit*	Preparation *Préparation*	Salting *Mode de salaison*	Smoking *Type de fumage*
Herrings *harengs*	Bloaters *craquelots*	Whole, ungutted	Dry salted	Cold smoked to give partial drying *fumé à froid pour sécher partiellement*
	Buckling	Whole, ungutted	Dry salted	Hot smoked
	Kippers	Split along back, cleaned, opened flat - *fendu le long du dos, nettoyé et mis à plat (allongé)*	Brined and dyed	Cold smoked
	Kipper fillets	Filleted	Brined and dyed	Cold smoked
Salmon - *saumon*	Side (or fillet) *demi ou filet*	Filleted trimmed *paré*	Dry salted or brined	Cold smoked using oak or juniper wood *fumé à froid avec du bois de chêne ou de génevrier*
Trout - *truite*	Whole fish *poisson entier*	Whole gutted	Dry salted or brined	Cold smoked

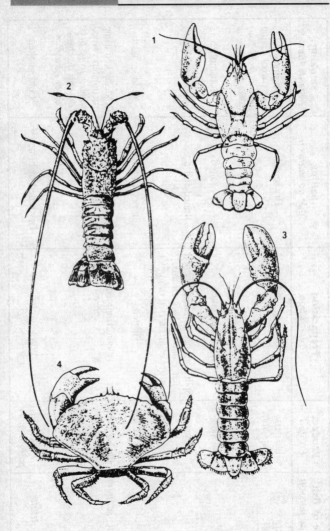

1. crayfish - *écrevisse*
2. crawfish - *langouste*
3. lobster - *homard*
4. crab - *crabe*

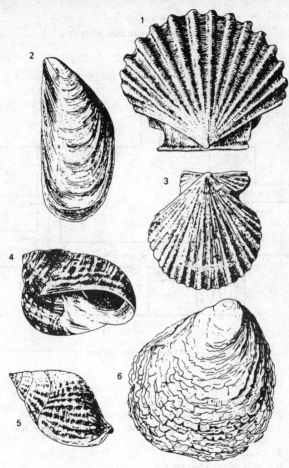

1. scallop - *coquille St-Jacques*
2. mussel - *moule*
3. queen - *pétoncle*
4. whelk - *buccin*
5. periwinkle - *bigorneau*
6. native oyster - *huître plate, huître native*

Distribution optimale des magasins
Optimum layout for stores

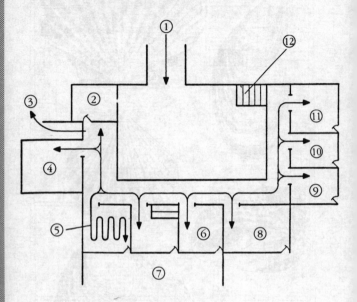

1. Access road - *accès, entrée/sortie*
2. Goods receiving office - *réception des marchandises*
3. Corridor to other departments - *vers les autres secteurs*
4. Cellar - *cave*
5. Meat, etc. - *viande*
6. Dry stores - *épicerie*
7. Kitchen - *cuisine*
8. Sundries - *divers*
9. Ditto - *idem*
10. House-keeping - *entretien*
11. Engineering stores - *matériel*
12. Steps to 3'6'' high delivery bay
    marches d'accès à la baie/zone de livraison (100 cm)

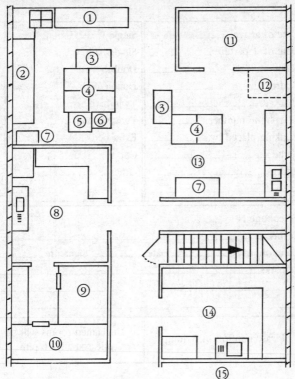

1. Hot plates - *plaques chauffantes*
2. Sauce section - *zone de préparation des sauces*
3. Grills - *grills*
4. Ovens - *fours*
5. Charcoal grill - *grill au charbon de bois*
6. Fryers - *friteuses*
7. Fridge - *réfrigérateur*
8. Larder section - *garde-manger*
9. et 10. Walk-in fridge - *chambres froides*
11. Pot wash - *plonge*
12. Head desk - *bureau du chef*
13. Vegetable section - *zone de préparation des légumes*
14. Pastry section - *zone de préparation de la pâtisserie*
15. Stores - *magasins/économat*

Date of arrival_____	Single ....
Date of departure_____	Single/bath ....
Name_____	Double ....
Address_____	Double/bath ....
_____	Twin/bath ....
Telephone number_____	Twin/shower ....
Booking placed by_____	Extra bed ....
Name_____	Cot ....
Address_____	Other ....
_____	....

Telephone Nr _____

Terms_____

Time of arrival_____ Date_____ Signature_____

Remarks_____

_____

_____

Please confirm in writing	Unclaimed rooms will be released after 6 p.m.

Annexe 10 Fiche de réservation

Date d'arrivée_____	1 personne	
Date de départ_____	1 personne/bain	
Nom_____	2 personnes/1 grand lit . .	
Adresse_____	2 pers./1 grand lit/bain . .	
_____	2 pers./lits jumeaux/bain .	
N° de téléphone_____	2 pers./lits jumeaux/douche	
Agence*_____	lit supplémentaire	
Nom_____	lit d'enfant	
Adresse_____	divers	
	. . . .	

N° de téléphone_____
Conditions**_____
Heure d'arrivée_____ Date_____ Signature_____
Remarques_____
_____
_____

Prière de confirmer par écrit	Les chambres inoccupées après 18 h ne seront plus réservées

* Mot à mot : réservation faite (placée) par...
** Par exemple : **FB** (full board : *pension complète*), **HB** (half board : *demi-pension*), ou encore **Preferred rates** : *tarifs spéciaux*, etc.

Reception : Open 24 hours a day . Theater reservations. Free safe deposit boxes. Telex. We can call you a taxi. Information about Paris, maps. Messages. Mail drop. Dial Ext. 133 [1].

Welcome to Ibis : Reservations for which no deposit has been made are kept until 7.30 PM. No-shows : the deposit is forfeited. Except by special prior arrangement, prepayment is mandatory. Refund if you leave sooner than anticipated. The floor your room is located on is shown on the keyholder of your room key (the first number).

Children : Children up to 12 years of age sharing their parent's room are accommodated free of charge.

Pets : We ask you to pay a small supplement for pets.

Checkout time : Checkout time is 12 noon.

Telephone : In the room.

Credit cards : We accept Visa and Eurocard.

Safe deposit boxes : In the Reception. Hotel cannot be held responsible for money, jewellery and valuables left in rooms.

Dry cleaning : Items left before 9 am returned the same evening.

Bar : Open from noon to 1.30 A.M.

Rooms : Furnished with 1 double bed or 2 twin beds. Private bathroom with toilet. Telephone T.V. plug.

Breakfast : French breakfast. One price, eat as much as you like, served buffet style in the restaurant (French bread, croissant, brioche, butter, jams, jellies, coffee, tea, chocolate, milk). From 6.30 to 10.30 A.M.

Restaurant : On the first floor open from noon till 10.30 P.M. nonstop.

Conference meeting - Rooms : For up to 150 persons.

---

1. **to dial :** composer un numéro de téléphone ; **Ext.** = **extension :** *poste* (téléphone interne).

Réception : Ouverte 24 heures sur 24. Réservation de spectacles. Tiroirs coffre gratuits. Télex. Réservation de taxis. Change. Location de voitures. Informations sur Paris, plans. Messages. Boîte aux lettres. Tél. 133.

Accueil : Réservation sans arrhes maintenue jusqu'à 19 heures 30. En cas de non venue, les arrhes versées seront retenues par l'hôtel. Sauf conditions particulières, le prépaiement est obligatoire. En cas de départ anticipé, le remboursement sera effectué. L'étage où se trouve votre chambre dans notre hôtel est indiqué sur votre porte-clé (premier chiffre).

Enfants : Hébergement gratuit jusqu'à l'âge de 12 ans à condition qu'ils partagent la chambre de leurs parents.

Animaux : Acceptés avec un léger supplément.

Conditions : Les chambres sont louées de midi à midi [1].

Téléphone : Dans les chambres.

Cartes de crédit : Carte VISA et EUROCARD acceptées.

Coffres-forts : S'adresser à la Réception. La Direction n'est pas responsable des espèces, bijoux et objets de valeur laissés dans les chambres.

Pressing [2] **:** Les dépôts avant neuf heures seront rendus en soirée.

Bar : Ouvert de midi à 1 h 30 du matin.

Chambres : 1 grand lit ou 2 lits jumeaux. Salle de bains privée avec toilettes. Téléphone. Prise de T.V.

Petit déjeuner - de 6 h 30 à 10 h 30 : Français, à volonté, en libre-service au restaurant (baguette, croissant, brioche, beurre, confiture, café, thé, chocolat, lait).

Restaurant : Au premier étage ouvert de midi jusqu'à 22 h 30 sans interruption.

Salles de réunion : Jusqu'à 150 personnes.

---

1. **to check out :** effectuer les formalités de départ de l'hôtel.
2. **dry-cleaning :** *nettoyage à sec.*

HILTON INTERNATIONAL HOTELS (U.K.) LIMITED

Hotel ....
Date ....
Position Applied For
Poste demandé ....
Who Referred you to us?
Recommandé par ....

Name .... Male ☐ Female ☐
SURNAME/*nom de famille*   FIRST/*prénom**
Address ....
.... Telephone No: ....
Date of Birth: .... Age: .... Place of Birth: ....
date de naissance   *lieu de naissance*
Check marital status/*situation de famille*
Single ☐   Married ☐   Widow** ☐   Divorced ☐   Separated ☐
If you have dependent children, state ages
Age des enfants à charge, le cas échéant ....
Nationality/*nationalité*
Labour permission in U.K./*permis de travail* ....
Type .... Expires/*date d'expiration* ....
Minimum wages required/*prétentions salariales* ....
Date available/*Disponible à partir de/du* ....

EDUCATION - *ÉTUDES*

Name and address of School or University *Nom et adresse de l'école ou de l'université*	From *de*	To *à*	Degree or Certificate *Diplôme ou certificat*	Major Course of Study *Spécialité*

What business machines can you operate? ....
Quelles machines professionnelles savez-vous faire fonctionner ?
What languages do you know? ....
Quelles langues connaissez-vous ?
What kind of work are you most qualified to do? ....
Pour quel genre d'emploi êtes vous le plus qualifié ?

DO NOT WRITE BELOW THIS LINE - *RÉSERVÉ À L'ADMINISTRATION*

Hotel .... Dept./*service* .... Position/*poste* ....
Date employed/*date d'embauche* .... Wages/*salaire* ....

* *surnom* : **nickname**.
** **widow** : *veuve* ; **widower** : *veuf*.

PHYSICAL INFORMATION - *RENSEIGNEMENTS SANITAIRES*

How is your health (*santé*) ?
Excellent ☐ Fair/*bonne* ☐ Poor/*mauvaise* ☐

Colour of eyes .... Height/*taille* .... Weight/*poids* ....

Have you had any serious illness, injury or operation? (explain)
Avez-vous eu des maladies sérieuses, des blessures ou des opérations ?
....

Have you any handicaps on ... /*avez-vous des infirmités*
Feet/*pieds* ☐ Hands/*mains* ☐ Sight/*vue* ☐
Hearing/*audition* ☐ Speech/*élocution* ☐

EMPLOYMENT RECORD

In the space below, list the positions you have held, showing last position
first, be accurate - *dans les cases ci-dessous indiquez les postes que vous
avez occupés, en commençant par le dernier, soyez précis.*

Name and adress of employer *Nom et adresse de l'employeur*	Employed		Positions & duties *Poste*	Gross salary *Salaire brut*	Reason for leaving *Raison des départs*
	From - *de*	To - *à*			

INTEREST - *CENTRES D'INTÉRÊT*

What are your hobbies/interests ? ....
Quels sont vos occupations favorites/centres d'intérêt ?

Are you a member of any clubs or societies ? ....
Êtes-vous membre d'un club ou d'une amicale ?

In case of emergency please notify: Name ....
En cas d'urgence, veuillez prévenir Address ....
Telephone ....

In signing this application and in consideration of my securing employment with Hilton Hotels in any of its hotels. I do
hereby affirm that the preceding are true to the best of my knowledge and belief. and that any misrepresentation of facts
or material omission thereof shall be cause for dismissal. I also confirm that I have no criminal convictions recorded against
me. - *En signant cette demande d'emploi et dans l'éventualité où j'obtiendrais un emploi auprès des Hôtels Hilton. j'affirme
par la présente que les renseignements donnés précédemment sont vrais pour autant que je sache et que toute erreur ou
ommission sera une cause de renvoi. J'affirme aussi n'avoir jamais été l'objet de sanctions pénales.*

Signature ....

Overall evaluation ....
Avis général ....

Interviewer ....
Responsable de l'entretien

La correspondance commerciale en anglais a perdu son caractère formalisé et ampoulé. Les conseils quant au style sont donc les mêmes que pour une lettre ordinaire : écrivez simplement et clairement, en utilisant autant que possible des phrases courtes, et en évitant la familiarité excessive – sauf si le destinataire est un ami de longue date ; n'hésitez pas à aller à la ligne pour tout nouvel élément de votre message.

Pour ce qui est de la présentation, voici quelques règles simples :

1. Si vous n'écrivez pas sur du papier à en-tête, placez votre **adresse** (en tant qu'expéditeur) en haut à droite. (Numéro, ville ou localité, code postal). Ne pas y faire figurer votre nom, qui apparaîtra au-dessous de votre signature. Votre numéro de téléphone peut être indiqué en dessous (Phone :   ).

2. L'indication de la **date** vient sous cette adresse.
Si vous écrivez sur du papier à en-tête, la date est en haut à droite, sous l'en-tête. On n'indique pas le nom de la localité avant la date, à la différence du français.
On peut aujourd'hui écrire la date de diverses façons :

> **May 22nd 20..**
> **23rd March, 20..**

correspondent à la tradition britannique, et peuvent aussi apparaître sous la forme :

> **September 10th 20......**
> **12th June 20..**
> **5 April, 20..**

La forme suivante, d'origine américaine, est maintenant fréquente dans l'usage international :

> **February 6, 20..**

Les abréviations peuvent aussi être utilisées :

> **8 Oct. 20..**
> **Dec, 16th, 20..**

On trouve des dates indiquées uniquement en chiffres, comme en français, mais un tel usage peut être dangereux car :
- en anglais britannique **4.3.05** signifiera comme en français le 4e jour du 3e mois (mars) :
- alors qu'en anglais américain c'est le mois qui vient en tête et **4.3.05** signifiera donc le 3 avril. Le 4 mars serait, version U.S. : **3.4.05**.

3. La **référence**, quand elle existe, se place en haut à gauche, sous l'en-tête, et comportera en général un numéro (code) et des initiales (auteur de la lettre et secrétaire ou dactylo).

4. L'**adresse du destinataire** (dite **"inside address"**, adresse intérieure) figure en haut et à gauche (sous la référence si celle-ci existe). Elle comporte :

• le nom et l'adresse du destinataire, individu ou société.

S'il s'agit d'une personne : elle commencera par **Mr**, **Mrs**, **Miss**, **Messrs** (Messieurs), **Ms** (qui ne préjuge pas du fait qu'une femme est mariée ou non, sigle souhaité par des associations féministes).

Ces abréviations peuvent être suivies d'un point (**Mr.** etc.). C'est une pratique courante en américain bien que les puristes n'aiment pas ce point qui vient après la dernière lettre d'un mot. Viennent ensuite l'initiale et le nom. Les Américains utilisant leurs deux prénoms, on aura **J.K. THOMSON** ou **John K. THOMSON**.

L'adresse (numéro, ville ou localité, code postal) vient ensuite.

Les Britanniques utilisent parfois — de plus en plus rarement — l'abréviation de courtoisie : Esq. (Esquire, à l'origine *écuyer*). **G. THOMSON, Esq.** ne signifie rien d'autre que : **Mr. G. THOMSON**.

5. Les formules de salutations les plus générales :

Dear Sir, ou **Dear Madam,** ou **Dear Sirs,**

Elles sont suivies d'une virgule en anglais britannique, de deux points en anglais américain.
Malgré la présence de "Dear", ces formules correspondent au français *Monsieur* ou *Madame*, etc.
Mesdames se dira **Mesdames**.
L'américain utilisera **Gentlemen :** au lieu de **Dear Sirs**, (G.B.).
Pour exprimer *Cher Monsieur*, etc., sous forme plus cordiale, plus personnelle, on fera figurer le nom du destinataire : **Dear Mr JOHNSON**.
Dans le cadre de relations fréquentes et de longue date, l'usage américain permet l'utilisation du prénom :
Dear John,
la virgule étant dans ce cas considérée comme moins formelle.
Les formules de salutation se placent à gauche, et non au milieu de la feuille.

6. Le **corps** de la lettre.
Deux présentations possibles :

• présentation décalée (*indented form*) où chaque paragraphe commence légèrement en retrait ;

- présentation compacte (*block form*) où toutes les lignes commencent à la verticale l'une de l'autre.

Double interligne entre les paragraphes.

7. Pas de longue formule finale à la française mais une **brève formule de conclusion**, en accord avec la salutation.

En anglais britannique, si la lettre commence par **Dear Sir,** terminer toujours par **Yours faithfully**.
Si elle commence par **Dear Mr THOMSON**, terminer par **Yours sincerely**.
Une lettre de ton familier peut être terminée par **Yours**.

Usage américain :
Yours faithfully n'est guère utilisé, on utilise **Sincerely yours**, ou simplement **Sincerely**, parfois **Very truly yours**.
Le premier mot — et le premier seulement — de la formule est toujours écrit avec une majuscule. La formule est suivie d'une virgule, avant la signature.
La formule de clôture se place le plus souvent à gauche, à la verticale du premier mot du premier paragraphe.

8. **Signature**.
A gauche le plus souvent, au-dessus du nom du signataire et de sa fonction.
Si c'est une signature par procuration, le nom de la personne au nom de laquelle on signe apparaîtra au-dessus de la signature, et sera précédée de **p.p.** ou de **per pro** (abréviation de per procurationem, latin pour *par procuration*).

9. Les **pièces jointes** sont signalées en bas de la lettre à gauche, par la mention :

Encl. ou **Enc.**

suivie de la nature des pièces.

1. *En réponse à votre demande de renseignements...*
   In reply (U.S. : In response) to your inquiry...

2. *En réponse à votre lettre du...*
   In reply (U.S.. : In response) to your letter of...

3. *Nous vous envoyons ci-joint...*
   Please find enclosed...
   We enclose...
   We are enclosing...

4. *Nous accusons réception de...*
   We acknowledge receipt of...
   Thank you for...

5. *J'ai l'honneur de confirmer...*
   I wish to confirm...

6. *Nous sommes heureux de vous faire savoir que...*
   We are pleased to let you know/inform you that...

7. *Nous sommes au/avons le/regret de vous faire savoir que...*
   We are sorry to let you know/inform you/that...

8. *Je vous serais reconnaissant de...*
   I would be grateful if you would...
   Would you be so kind as to...
   Please...

9. *Nous nous permettons de vous suggérer...*
   We venture to suggest...

10. *Une réponse rapide nous obligerait.*
    A prompt answer would be appreciated.
    An early reply will/would/oblige us.

11. *Si le jour et l'heure ne vous conviennent pas...*
    If the date and time are not convenient...

12. *Envoyez-nous la facture en double exemplaire.*
    Please send us the invoice in duplicate.
    Please send us two copies of the invoice.

13. *Faites-nous connaître vos meilleurs prix/conditions.*
    Please quote us your best terms.

14. *Les prix que nous indiquons sont établis...*
    We are quoting... prices./The prices we quote are...

15. *Si cet article ne vous convient pas...*
    If this article does not suit you...

16. *Nos conditions habituelles sont...*
    Our usual terms are...

17. *Nous accordons des réductions importantes...*
    We grant/allow sizeable/substantial discounts...

18. *Le règlement devra être effectué/opéré/par...*
    Payment will be by...

19. *Nous sommes prêts à vous accorder un escompte de 5%.*
    We are prepared to grant you (a) 5% discount.

20. *Nous vous présentons nos excuses pour ce retard.*
    We apologize for the delay.

21. *Les marchandises seront livrées...*
    The goods will be delivered...

22. *Faites-nous connaître par retour de courrier...*
    Please let us know by return...

23. *Nous ne sommes pas en mesure de...*
    We are not in a position to...

24. *Nous nous voyons contraints d'annuler la commande.*
    We are sorry to have to cancel the order.
    We regret having to cancel the order.

25. *Nous avons enregistré votre commande.*
    We have booked your order.

26. *Nous vous serions reconnaissants d'avancer la date de livraison.*
    We would be grateful if you could put the delivery forward.

27. *Nous aimerions obtenir des informations plus précises sur...*
    We would like to have/to obtain/more detailed information/
    further information/further particulars/on...

28. *Nous avons le plaisir de confirmer votre réservation.*
We are pleased to confirm your reservation.

29. *Malheureusement, nous sommes complets à cette date.*
Unfortunately, we are fully booked on that date.

30. *Suite à votre demande par téléphone.*
With reference to your telephone enquiry.

31. *Nous regrettons de ne pouvoir vous offrir à cette période quoi que ce soit qui corresponde à vos souhaits.*
We regret to inform you that we cannot provide you with anything suitable for that period.

32. *Nous sommes à votre disposition pour tout renseignement complémentaire.*
We are at your disposal for any further information.

33. *J'espère avoir de vos nouvelles prochainement.*
I am looking forward to hearing from you soon.

34. *Nous vous prions de croire à l'assurance de nos sentiments distingués.*
(G.B.) Yours faithfully, / Yours sincerely,
(U.S.) Sincerely yours, / Sincerely,

MODERN HOTEL
6 Queen's Road
London WC2

Mr A. T. Ramsay
8 Avenue Road
Derby DEG 4 DS   Thursday 25th March 20..

Dear Mr Ramsay,

We are in receipt of your letter dated March 21st in which your were asking if we could accommodate a party of 17 persons : 7 girls, 8 boys and two adults, for a week end in June.

We are pleased to inform you we have enough vacancies on the second week end in June (9th-10th) to offer you the following arrangement :
– Two twin-bedded rooms plus a « family room » containing three beds for the girls, on the second floor, next to a single room for Miss Smith.
– Four twin-bedded rooms for the boys, next to a single room for Mr Black, on the fourth floor.

All our rooms have a private bathroom and a toilet, a telephone and a television. The hotel is centrally heated.

The hotel has no restaurant as such, but the room service has quite a comprehensive list of refreshments from toasted sandwiches to more sophisticated items.

So we would only provide Bed and Breakfast for £35 per head and per night.

There are many touring parties around at that time of the year and the area is packed with coaches, but I trust your driver will find a place to park nearby.

Please find herewith a booklet about day trips in and around London and a post card of our establishment.

We would appreciate an early answer, we are looking forward to having this party with us, and remain,

Yours sincerely,

Jeudi 25 mars 20..

Cher Mr Ramsay,

Nous accusons réception de votre lettre du 21 mars dans laquelle vous demandiez si nous pouvions loger un groupe de 17 personnes : 7 filles, 8 garçons et deux adultes, pendant un week-end de juin.

Nous avons le plaisir de vous annoncer que nous avons suffisamment de chambres libres le second week-end de juin (du 9 au 10) pour vous proposer la solution suivante :

– Deux chambres à deux lits et une grande chambre avec trois lits pour les filles, au deuxième étage, à côté d'une chambre simple pour Miss Smith.

– Quatre chambres à deux lits pour les garçons, à côté d'une chambre simple pour Mr Black, au quatrième étage.

Toutes nos chambres ont salle de bains et WC privés, téléphone et télévision. L'hôtel a le chauffage central.

L'hôtel n'a pas vraiment de restaurant, mais le service des chambres propose une liste assez importante de mets, du sandwich toasté aux plats plus élaborés.

Nous ne fournirions donc que la chambre et le petit déjeuner au prix de 35 livres par personne et par nuit.

Il y a de nombreux groupes de touristes à cette époque de l'année et le quartier est encombré de cars, mais je suis sûre que votre chauffeur trouvera une place pour se garer près de l'hôtel.

Veuillez trouver ci-joint un livret sur les excursions d'une journée dans et à l'extérieur de Londres et une carte postale de notre établissement.

Nous vous serions reconnaissants de nous faire parvenir rapidement une réponse, nous attendons avec impatience le plaisir d'avoir votre groupe parmi nous.

Veuillez agréer…

1. Ne pas oublier les virgules après les milliers :
   two thousand five hundred and fifty : 2,550

2. Les décimales s'écrivent avec un point là où le français utilise
   une virgule :　　　français : 1,5 %　　　anglais : 1.5 %

   remarques :
   • 0,5 % pourra s'écrire 0.5 % (oh point five per cent) ou simplement : .5 % (point five per cent).
   • attention à : *augmenter de 5 %*
   　　　　　　　to increase / rise / by 5 %
   　　　　　　　une augmentation de 5 %
   　　　　　　　an increase / a rise / of 5 %
   　　　　　　　a 5 % increase / rise
   　　　　　　　une augmentation de 10 % des prix du détail
   　　　　　　　a 10 % increase in retail prices

3. **hundred**, **thousand**, etc. sont invariables lorsqu'ils suivent un
   chiffre : two thousand cars, three hundred people.
   Ils prennent un **s** lorsqu'ils correspondent au français *des
   milliers de*, *des centaines de*, *des millions de* :
   hundreds of cars, thousands of people, millions of dollars.

4. Attention à la traduction du français **milliard** :
   (G.B.) one thousand million, (U.S.) one billion.
   FR. six milliards, (G.B.) six thousand million, (U.S.) six billion.
   Dans la langue internationale, l'usage américain l'emporte.

5. Attention aux formations adjectivales :
   une réunion de trois heures : **a three-hour meeting**
   un voyage de deux jours : **a two-day trip**

6. Indication des monnaies :

FR	G.B.	U.S.
600 FF	£ 600	$ 600
	(six hundred pounds)	(six hundred dollars)

7. Au téléphone, 735 65 02 se dira **seven three five six five oh
   two**.

8. *Des dizaines, des vingtaines* seront souvent traduits par
   dozens of : *des dizaines de livres*, **dozens of books** (mais
   attention, *deux douzaines d'œufs*, **two dozen eggs**, cf. 3).
   On trouve aussi :
   des vingtaines de livres, **scores of books**
   des dizaines de milliers de livres, **tens of thousands of books**.

Poids - **Weights**

	GB	US
ounce (oz)	28,35 g	31,10 g
pound (lb)	0,454 kg	0,373 kg
stone (st)	6,348 kg	—

Longueurs - **Linear measures**

inch (in)	2,54 cm
foot (ft)	30,48 cm
yard (yd)	0,914 cm
mile (mi)	1,609 km)

Superficies - **Square measures**

square inch (sq in)	6,45 cm²
square foot (sq ft)	0,093 m²
square yard (sq yd)	0,836 m²
acre (a)	0,405 ha
square mile (sq mi)	2,590 km²

Capacité - **Capacity**

	GB	US
pint (pt)	0,568 l	0,473 l
quart (qt)	1,136 l	0,946 l
gallon (gal)	4,543 l	3,78 l

Températures

Pour convertir des degrés centigrades en degrés Fahrenheit, multiplier par 9/5 et ajouter 32.

Exemple : 10° C donnent $\dfrac{10 \times 9}{5} + 32 = 50°$ F

Pour convertir des degrés Fahrenheit en degrés centigrades ou celsius, retrancher 32 et multiplier par 5/9.

Exemple : 60° F donnent $60 - 32 \times \dfrac{5}{9} = 15°5$

Quelques repères :

Température du corps humain	36°9 C = 98°4 F
Congélation de l'eau	0° C = 32° F
Ébullition de l'eau	100° C = 212° F
	– 10° C = 14° F

GB • *Pièces - Coins*

a half penny (a half p) 1/2 p
a penny (one p) 1 p
two pence (two p) 2 p
five pence (five p) 5 p
ten pence (ten p) 10 p
twenty pence (twenty p) 20 p
fifty pence (fifty p) 50 p
one pound, a pound, £ 1

• *Billets - Notes*

one pound, a pound, £ 1
five pounds, £ 5
ten pounds, £ 10
twenty pounds, £ 20
fifty pounds, £ 50

US • *Pièces - Coins*

a cent (a penny) 1 ¢
five cents (a nickel) 5 ¢
ten cents (a dime) 10 ¢
twenty-five cents (a quarter) 25 ¢
half a dollar, a half-dollar ; (*fam.*) half a buck, 50 ¢

• *Billets - Notes*

a dollar, a dollar-bill ; (*fam.*) a buck ; $ 1
five dollars, a five-dollar bill ; (*fam.*) 5 bucks ; $ 5
ten dollars, a ten-dollar bill ; (*fam.*) 10 bucks ; $ 10
twenty dollars, a twenty-dollar bill ; (*fam.*) 20 bucks ; $ 20
one hundred dollars, a hundred-dollar bill ; (*fam.*) 100
bucks ; $ 100

Remarque

Depuis 2002, l'Union Européenne dispose d'une monnaie de
compte commune, l'*Euro*.

Nom français	Devise (currency)	Abréviations anglaises	Code international
couronne (Norvège)	Norwegian krone	N.Kr.	NOK
couronne (Suède)	Swedish krona	S.Kr.	SEK
cruzado (Brésil)	Brasilian cruzado	(Brazil) cruz.	BRC
dollar U.S.	U.S. dollar	$	USD
dollar canadien	Canadian dollar	C.$	CAD
dollar de Hong Kong	Hong Kong dollar	H.K.$	HKD
dollar de Singapour	Singaporean dollar	Singapore $	SGD
franc suisse	Swiss franc	S.Fr., S.F.	CHF
livre (Égypte)	Egyptian pound	Egypt. £	EGP
livre (G.B.)	Sterling pound, pound sterling	£	GBP
livre (Turquie)	Turkish lira	£T	TRL
peseta (Espagne)	Spanish peseta	PTA. Ptas.	ESP
peso (Mexique)	Mexican peso	Mex. peso	MXP
rand (Afrique du Sud)	South African rand	S.Afr. rand	ZAR
rouble (U.R.S.S.)	Soviet (Russian) ruble	R, rub	SUR
roupie (Inde)	Indian rupee	R, Re	INR
yen (Japon)	Japanese yen*	¥	JPY

* Attention, pas de **s** au pluriel.

INDEX

La liste ci-dessous correspond aux mots faisant l'objet d'un développement ou d'une définition. Les chiffres renvoient aux pages. Les mots français sont en italique.

INDEX

INDEX

INDEX

INDEX

INDEX

O

P

R

INDEX

INDEX

Notes

Notes

Impression réalisée sur Presse Offset par

BRODARD & TAUPIN

GROUPE CPI

31344 – La Flèche (Sarthe), le 31-08-2005
Dépôt légal : janvier 1991
Suite du premier tirage : septembre 2005

POCKET – 12, avenue d'Italie - 75627 Paris cedex 13
Tél. : 01.44.16.05.00

Imprimé en France